L'Hortus Deliciarum

*

Le manuscrit retrouvé

Tome 1

Herrade de Landsberg

Déjà paru :

Em Remes Sini Band ou les Dessous du Rock Alsacien (aux éditions de la Nuée Bleue).

A paraître :

Tome 2 : Hildegarde von Bingen.

JEAN CLAUDE DIEMER

L'Hortus Deliciarum

*

Le manuscrit retrouvé

Tome 1

Herrade de Landsberg

JCD

ISBN : 978-2-9536-7591-7
Dépôt légal : 2ème trimestre 2011
Troisième édition, revue et augmentée.

Conception graphique et couverture : JCD

Contact : claude.diemer@wanadoo.fr

Blog : http : / / hortusdeliciarum.over-blog.fr

"Fais de ta vie un rêve, et d'un rêve, une réalité." (Saint-Exupéry).

Prologue

En 1865, Théodore Humann et la totalité des membres de sa liste gagnèrent les élections municipales contre une liste libérale. Ce même Théodore Humann, au courage exemplaire, lance lors d'une séance du conseil municipal, alors que commence le bombardement de Strasbourg en 1870 :

- *" Messieurs, sachons mourir sur nos chaises curules " !*

Théodore Humann jouit de l'estime de ses concitoyens. Nous lui devons, entre autres, la mise en place de la société des loyers, les nouveaux bâtiments de la faculté de médecine ou encore la construction de la nouvelle nef de l'église catholique de Saint-Pierre le Vieux. Beaucoup de réalisations résultent de la volonté de provoquer le recul de la misère et de l'ignorance et sont d'inspirations franc-maçonnes. En 1841, deux loges franc-maçonnes, *Les Cœurs Fidèles* et *La Vraie Fraternité,* fusionnèrent avec *Les Frères Réunis*. Humann eut l'intelligence d'accueillir au sein du conseil municipal quelques membres des *Frères Réunis*.

Déjà, le déclin de l'influence maçonnique, dans la société alsacienne, commençait à se faire sentir. Sa lutte anticléricale, notamment avec le chef politique du catholicisme alsacien, Monseigneur André Raess, causera sa perte. Comme toujours lors de dissensions, des groupes séparatistes vont naître ou apparaître au grand jour. Ces groupes s'octroient des règles, se dotent de rites, souvent religieux, s'inventent des rituels et apprennent à leurs adeptes à se reconnaître entre eux grâce à des signes secrets. Bien vite, la majorité de ces confréries se transforment en sectes. L'une des plus virulentes, *les Herratiques,* se donnera pour mission la sauvegarde de *l'Hortus Deliciarum,* un des plus célèbres manuscrits alsaciens de la fin du Moyen Age. Elle survivra jusqu'à nos jours. L'*Hortus Deliciarum* ou *Jardin des Délices* a été rédigé vers la fin du XIIème siècle au couvent du Mont Sainte-Odile sous la direction de l'abbesse Herrade de Landsberg. Il racontait l'histoire biblique depuis la création jusqu'à la fin des temps, entre autres. En fait, *l'Hortus Deliciarum* représentait une extraordinaire encyclopédie médiévale. Vers 1815, un érudit strasbourgeois, Christian Maurice Engelhardt, calqua une quarantaine de fragments d'images ainsi que quatre miniatures entières. Il rassembla ce travail dans un cahier au format du manuscrit, et le fit imprimer en 1818.

Le soir du 24 août 1870, lors de la guerre franco-prussienne, un incendie consécutif au bombardement de Strasbourg touche le chœur du Temple Neuf (l'ancienne église des Dominicains).

Il détruit totalement les deux bibliothèques s'y trouvant :

la bibliothèque du séminaire protestant perdit 70.000 volumes, près de 4300 incunables ou impressions antérieures à 1520, et 800 manuscrits.*

la bibliothèque de la ville, créée en 1765, déplora la perte d'environ 300.000 volumes, 1600 manuscrits et 5000 incunables (dont *l'Hortus Deliciarum* de Herrade de Landsberg).*

Ces derniers temps, des rumeurs circulent à Strasbourg, remettant en cause la disparition de *l'Hortus Deliciarum* lors de l'incendie de 1870.

Après avoir séjourné dans la famille du très estimable professeur François-Xavier Schangauer, il serait, en ce début de XXIème siècle, en possession d'un bouquiniste strasbourgeois, Lionel de Sandner.

* *La Mémoire des Siècles. 2000 ans d'écrits en Alsace, 1988.*

Chapitre 1

Le Grand Maître des Herratiques reposa *le Courrier du Bas-Rhin* daté du 7 novembre 1869. Il étira ses longues jambes et, avec une jubilation non feinte, se frotta les mains. La montée en puissance de l'Allemagne de Guillaume Ier et de Bismarck paraissait évidente.

" Nous ne sommes ni des amis ni des admirateurs de la Prusse, mais nous craignons la puissance du sentiment national allemand ", pouvait-on lire dans l'édition du jour.

La guerre semblait inévitable. Il savait que, même si l'Alsace plébiscita Napoléon III aux élections présidentielles de 1851, ses mœurs, son caractère, son langage demeuraient allemands. Récemment, le célèbre critique et homme politique, Saint-Marc Girardin, écrivit, dans un quotidien parisien : *" Toute la nature prenait un air de calme, d'embonpoint, de bonhomie ; nous étions en Alsace, nous étions dans la France allemande ".*

Non pas que l'Alsace ait cherché à redevenir allemande, elle est française de cœur et elle le restera... mais pas dans sa totalité ! Beaucoup d'Alsaciens apprécient les réformes instaurées par l'Allemagne, dont : la limitation des heures de travail, le droit de grève, la mise en place d'un système de protection sociale entre autres. A cette époque, Strasbourg prendra la dimension de capitale régionale grâce à un urbanisme, certes germanisant, mais sûrement moins brutal que le remodelage haussmannien de Paris. Tout à coup, une idée abracadabrantesque traversa l'esprit du Grand Maître. Il sonna, puis se frotta les mains, certain qu'elle s'avérait tout simplement géniale *grandiose, kolossale* diraient les Allemands, et il éclata de rire. La porte s'ouvrit, livrant passage à son secrétaire. Celui-ci marqua un temps d'arrêt, tant l'hilarité de son patron semblait surprenante.

- Entrez Kuhn, entrez !

L'intéressé, un petit homme sec en costume gris, un lorgnon sur le nez, barbe grisonnante, avança de quelques pas et s'immobilisa devant le bureau, les bras ballants.

- Asseyez-vous et écoutez-moi attentivement !

Il exposa son projet :

- Kuhn, la guerre est imminente, j'en suis convaincu. C'est une question de semaines, peut-être de mois, mais elle ne saurait tarder ! Bismarck a envie d'étendre son influence et sa puissance. Il a déjà écarté l'Autriche, mais il en demande plus, encore plus, beaucoup plus ! Le Kaiser Guillaume le suivra, soyez-en sûr. Quant à moi, je mettrai à profit ce conflit afin de m'approprier certains manuscrits conservés au Temple Neuf.

- Quoi ! s'écria l'arrivant dont le teint jaunâtre vira au bistre.

- Oui Kuhn, je veux *l'Hortus Deliciarum,* dussé-je obliger les Allemands à bombarder l'ancienne église des Dominicains !

- Mais... mais vous n'êtes pas sérieux ? bafouilla ce dernier.

- Bien sûr que si ! s'insurgea son vis-à-vis.

- Enfin monsieur, s'indigna le secrétaire, comment pouvez-vous imaginer que les Allemands lanceront des obus sur Strasbourg ! Notre triumvirat, le général Uhrich, le maire Humann et le baron Pron trouveront la solution pour éviter ce désastre. A la première sommation, ils remettront les clefs de la ville. En plus le Temple Neuf, où sont réunis des fleurons inestimables de la culture allemande ! Jamais, mais jamais ils ne commettront pareille vilenie ! Ils disposent de cartes d'État-major aussi précises que les nôtres, n'en doutez pas !

A son tour, le petit homme éclata de rire. Pas un esclaffement jubilatoire tel celui de son maître, non, un ricanement nerveux et angoissé. Le Grand Maître ne s'en offusqua point. Tandis que son vis-à-vis essayait de retrouver son calme, il enchaîna :

- Kuhn, je fais appel à votre mémoire ! Connaissez-vous des frères à l'Etat-major allemand ?

L'interpelé se massa le nez entre le pouce et l'index. Derrière ses minuscules lunettes rondes, ses yeux étaient fermés. Des rides barraient son front. Au bout de quelques instants, il se tortilla sur sa chaise, puis tout à coup se leva et dit :
- Je crois que deux lieutenants du service des plans sont tout acquis à notre cause. Je n'ai pas les noms en tête, mais...

Il fut interrompu par le bruit du poing du Grand Maître s'abattant sur le bureau.
- Excellent Kuhn ! C'est exactement ce qu'il me faut. Convoquez-les immédiatement !

*

L'attelage s'arrêta devant une belle maison bourgeoise située en face du parc de l'Orangerie. Une légère brume enveloppait la majestueuse bâtisse, dévoilant par intermittence le sommet d'une tourelle. Deux hommes emmitouflés dans de larges pelisses descendirent de la calèche. Ils remontèrent le col et maintinrent le bas de leur visage camouflé. Ils gravirent lestement les marches du perron et s'engouffrèrent dans la demeure. Ils n'eurent pas besoin de sonner. Dès leur arrivée à la porte, celle-ci s'ouvrit. Une mignonne petite soubrette les invita à entrer, les débarrassa de leurs manteaux et les pria de prendre place dans des fauteuils disposés de part et d'autre d'une table basse. Les militaires portaient

des vestes bleues à col et liseré rouge, pantalon et ceinturon blancs. Le lieu était faiblement éclairé et, venant du fond du vestibule, un bruit de vaisselle indiquait la direction des communs. L'un des hommes mit la main à la poche de sa vareuse et en sortit un étui à cigarettes. Un toussotement de son compagnon le dissuada d'en allumer une. Il rangea l'étui et parcourut du regard l'entrée. Devant la qualité, la richesse des meubles, un léger sifflement admiratif fusa d'entre ses lèvres. Il remarqua deux superbes armoires *à sept colonnes* de part et d'autre du hall, mais n'eut guère le loisir de les admirer de plus près, déjà la femme de chambre revenait.
- Le Grand Maître va vous recevoir, dit-elle avec un gonflement d'orgueil de la poitrine.

Dans un claquement de talons, les deux lieutenants lui emboîtèrent le pas. Ils traversèrent le vestibule, montèrent un escalier en bois à la rampe richement ouvragée. Arrivée au premier étage, la soubrette s'arrêta devant une porte à rinceaux et toqua.
- Entrez ! répondit une voix forte.

Les militaires pénétrèrent dans le salon où les attendait le Grand Maître, confortablement installé dans un fauteuil Voltaire. D'un signe, il les invita à prendre place sur un des canapés. Au milieu, sur une large table en chêne, s'étalaient des cartes d'État major. A l'un des murs, un levé topographique représentait les fortifications de Strasbourg. Après

les salutations d'usage, il leur offrit à boire. Le service fait, la bonne se retira. Un feu flambait dans la cheminée, jetant des ombres qui dansaient au plafond et sur les murs. Sur une méridienne, au fond de la pièce, somnolaient deux dobermans.
- Vous pouvez fumer si vous le souhaitcz, proposa le maître des lieux en leur présentant un coffret à cigares, un cendrier et un briquet.

Puis, dans le calme de la maison endormie, pendant une bonne partie de la nuit il leur exposa son plan et la manière de le réaliser.

*

Nuits des 23 et 24 août 1870. Du Temple Neuf s'échappaient d'immenses flammes embrasant le ciel. Une foule nombreuse essayait de sauver le plus de livres et d'ouvrages possible. Dans la panique du moment, cela sembla dérisoire. Le bibliothécaire de la ville, Auguste Saum, s'efforça d'organiser le sauvetage. Sa tentative de se précipiter au premier étage se solda par un échec. Il était trop tard, l'escalier flambait. Deux pompes se trouvaient en batteries, servies par les pompiers sous les ordres de Jean Goerner, chef du bataillon. Ils brisèrent la porte du Gymnase pour s'approcher au plus près du feu et de la toiture ravagée par les flammes. Ils puisèrent l'eau alimentant leurs pompes dans le puits de l'immeuble du Consistoire *(l'ancienne maison*

Goynard). Le manque d'effectifs se fit cruellement sentir. Les soldats du feu présents comptaient sur l'aide de leurs collègues auxiliaires du Chemin de fer et des ouvriers de la marine. Ces auxiliaires, en cette nuit d'apocalypse, n'arrivèrent jamais sur les lieux. Autour du Temple Neuf en flammes, une partie du Gymnase ainsi que les maisons Wenger, Flach, Scheidecker, Sutterlin et Laroche avaient été touchées par les obus incendiaires. Aidée d'un détachement des gardes mobiles, la 3ème Compagnie des pompiers parvint à maîtriser l'incendie vers neuf heures du matin. Laissant des gardes en surveillance sur tous les emplacements incendiés, ils se précipitèrent vers l'Aubette, place Kléber.

Inlassablement, dans un sifflement aigu, les bombes s'abattaient sur Strasbourg. La panique souhaitée par le commandement allemand se généralisait. Ce bombardement brutal et inhumain, eut, par ses conséquences psychologiques sur la population, des retombées catastrophiques pour leurs auteurs. Jamais l'Alsace ne se ralliera à la politique prussienne. La guerre de 1870 représentera une terrible catastrophe pour la capitale alsacienne. Alors que le Temple Neuf se consumait dans les flammes, la place Kléber devenait un enfer. L'Aubette n'était plus qu'une immense fournaise et, dans le foyer, se volatilisèrent les grandes collections de tableaux, venant tout juste d'y être placées : des Véronèse, Corregio, Ribera, Schöngauer, Claude le Lorrain,

Laurent de la Hire, entre autres. Dès le lendemain, le pilonnage reprenait avec la même intensité. Les bâtiments autour de la place Kléber furent détruits les uns après les autres.

Le 28 septembre 1870, Strasbourg capitulait. Six cents maisons avaient été réduites en cendre, des centaines fortement endommagées. La ville, jonchée de débris fumants, comptait trois cent trente victimes civiles, un miracle au regard des destructions subies. Strasbourg devint le symbole d'une cité martyre, victime de nouvelles règles militaires, prémisses de celles des conflits futurs.

*

Pendant ce temps, par une porte dérobée de la rue des Étudiants, quatre grands gaillards vêtus d'une tunique blanche et un mantelet noir, chargeaient de lourdes caisses sur une voiture à deux roues. L'air était suffocant, mélange âcre de bois calciné et de poudre noire. Insensibles à la panique régnant autour d'eux, les quatre individus essayaient de s'éloigner le plus rapidement possible de cet enfer de fer et de feu. Alors qu'ils remontaient la rue Brûlée, la bien nommée en cette nuit d'apocalypse, de l'autre côté des bâtiments, place Broglie, le théâtre municipal était ravagé par un incendie. Un homme avait pris position entre les bras de la carriole, une sangle en cuir lui enserrait la poitrine. Deux autres aidaient, de part et d'autre, les roues à tourner, tandis que le dernier poussait de toutes ses forces à l'arrière de l'engin. Leur abnégation était telle qu'ils traversèrent cette nuit de cauchemar dans les flammes, la fumée, les cris, les hurlements de douleur, semblables à des fantômes, obnubilés par le souci de mener à bien leur mission : la sauvegarde de manuscrits inestimables. Après des efforts surhumains, ils atteignirent les rives de l'Ill, où les attendait une barque. Le transbordement se déroula rapidement. Au bord des berges de l'Ill, des milliers d'yeux suivaient la manœuvre : des hommes, des femmes et des enfants cherchant un refuge, à l'abri des ponts et le long des quais. Quelques coups de rames plus loin, ils rejoignirent le lit principal de la rivière, et le courant les entraîna avec force vers leur destination : la Robertsau.

(En ce temps-là, ce petit village, véritable jardin de Strasbourg avec sa centaine de maraîchers, alimentait la capitale alsacienne et ses environs en légumes frais toute l'année. En son château de Pourtalès, la comtesse Mélanie maintenait, malgré les pressions allemandes, les traditions françaises dans une Alsace annexée au Reich. Elle y recevait tous les personnages importants de passage à Strasbourg. A cette époque, la Robertsau représentait le centre du monde alsacien, du beau monde. Le gotha de ces rencontres comprenait entre autres le Roi Louis de Bavière, le

Prince Napoléon, l'Empereur Guillaume, le Prince de Metternich, Franz List, ou encore le décorateur russe Bakst.)

Après une âpre lutte avec la rivière, ils gagnèrent, épuisés, les berges du faubourg maraîcher où les attendait un attelage. Le transbordement des caisses s'exécuta avec frénésie. Tandis qu'ils se dirigeaient à vive allure vers la forêt de la Robertsau, la ville de Strasbourg se consumait en un immense brasier. Quelques instants plus tard, ils pourraient témoigner du succès de leur mission.

*

Note de l'auteur : Il existe une photo, datant de 1900, du plan allemand du siège de Strasbourg. A l'emplacement de la bibliothèque du Temple Neuf, on peut voir la mention : Mairie.

Chapitre 2

François-Xavier Schangauer repoussa la chaise de son bureau et considéra le fascicule qu'il était en train d'étudier : *" Les secrets architecturaux de la cathédrale de Strasbourg et de la pyramide de Khéops enfin dévoilés "*.

- Ainsi, il l'a fait publier ! constata-t-il en hochant la tête.

Il reposa le livret devant lui et, avec un profond soupir, se laissa aller contre le dossier du siège. Mû par une intuition soudaine, il récita la séquence des nombres à mémoriser, connus seulement de quelques initiés de haut grade : 1, 2, 100, 1, 200, 1, 60. *Aleph, beth, qôf, aleph, resh, aleph, samekh.*

Des chiffres qui, dans la numérotation grecque, correspondaient aux lettres du mot *Abrasax*. Malgré une deuxième tentative, il ne réussit point à atteindre l'état de conscience souhaité. Contrarié par ces deux échecs consécutifs, il se leva et arpenta d'un pas pesant le sol de l'immense bibliothèque. De temps en temps, son regard s'arrêtait sur les envois de livres, gazettes, périodiques ou journaux posés sur l'une ou l'autre des tables. Quelques-uns portaient encore le bandeau de la poste. Tout à coup, il stoppa net devant une pile de revues, et son poing s'abattit avec fracas sur les " *Monatshefte* "*.

- Pourquoi abandonnèrent-ils si vite ? soupira-t-il bruyamment.

Presque en écho, la lourde porte en chêne de la bibliothèque s'ouvrit, livrant passage au majordome :

- Le baron von Ross demande si Monsieur peut le recevoir.

Déjà, la haute stature d'un militaire apparut, bousculant au passage le domestique.

- Que vous arrive-t-il, mon cher ? Je vous entends pester depuis le hall d'entrée ! s'exclama-t-il en marchant vers le professeur, la main tendue.

- Je songeais à Robert Heitz et René Schickelé, desquels Friedrich Spieser s'assura la précieuse collaboration pour sa revue culturelle !

Le baron éclata d'un rire bruyant :

** Monatshefte : Revue culturelle fondée par Friedrich Spieser, autonomiste germanophile. Nous lui devons aussi le " Wanderbund Erwin Von Steinbach ".*

- On pourra dire qu'ils ne firent pas long feu, ces deux-là ! Il est vrai que l'article sur le procès de Colmar était des plus virulents, et Spieser à son habitude, fit parler la poudre.
- Comme s'il ne pouvait se contenter de ses réunions de nazillons en son château de la Hunebourg ! Qu'ils célèbrent leur dieu Wotan jusqu'à plus soif, mais de grâce qu'ils ne se mêlent plus de politique !
- Voilà un vœu pieux, mon cher ami ! lui répliqua sèchement le baron.

L'interpellé lui lança un regard noir. Tandis que le professeur allumait les bougies d'un chandelier posé sur une sellette près d'une table basse, le baron von Ross s'installa dans un fauteuil. Il étira ses longues jambes, et sur le ton de la confidence, s'adressa à son hôte :
- Je crois que vous allez être étonné au-delà de vos attentes !

Le soir tombait lentement et la bibliothèque était plongée dans une obscurité diffuse lorsque le baron demanda :
- Vous souvenez-vous d'Otto Rahn * ?

Le professeur prit le temps de la réflexion, plissa les yeux et répondit au bout d'un moment :

** Otto Rahn sera affecté dans l'Allgemeine SS de Himmler et nommé colonel. Il se suicidera au cyanure, à Kufstein dans le Tyrol autrichien, en 1939.*

- Faites-vous allusion à ce soi-disant expert en catharisme du IIIème Reich ?
- Pourquoi soi-disant ? s'insurgea le baron. Il entreprit des recherches dans la région de Montségur dès 1931. Avez-vous lu le livre, fort bien documenté, qu'il publia en 1933 : " *Kreuzzug gegen den Graal (La croisade contre le Graal)* " ?

Le professeur hocha la tête en signe d'acquiescement. Il se souvenait à présent d'un jeune homme, d'allure sportive, le visage pensif avec de petits favoris noirs, très volubile, un rien arrogant, ayant séjourné un temps au château il y quelques années. Il avait séduit plus d'un membre de la communauté par sa connaissance parfaite des légendes arthuriennes, de la région de Montségur ainsi que de la vie des Templiers et de Jacques de Molay en particulier. Mais . . . car il y avait un *mais*, le professeur trouvait ce jeunot certes fort instruit de sa partie, mais fort excité aussi. Maintenant qu'il y songeait, le mot *fanatisme* s'imposa à son esprit. Otto Rahn avait parlé, à l'époque, d'un Hitler qui changerait la face du monde ! Les dernières nouvelles internationales lui donnaient raison dans un certain sens. Le baron ne s'aperçut pas que son vis-à-vis ne partageait pas son enthousiasme et continua :
- Figurez-vous qu'il va publier, prochainement, un ouvrage : " *La cour de Lucifer* ". Il est admis que luciférisme et satanisme sont de la même essence.

Or l'étude par Rahn des mythes, des traditions et des rites, nous amène à réfléchir et à reconsidérer cet amalgame. Il établit le rapprochement entre Prométhée *(dans la mythologie grecque)* et Lucifer *(dans les perspectives chrétiennes)*. Je constate à vos yeux pétillants que vous saisissez le lien existant entre les deux.

Le professeur hocha la tête :

- Prométhée et Lucifer, associés par les mythes du Feu *(que le titan Prométhée apporta aux hommes)* à la Lumière. Le nom latin de Lucifer signifiant : Porte-Lumière.

Le baron approuva et enchaîna :

- Il m'a fait l'honneur de me confier quelques feuillets qui paraîtront exclusivement dans l'édition originale confidentielle. Je vous laisse cette copie, vous verrez, c'est énorme !

Le professeur manifesta un soudain intérêt :

- Avez-vous rencontré Rahn récemment ?
- La semaine dernière, très exactement, en présence de Rosenberg ! répondit-il, avec une certaine suffisance dans la voix.
- Alfred Rosenberg, l'idéologue nazi ?
- Des national-socialistes, si vous voulez bien, mon cher ami, rectifia le baron en réajustant d'un geste agacé son monocle. Rosenberg suggère que Rahn retourne là-bas pour vérifier si Montségur est le Montsalvat-des-Purs, le Mont-Salvatge des légendes arthuriennes qui abrita le Saint-Graal.

- Mon cher baron von Ross, ce garçon ne vous semble-t-il pas un peu jeune, voire naïf, pour appréhender de tels mystères ? insinua le professeur.

Le baron, visiblement irrité par la tournure que prenait la conversation, se leva, claqua des talons, ébaucha une légère inclinaison du buste et dit avec toute la maîtrise dont il était capable :

- Mon cher professeur, je vous invite à lire les documents que voici. A la lumière de ce que vous allez découvrir, votre scepticisme fondra comme neige au soleil. Il y a notamment un passage que vous apprécierez, sur le commencement et la fin déterminés par : *le Feu*, *l'Alpha* et *l'Oméga* ! Après votre lecture, je suis certain que vous souhaiterez le rencontrer de nouveau. Sur ce, permettez-moi de me retirer.

Joignant le geste à la parole, il se dirigea vers la porte de la bibliothèque. Ses pas résonnaient d'une façon lugubre dans l'immense salle.

- Von Ross ! jeta d'un ton énervé le professeur, alors que ce dernier atteignait la sortie.

Le baron stoppa net.

- Von Ross ! J'estime à leur juste valeur les informations que vous m'apportez, n'en doutez pas !

La bibliothèque était plongée à présent dans une obscurité presque totale. Aussi le professeur ne put-il voir le rictus mauvais déformant le visage du baron, lorsque ce dernier répondit :

- Mais je n'en doute pas, mon cher ami.

- Serez-vous des nôtres la semaine prochaine, pour la grande soirée des études des prédictions ?
- Malheureusement non, je dois rentrer à Berlin de toute urgence. Je vais m'absenter un certain temps.

A l'autre bout de la pièce, le professeur, absorbé par la lecture des documents remis par son visiteur, ne répondit point. De temps en temps, il hochait la tête, parfois il écarquillait les yeux de sorte que ses longs sourcils ne formaient plus qu'une barre noire à la naissance de son front. A un moment, il commenta à haute voix:
- Parler ainsi du Feu c'est évoquer, de ce fait même, le monde souterrain.

Il se leva, se dirigea vers un coin sombre de sa bibliothèque. Il alluma une bougie et, après quelques minutes de recherches, trouva ce qu'il cherchait : un livre intitulé " *Loge centrale des véritables Francs-Maçons* ", où l'éditeur, Michelet, en 1802, avait mis en évidence cette racine souterraine, tellurique, chthonienne de l'héritage initiatique. Lucifer est, mythiquement, associé au Feu. Il se racla la gorge, tendit la main vers la cruche à vin, constata qu'elle était vide, sonna le majordome et demanda à boire. François-Xavier possédait une cave réputée flattant sa fierté. Il songea à la récolte de l'année, que son vigneron lui promettait excellente :
- Le goldriesling de l'assomption sera bon cette année ! lui avait-il confié fièrement lors de sa précédente visite.

Cette variété de vigne poussait sur une treille dans la cour du vigneron. Ce cépage précoce, absolument dédaigné pour la vinification, malgré son nom glorieux, servait à apprécier la maturité de la vigne. Repère naturel pour les viticulteurs, un goldriesling à moitié vert aux alentours du 15 août annonçait une récolte de qualité médiocre. Entraîné par ses pensées, il se remémora le savoureux repas pris la semaine dernière, en compagnie de ses gens, aux pieds de ses vignes. Un potage aux pommes de terre agrémenté de saucisses de Montbéliard et de knacks de Strasbourg, un gâteau aux quetsches et du munster. Repas traditionnel des vendangeurs, le professeur savait que celui-ci avait été spécialement confectionné pour sa venue. Assis à l'ombre de sa vigne, l'assiette sur les genoux, il avait honoré ces mets. Une cuillerée de soupe, une bouchée de tarte. Mélange subtil de salé et de sucré, dont on gardait le souvenir pour l'éternité. L'après-midi était déjà fort avancée et les tournées de café arrosé s'étaient succédé. Fait exceptionnel, ce n'était pas la goutte, encore moins le drusen *(l'eau-de-vie de lie de vin)*, qu'on avait servi : en l'honneur du maître, on avait ouvert une bouteille de mirabelle ! Ce dernier avait la bouche légèrement pâteuse et les jambes un peu molles lorsqu'il avait fait signe à son chauffeur. Calé sur le siège arrière de sa voiture, un plaid sur les membres inférieurs, il n'avait guère tardé à s'abandonner dans les bras de Morphée. Il avait conservé un souvenir ému de cette sortie.

Quand le majordome revint avec une cruche de vin blanc bien frais à la main, il trouva son maître endormi. Il déposa le cruchon sur la table basse, étala une couverture sur le professeur, moucha les bougies et sortit sans bruit.

*

L'Ordre de Sainte-Herrade était rassemblé au grand complet dans la salle des célébrations du souterrain. Les torches projetaient des ombres géantes sur les murs. Malgré le nombre important de fidèles présents cette nuit-là, un silence religieux régnait dans l'auditoire. Sur l'estrade, entouré de six grands prêtres, le Grand Maître prit la parole :

- Frères et sœurs, serviteurs et servantes de Sainte-Herrade, nous sommes réunis ce soir afin de prendre connaissance des résultats des recherches de nos frères Grégoire et Auguste, concernant la prophétie des papes. Auparavant, je souhaite procéder à une mise au point : face aux devises malachiques, nous pouvons adopter plusieurs attitudes : considérer qu'il s'agit purement et simplement d'une imposture ; penser qu'elles ont été validées par le temps et de ce fait authentiques ; ou encore qu'elles ont servi à favoriser l'élection de tel ou tel pape. Il me semble, quant à moi, qu'il convient de ne pas oublier que nous parlons de faits historiques.

Le Grand Maître se saisit d'une feuille que lui tendait un des grands prêtres et dit :
- J'ai posé cette question à notre sage, frère Vincent. Voilà la réponse, à mon avis fort brillante, qu'il m'a fait parvenir. Il précise que, lorsque nous lisons l'histoire, nous ne lisons ou n'interprétons pas les événements historiques eux-mêmes, mais les récits écrits de ces événements. Autrement dit, nous interprétons des interprétations. Or, si vous vous interrogez sur la vérité historique d'un fait ou d'un écrit, il faut préalablement vous demander à quel point ceux-ci sont avérés. Vous constaterez que ceux cherchant à prouver la véracité d'un fait ainsi que leurs détracteurs ont recours aux mêmes ouvrages pour élaborer et étayer leurs thèses.

Sur un signe discret du Grand Maître, les coreligionnaires Grégoire et Auguste se levèrent et se rendirent près d'un pupitre situé à gauche de l'estrade. Frère Grégoire s'y installa et frère Auguste s'assit à ses côtés.
- En 1595, débuta frère Grégoire, un moine bénédictin, nommé Arnold de Wyon, publia à Venise un livre intitulé *" Lignum Vitae " (L'Arbre de Vie)*. Dans cet ouvrage, il mentionne Saint Malachie d'Armagh, archevêque d'Irlande, né en 1094 et mort en 1148 à Clairvaux.
- Dans les manuscrits sauvés par nos frères lors de l'incendie du Temple-Neuf en 1870 figure le précieux *" Lignum Vitae "*. Pour l'avoir parcouru à

maintes reprises, je ne suis guère étonné que cette prophétie ait provoqué dans le monde catholique d'ardentes controverses, intervint le Grand Maître.

- En fait, reprit frère Grégoire, il s'agit d'une série de cent onze devises fort laconiques et terminées par une devise évoquant l'ultime pontificat, la fin de Rome et le Jugement Dernier. Lorsque ce livre fut imprimé pour la première fois, Arnold de Wyon indiqua lui-même, en face de chacune des légendes prophétiques, le nom du souverain pontife correspondant. Il précisa que les notes sur les Pontifes n'émanaient pas de Malachie lui-même, mais d'un moine dominicain, le Père Chacon, de l'ordre des Frères Prêcheurs, interprète de cette prophétie. Sachez, frères et sœurs, vous, respectables grands prêtres et vous, vénérable Grand Maître, que nous n'avons pas cherché à vérifier, dans nos investigations, si c'est bien Saint Malachie l'auteur de cette prédiction. Force est de constater qu'elle se trouve authentifiée dès 1595 et paraît s'être réalisée très exactement depuis. Je vous accorde que si l'on peut émettre des réserves pour les devises pontificales antérieures à cette période, on ne peut nier la valeur prophétique des devises concernant les papes postérieurs à la publication de 1595, puisqu'à partir de cette date, il est possible d'en contrôler l'exactitude. Nous le vérifiâmes et frère Auguste va vous en donner lecture, en accord avec le Grand Maître. Voici le texte de cette fameuse prophétie, avec le commentaire du Père Chacon, que Wyon publia simultanément.

Un murmure parcourut l'assemblée. Frère Auguste remplaça frère Grégoire à la chaire et commença la lecture :

- *D'un château du Tibre.* Célestin II (1143-1144). Du Tibre. Ce pape naquit à Citta di Castello, la cité du *Château*, petite ville située sur le Tibre, en Toscane...

Trois heures plus tard, et après bien des pauses, frère Auguste en termina avec son exposé. A maintes reprises, le Grand Maître avait dû intervenir pour rétablir le calme.

- J'en arrive, enchaîna-t-il, aux trois papes de ce début de siècle : – *Le feu ardent*. Pie X (1903-1914). Elu en la fête de saint Dominique (4 août) dont l'ordre porte en chef une torche ardente, il était cardinal en titre de saint Bernard-aux-Thermes. Il entra en conflit avec la France, à l'occasion de la séparation de l'Eglise et de l'Etat, en 1905. Il condamna le mouvement le Sillon de Marc Sangnier en 1910 et le modernisme. – *La religion dépeuplée* Benoît XV (1914-1922). Il vécut toute la guerre 14-18, la révolution mondiale qui suivit, ainsi que la grippe espagnole dépeuplant les temples de la chrétienté. – *La foi intrépide.* Pie XI (1922-19..). Le pape des missions et de l'action catholique, preuves d'une foi intrépide. Il signe avec l'Etat italien les accords du Latran en 1929, donnant naissance à l'Etat du Vatican. Il réprouve énergiquement l'Action française en 1926, certains aspects du fascisme, le national-socialisme et le bolchevisme. Il précise, dans *"Quadragesimo anno"* de 1931, la doctrine sociale élaborée par Léon XIII et encourage l'Action catholique. Il devient le premier chef d'État du Vatican.

Arrivé à ce stade de son compte-rendu, frère Auguste observa une nouvelle pause et se tourna vers la chaire où siégeait le Grand Maître. Ce dernier se leva et reprit la parole :

- A partir de maintenant et grâce au travail zélé de frères Auguste et Grégoire, nous ne possédons que des suppositions de devises. Il en reste six dont nous allons vous donner lecture.

Sur un geste péremptoire du Grand Maître, frère Auguste enchaîna :

- Le pasteur angélique. Le pasteur nautonier. La fleur des fleurs. De la moitié de la lune. Du labeur au soleil. De la gloire de l'olive.

Voici pour les devises, conclut frère Auguste. La prophétie se termine ainsi : *" Dans la dernière persécution de la Sainte Église romaine siégera Pierre Romain, qui paîtra ses brebis au milieu de nombreuses tribulations. Ces tribulations passées, la ville aux sept collines sera détruite et le juge redoutable jugera son peuple. "*

Pendant que frère Auguste rassemblait ses notes, on entendit des murmures émanant de l'assemblée de l'Ordre de Sainte-Herrade. Un signe de la main du Grand Maître rétablit instantanément le silence. Frère Grégoire remplaça frère Auguste à la chaire, parcourut d'un regard l'ensemble de la communauté et enchaîna :

- Comme vous l'avez certainement remarqué, la prophétie des Papes situe la fin du monde au vingt et unième siècle. Après Pie XI suivent sept pontificats, et nous avons pu constater que la moyenne d'un pontificat correspond à environ quinze ans. Nous obtenons une date aux alentours de 2030, que nous rapprochons de l'annotation 2036, trouvée dans *l'Hortus Deliciarum*.

A l'énoncé du nom de leur manuscrit vénéré, la foule, d'une seule voix scanda :

- Herrade, Herrade, Herrade !

Sur l'estrade, le Grand Maître et les grands prêtres se levèrent. Du fond de la salle apparurent six vestales en tunique blanche transparente, portant le livre sacré. Elles prirent place près des dignitaires et tendirent *l'Hortus Deliciarum* au Grand Maître, qui s'en saisit. Il présenta l'ouvrage aux quatre points cardinaux puis le posa devant lui et dit :

- Frère Grégoire, veuillez terminer votre exposé !

Ce dernier s'exécuta :

- Il existe un autre document, moins connu, mais plus curieux encore, que nous avons étudié. Il s'agit d'une interprétation brève du texte de Malachie, dont l'auteur, un religieux inconnu, se nomme le moine de Padoue. D'après nos recherches, il semblerait qu'un certain Vittorio Alfieri ait publié son analyse en 1682. Ce moine de Padoue ajouta, en face de chaque devise, une annotation de quelques lignes et, chose plus bizarre, le nom porté à l'avenir par chacun des papes. Bien sûr, on peut admettre que les souverains pontifes, pour faire plaisir à ce moine, choisirent, par une étrange fantaisie, de se conformer à ses prédictions. Nous écarterons bien entendu cette hypothèse. Cependant, si on refusait d'attribuer la concordance à un véritable don de voyance, elle n'en demeurerait pas moins impressionnante par les commentaires succincts, qui se vérifient exacts sans aucune exception. En fait, ce qui retient notre attention, c'est que la prophétie des Papes et celle du moine de Padoue situent elles aussi, la fin du monde au cours du XXIème siècle, puisqu'il n'y a plus que sept pontificats après Pie XI.

Son exposé terminé, frère Grégoire rassembla ses notes et céda la place au Grand Maître :

- Pour conclure, mes frères et sœurs, je vous invite à méditer les renseignements communiqués par frère Grégoire et frère Auguste. Avant de nous séparer ce soir, je crois de mon devoir de vous annoncer l'imminence d'une deuxième guerre mondiale. Que dès à présent chacun, au sein de sa famille, prenne les dispositions adéquates.

Dans l'assemblée des fidèles, des murmures se firent entendre. Le Grand Maître étendit les bras et enchaîna :

- Les informations confidentielles et très précises obtenues de nos frères allemands ne laissent, malheureusement, planer aucun doute sur les intentions de Hitler. En ce qui me concerne, les incertitudes politiques que nous connaissons en ce moment coïncident avec le deuxième secret de Fatima disant en substance : “ *Si l’on fait ce que je vais vous dire, beaucoup d’âmes seront sauvées et on aura la paix. La guerre va finir (*nous sommes en 1917*). Mais si l’on ne cesse d’offenser Dieu, sous le pontificat de Pie XI en commencera une autre, pire encore. Lorsque vous verrez une nuit illuminée par une lumière inconnue, sachez que c’est le grand signe que Dieu vous donne, qu’Il va punir le monde de ses crimes par le moyen de la guerre, de la faim et des persécutions contre l’Eglise et le Saint-Père.* ”

Dans un silence glacial, frère Grégoire ordonna ses carnets et, suivi de frère Auguste, regagna sa place. Une dernière fois, le Grand Maître reprit la parole. Il arborait un air grave, sa voix était profonde presque lugubre lorsqu'il dit :

- De ces ruines ensanglantées sortiront des peuples nouveaux, purifiés par un déluge de sang : se rangeant tous sous la houlette de Pierre, et vérifiant au pied de la lettre la parole du Sauveur : “ *Il n’y aura plus qu’un troupeau et qu’un pasteur. Et erit unum ovile et unus pastor.* ”

Le Grand Maître raccompagna frère Grégoire

et frère Auguste jusqu'à la sortie.
- Ne vous formalisez pas, les consola-t-il, du peu d'intérêt manifesté par les membres présents. Je vous incite vivement à poursuivre vos recherches, vous gardez toute ma confiance.

Peu à peu, la salle des célébrations se vida. Restèrent sur place quelques hauts dignitaires de l'Ordre.
- Messieurs ! dit le Grand Maître en se tournant vers eux et en les invitant à le suivre.

La petite troupe s'engagea dans un dédale de couloirs, faiblement éclairés par des lampes à pétrole, où régnait une odeur de renfermé. Ils avancèrent en silence jusqu'à arriver au bas d'un escalier en pierre qu'ils montèrent en prenant appui à la rampe en fer forgé. Ils débouchèrent dans une des salles de la cave du château. L'accès à l'escalier était dissimulé par une étagère où s'entassaient de vieux journaux. Le groupe, toujours silencieux, continua son ascension jusqu'à un des salons du rez-de-chaussée.
- Prenez place et servez-vous à boire, nous avons à parler. Nous devons prendre des dispositions. Auparavant, je vous abandonne quelques instants, dit le Grand Maître en se dirigeant vers une porte située entre deux rayonnages de livres.

En quelques enjambées rapides, il rejoignit un salon plus cosy où l'attendait une jeune femme habillée avec élégance : tailleur noir, bas noirs, chaussures à talon aiguille. Le visage au contour délicat, avec un nez fin et droit, une bouche petite et charnue, était remarquablement joli. Le regard sombre, la silhouette majestueuse et grave laissaient deviner un type très accentué d'Andalouse, à mi-chemin entre la Gitane et la Mauresque. De lourdes boucles d'oreilles encadraient son visage et un collier encerclait son cou. Des bagues ornaient ses doigts et un gros bracelet serti de pierreries enserrait son poignet. Comme la plupart des Espagnoles, elle adorait les bijoux.

A son entrée, la femme se leva et vint à sa rencontre dans un balancement de hanches chaloupé. Elle esquissa une moue et dit avec un ton de reproche dans la voix :

- Sais-tu depuis quand je t'attends ?

- Pardonne-moi, mon trésor, susurra le Grand Maître, il faut que je reparte.

- Tout de suite ? demanda sa compagne en se blottissant contre lui.

Émoustillé, le Grand Maître fit glisser la veste du tailleur et introduisit une main douce et tendre dans l'échancrure du corsage. Puis il saisit son amante par la taille et l'entraîna vers un bureau où il la coucha sans ménagement. A travers ses longs cils, elle contempla, avec une fierté amoureuse, ce mâle pour qui elle vibrait de toutes les fibres de son corps. Elle-même était surprise de cette perverse et secrète volupté qu'elle éprouvait à son contact. Elle aimait

son odeur, un mélange d'eau parfumée, de tabac blond, d'épices. Un effluve d'homme déterminé, pratiquant l'amour avec la même fougue que s'il combattait un taureau dans une arène. Elle se soumit avec frénésie aux désirs de son amant, subissant avec délices les élans fougueux de son partenaire. Lorsqu'il sentit le corps de sa maîtresse se tendre, il s'activa en un ultime va-et-vient. L'Espagnole secoua sa chevelure noire, qui croula sur ses épaules. Sa respiration devint plus haletante, elle poussa un hurlement et s'abattit, les bras en croix, sur le bureau, le corps gorgé d'ivresse et de jouissance. Après avoir repris son souffle, elle se redressa et demanda :
- Tu as aimé ?

Déjà, son compagnon était passé dans le cabinet de toilette attenant. Tout juste répondit-il :
- Je suis heureux avec toi.

Elle ne se formalisa pas, car depuis le temps elle avait appris à se contenter de ces trop rares moments d'extase et d'intimité.
- A tout à l'heure, dit-il en déposant un baiser entre ses magnifiques seins.

A son entrée dans le salon, les conversations allaient bon train. Il se dirigea vers le mini-bar et se servit un whisky. Il soupira, posa son verre et se tourna vers les membres de la secte.
- Messieurs, vous n'êtes pas sans savoir que les nouvelles sont mauvaises, très mauvaises. La guerre

semble imminente. Nos amis allemands veulent cet Hitler au pouvoir. Ils pensent le manipuler facilement. J'avoue que je suis beaucoup plus sceptique. Une chose est sûre : nous Français, cette guerre, nous la ferons et... la perdrons ! Ne vous bercez pas d'illusions !

- Nous disposons quand même de la ligne Maginot ! s'exclama l'un des compagnons.

- La ligne Maginot ? Allons Edouard, ne me dites pas que vous croyez pareilles sottises ! Grâce à la présence de nos membres dans les secteurs clés et dans différents gouvernements, nous possédons des informations de première main. La ligne Maginot ? Mais Edouard, les Allemands la contourneront, tout simplement !

- Par la Belgique ? s'inquiéta l'interpelé.

- C'est plus que probable, répondit le Grand Maître.

Les murmures dans le salon devinrent plus intenses. L'aube commençait à pointer. Une lumière diffuse s'insinuait entre les lourdes tentures. Le Grand Maître se dirigea vers une des baies vitrées et écarta les rideaux. Au même moment une femme, emmitouflée dans un élégant manteau de fourrure, s'engouffrait dans une hispano-suiza. Il haussa les épaules et rejoignit ses compagnons.

- Est-ce que les gouvernements sont prévenus ?

Dans un geste d'agacement, le Grand Maître se tourna vers l'individu posant cette question :

- Guillaume ! s'insurgea-t-il. Que croyez-vous que je

fasse ces derniers temps à Paris ? Je vous le dis, mes frères, il est urgent, très urgent, de prendre des mesures pour assurer notre sécurité individuelle et celle des nôtres. Ne tardez pas, un plan d'évacuation de la zone frontière, direction le sud de la France *(certainement la Dordogne et le Limousin)* est prêt. Demandez à Zeller (1) qui a rencontré Trotski dernièrement, demandez à Emile ou à Isaac (2) de *l'Harmonie* ce qu'ils en pensent. Je vous en conjure, partez !

La nervosité commençait à gagner les différents membres présents dans le salon. L'un après l'autre, ils prirent congé.

A présent, le jour était entièrement levé, nous étions le 30 août 1939.

*

1) *Fred Zeller (1912-2003), Grand Maître alsacien du Grand Orient de France (1971-1973), secrétaire de Trotski, qu'il rencontra en Norvège en 1935.*
2) *Emile Dolfus, Isaac Schlumberger, membres de la loge La Parfaite Harmonie.*

Chapitre 3

Soixante-dix ans plus tard.

En tant qu'amateur de promenades dans les rues et ruelles de Strasbourg, je vous recommande vivement de parcourir celle du Général Rapp. Prise en tenaille par le boulevard Clemenceau et l'avenue des Vosges, elle se trouve non loin du parc des Contades où j'ai passé bien des moments dans ma jeunesse.

L'avenue des Vosges, cette longue allée rectiligne, constitue la véritable épine dorsale de tout un quartier créé sous l'occupation allemande après la guerre de 1870. Les bâtiments, imprégnés de classicisme ou de la Renaissance italienne, sont remarquables par leurs proportions et leur masse. Large de trente mètres, l'avenue des Vosges était un lieu de parade où le rassemblement des troupes produisait une forte impression. Tout ce quartier, avec les prolongements de l'avenue d'Alsace et de la

Forêt-Noire, la place impériale *(Kaiserplatz)* devenue aujourd'hui place de la République, exprimait le culte de la puissance *(et de la rigidité)* germanique. L'église Saint-Paul, jouxtant l'avenue des Vosges, illustre cet esprit germanique. De style gothique rhénan, inspirée de l'église Sainte Élisabeth à Marbourg, elle a été édifiée entre 1885 et 1892 par l'architecte Louis Muller, pour servir de temple à la garnison allemande. Ces nouvelles réalisations furent différemment appréciées à l'époque. Henri Welschinger écrit en 1908 dans un livre sur Strasbourg, dans la collection des villes d'art célèbres : *" On voit bien que les nouveaux architectes ont la passion du colossal et du vieux neuf. Ils veulent étonner par un faste gigantesque. Ils étonnent, en effet, mais ils n'enchantent guère. Je donnerais tout ce décor écrasant pour celui d'une jolie ruelle. Toutes ces masses imposantes, toutes ces lignes tirées au cordeau, dont Goethe lui-même se moquait, je suis loin de les préférer à ces toitures irrégulières qui rompent si joliment la monotonie banale des alignements (...). Jamais les cigognes n'oseraient aller se percher sur ces monuments nouveaux et si intimidants."* La rue du Général Rapp est coupée par la rue Sellénick, où se trouve mon Olympia, mon Zénith à moi, le Palais des Fêtes de mon enfance. Pas un Noël sans festivités dans ce temple de la vie artistique alsacienne des années d'après-guerre.

Mon éducation musicale se développa au Palais des Fêtes ; mon initiation théâtrale s'affina au Barabli avec Germain Muller et au théâtre municipal pour les classiques ; mes cavalcades dans les terres arides du Far West, sur les mers agitées des flibustiers ou les châteaux forts du Moyen Age se déroulèrent dans les salles obscures. Je vous parle d'une époque où les cinémas s'appelaient Abc, Arcades, Ariel, Broglie, Cinéac, Caméo, Cinétrain, l'Eldorado, le Kléber, Madelon, nouveau Rit's, ou U.T. sans oublier le fameux Cinébref, avec son accès si particulier.

Charles et Michèle possédaient un splendide immeuble rue du Général Rapp, une maison facilement reconnaissable à sa magnifique façade *Jugendstil.* Très rare, l'intérieur fut conçu comme une véritable galerie d'art par Paul Cauchie. Je me souviens encore aujourd'hui de ma première visite chez eux. Mon père m'avait demandé de porter un lot de livres à Charles. Son épouse, Michèle, m'accompagna dans le grand salon. Nous parcourûmes un étroit couloir agencé de petits meubles en bois de rose, de sièges à haut dossier, d'un gigantesque portemanteau auprès duquel se serraient un chiffonnier et une commode dont le dessus était encombré de divers objets. Je humai une douce odeur d'encaustique. De part et d'autre du corridor, des portes vitrées ouvraient sur des pièces plongées dans l'obscurité et garnies d'un mobilier cossu. Au fond, une porte à rinceaux donnait accès au domaine de Charles. A notre entrée, il somnolait dans un fauteuil, un livre dans une main, ses lunettes dans l'autre. Jamais je n'avais vu de murs ornés de dessins de femmes nues aux fleurs stylisées dans leurs longs cheveux bouclés, d'instruments de musique, de masques africains et de théâtres japonais, le tout dans des tons de vert, jaune, bleu et ocre. Bien sûr, à mon âge j'avais feuilleté, dans le stock de mon père, les ouvrages d'art japonais, notamment ceux avec des estampes, et je connaissais les affiches de Mucha. Il me sembla rencontrer les deux dans cette pièce. Sur les rayonnages se côtoyaient de petits objets hétéroclites, bilboquets en ivoire, bénitiers, jouets en tôle, montres gousset, etc. Dans des râteliers, des pipes, certaines en écume de mer, se dressaient fièrement à côté de pots à tabac de toutes les formes. Avec infiniment de délicatesse et de tendresse, Michèle réveilla son mari :

- Charles, le fils de Monsieur de Sandner est là. Il t'apporte des livres, dit-elle tout doucement.

Dans ce salon, je fis pour la première fois connaissance avec l'humour particulier de Charles :

- Chut ! Tu vois bien qu'il rêve ! répondit-il en m'apercevant.

C'est vrai, je béais d'admiration devant les beautés rassemblées en ce lieu. Je ne savais où fixer mon regard tant il y avait de merveilles dans cette pièce. Outre les meubles en acajou ou en bois de rose, j'admirais, posées sur des étagères ou sur des guéridons, de magnifiques coupes, statuettes, lampes et autres pendules. J'avais l'impression de me trouver dans l'antre d'un antiquaire.

- Un Val-Saint-Lambert, cristallerie belge, plus réputée que Daum ou Baccarat, précisa-t-il, en me désignant un splendide vase. Je constate que vous aimez le *Jugendstil*, enchaîna-t-il. Regardez cette statue, à mon avis l'objet le plus représentatif de l'Art nouveau : *la femme au paon,* contemplez ses cheveux, voyez comme ils sont défaits. Cette sculpture montre la féminité dans toute sa nonchalance, sa sensualité, son abandon.

- Charles, je vous en prie, vous ennuyez ce jeune garçon avec vos collections ! intervint Michèle, légèrement rougissante.

Je l'assurai du contraire ! Je m'extasiai à la vue de tant de beautés. Manifestement Charles semblait ravi de partager son enthousiasme avec un auditeur aussi attentif que moi. Il m'emmena découvrir leur somptueux appartement. De temps en temps, nous nous arrêtions en face d'un meuble, d'une statuette, d'une figurine ou d'une fresque et il me donnait des explications quant à leur origine ou les matières mises en œuvre pour leur réalisation. Je buvais littéralement ses paroles ! Ni mon père, encore moins ma mère, ne me consacraient autant de temps, d'importance et de passion pour m'expliquer les choses.

- Examinez cette lampe. Une Tiffany, souligna-t-il, en me montrant l'appareil lumineux trônant sur une table basse à côté d'un divan encombré de coussins. Éteinte, les verts restent verts, mais... (*il l'alluma)* miracle : les verts se transforment en une teinte orangée semblable à la lumière solaire.

L'effet s'avérait de toute beauté. J'allais de surprise en surprise, devant la mine amusée de Charles. Ce jour-là nous avons parcouru la maison, de la cave au grenier ! Malheureusement, je devais prendre congé de mes hôtes. Je remerciai chaleureusement Michèle pour son accueil et me dirigeai vers la porte en compagnie de Charles, tout en continuant de deviser.

- Voilà bien le digne fils de son père, et vous partagez avec lui l'amour de l'Art nouveau, dit-il en me serrant la main. N'hésitez pas à nous rendre visite à l'occasion, j'ai encore beaucoup de choses à vous montrer et quelques-unes à vous apprendre, si vous le souhaitez, bien sûr.

J'acquiesçai, d'un vigoureux hochement de la tête, à cette proposition. Arrivé sur le trottoir, j'admirai, une fois encore, cette superbe façade. En mon for intérieur, je savais que j'allais revenir souvent dans cette demeure à l'atmosphère si chaleureuse. J'avais sans le savoir, à quatorze ans, rencontré mes parents adoptifs. L'avenir confirmera cette impression juvénile. Les années passèrent avec leur cortège de joies et de peines. Mais la vie n'est pas qu'un long fleuve tranquille, elle ne se priva pas de me le rappeler !

*

Début 2001, mes parents disparurent tragiquement dans un accident d’avion. Poussés par leur passion commune, la peinture, ils se rendaient au musée Guggenheim à New York. Je restais des semaines à espérer, mais on ne retrouva pas leurs corps. Je n’aurais jamais imaginé que cette nouvelle m’affecterait autant ! Pendant des mois je vivais coupé du monde. Mamie casserole, notre cuisinière à la maison, madame Louise Bruckner à la boutique et les fréquentes visites de Charles et de Michèle m’aidèrent à traverser cette période difficile. Le fait d’être bien entouré m’évita la déprime. L’année suivante, je mis en vente la propriété familiale du boulevard Gambetta. Le produit de la transaction me permit d’offrir une belle retraite à Mamie casserole et à son mari, Papie jardin, quelques folies mécaniques pour moi, d’acheter un domaine à la campagne et d’installer l’appartement de la rue des Hallebardes.

A presque trente ans, une autre vie commençait pour moi.

*

- Non pas ça ! Pas toutes les semaines ! s'écria le directeur de cabinet du préfet, en découvrant sur son bureau une note émanant de la P.J. Il relut la missive espérant, vainement, s'être trompé à la première lecture. Pas une virgule n'avait changé : *" Note information cabinet du préfet, sous couvert commissaire principal Nora et Monsieur le Procureur de la République Loursin. Cathédrale de Strasbourg, statue de l'ange, porte sud, vandalisée. Manque main droite et un bout de la lance. Enquête en cours. Rapport détaillé suit. "*

Il s'effondra dans son fauteuil, essuya son front couvert de sueur et essaya de maîtriser le tremblement de ses mains. Il jeta le pli sur sa table de travail avec un dégoût manifeste. Déjà, la semaine dernière il avait eu à subir l'ire du préfet, lorsqu'il lui annonça la mort d'un des *enfants de Don Quichotte* survenue au campement du quai Sturm. Il vérifia d'un rapide coup d'œil l'agenda du patron : premier rendez-vous à dix heures. Il était sept heures trente, cela lui laissait deux bonnes heures pour réunir plus de renseignements. Il allait se saisir de son téléphone lorsque la porte s'ouvrit avec fracas, livrant passage au représentant de l'Etat dans la région.

- Schmitt, avez-vous lu le journal ce matin ?

Il n'eut pas le temps de répondre, le préfet continua :

- Ce n'est pas possible, ils ont décidé de nous pourrir

la vie ! La statue de… la statue de la Synagogue ! Celle qui symbolise l'Israël biblique ! Vous vous rendez compte, Schmitt ?
- Bon sang de bon sang ! s'oublia ce dernier, n'ayant pas envisagé ce rapprochement.
- Je ne vous le fais pas dire, approuva le préfet. Ça sent les ennuis à une lieue. J'entends d'ici les petits racontars de salon : “ *Vous avez vu ? Ils lui ont abîmé une statue ! Pas n'importe laquelle, non ! Celle à droite du portail sud, la Synagogue. Ils se sont bien gardés de toucher à l'autre, celle en face, l'Eglise triomphante. Celle qui, la tête haute, couronnée, tient un étendard en forme de croix (la croix du Christ) et le calice, symbole de l'Eucharistie. Celle-là, sûre de son bon droit, toise la Synagogue, certaine d'être devenue à sa place le Verus Israël (le vrai Israël), choisi par Dieu dans son plan de salut.* ” Schmitt, vous voyez la manière dont “ *ils* ” exploiteront ce fait divers ?

Le préfet de région arpenta de long en large, et même en travers, le bureau de son directeur de cabinet, en proie à une vive colère.
- Pourquoi croyez-vous qu'*Il* m'a muté en Alsace, Schmitt, hein, pourquoi ?

L'interpelé, de plus en plus mal à l'aise, se tortilla sur sa chaise.
- Je vais vous l'apprendre, Schmitt ! enchaîna-t-il. Des régions comme la vôtre, il n'en existe pas deux en France, hormis peut-être la Corse, et encore !

Trois exceptions caractérisent votre Alsace : le dialecte, que vous appelez une langue ; la guerre, que dis-je les guerres, car vous remontez jusqu'en 1870 quand cela vous arrange ; et pour finir votre droit local ! Ah celui-là ! Il est aussi solide que les bâtiments de la place de la République et il ne date pas d'hier ! Faut-il que je vous rappelle l'accueil que vous fîtes, le 17 juin 1924, aux propos d'Édouard Herriot, à la tribune du Parlement : “ *Le gouvernement est persuadé d'interpréter fidèlement le vœu des chères populations rendues à la France en hâtant la venue du jour où seront effacées les dernières différences de législation entre les départements recouvrés et l'ensemble du territoire de la République.* ”

- Mettre les Alsaciens au pas ! poursuivit le préfet. Oser s'en prendre à leurs particularismes, porter atteinte à leurs us et coutumes, leurs lois, leurs libertés, leur façon de parler, essayer de les caser dans le moule national, il est évident que ce pauvre homme ne connaissait pas les Alsaciens ! Vous ne vous rendez même plus compte de votre nombrilisme régional.

- Puis-je vous remémorer les nobles paroles du maréchal Joffre ? intervint Schmitt.

- Faites, lui concéda son vis-à-vis.

- En 1918, le vainqueur de la Marne a dit : “ *La France vous apporte, avec les libertés qu'elle a toujours représentées, le respect de vos libertés à vous, des libertés alsaciennes, de vos traditions, de vos convictions, de vos mœurs. Je suis la France, vous êtes l'Alsace. Je vous apporte le baiser de la France. "*

Heureusement, qu'emporté par la fougue de la victoire, il ne termina pas sa tirade par : " *Je vous ai compris ! "*, évitant ainsi de voler la vedette à une future gloire militaire. Mal à l'aise sur ce terrain et pour parer à toute polémique, le préfet changea prestement de thème :

- Et votre pitoyable habitude de soumettre toute personne étrangère à l'Alsace à des tests stupides ! s'offusqua-t-il.

- Oh ! s'exclama outré le directeur de cabinet.

- Si, si, Schmitt. Chez vous, tout nouvel arrivant subit un examen de passage. Vous cultivez une méfiance viscérale vis-à-vis de l'étranger, du *hergelofener* comme vous dites. Sachez que pas plus tard que la semaine dernière, tandis que je faisais allusion, en comité restreint, aux raisons pour lesquelles *Il* m'avait muté ici... (*à ces mots, le préfet secoua la tête d'un air indigné)* on m'a donné à comprendre, de manière détournée certes et avec tact bien sûr, que si je ne me trouvais pas bien en Alsace, je pourrais toujours aller voir ailleurs !

Le directeur de cabinet se pinça fortement les lèvres pour ne pas éclater de rire. Son chef ne fut pas dupe :

- Ça vous fait rire ! constata-t-il. Cela ne m'étonne pas ! Je suis la risée des salons strasbourgeois. Pas au grand jour, oh non : derrière les volets hermétiquement clos de vos maisons à colombage. Nickel, propre sur soi à l'extérieur, mais... à l'intérieur alors là ! Dans une région où, dans les villages, vous passez le samedi après-midi à balayer votre bout de trottoir devant votre porte, il est clair que vous ne supportez pas de ne pas paraître impeccables ! Votre fameux *kandiratong* ! A travers ce fait divers *ils* tiennent leur vengeance. Vous savez pourquoi, Schmitt ? Parce que vous ne tolérez pas que l'on vous impose quoi que ou qui que ce soit ! Vous préférez vous débrouiller entre vous ! Au ministère, à Paris, j'ai souvent entendu parler de votre Alsace comme *la mal-aimée* ! Depuis mon arrivé ici, j'ai pu constater à quel point vous *mal aimiez* les autres, tous ceux n'ayant pas eu le privilège de naître sur le sol alsacien. Tous ceux que vous traitez de ce légendaire sobriquet de *hergelofener.*

Le préfet se laissa tomber dans un fauteuil, en poussant un profond soupir. Un silence pesant envahit le bureau du directeur de cabinet.
- Nous pourrions . . . proposa Schmitt qui n'eut pas le temps de terminer sa phrase.
- Nous devons étouffer cette affaire ! exigea son supérieur. Pas un mot, chut, le black-out total ! Il ne

s’est rien passé, Schmitt ! Le moins possible à la presse et à la télévision, et vous verrez, dans deux jours ce sera oublié ! Qui est chargé de l’enquête ?

Le directeur de cabinet tendit, d'une main tremblante, la note qu’il venait de recevoir. Le préfet la parcourut rapidement et dit en se dirigeant d’un pas rageur vers son bureau :

- Convoquez-moi immédiatement Nora !

La porte du préfet de région claqua à son tour. Les prochaines heures s’annonçaient houleuses, estima Schmitt en décrochant son téléphone.

*

Le 1er mars 2002, la police nationale quitta la rue de la Nuée-Bleue pour le nouvel hôtel de police construit au Heyritz, à deux pas du siège de la Communauté urbaine de Strasbourg. Rue de la Nuée-Bleue : un nom prédestiné pour accueillir le commissariat central et sa nuée de *bleus.* Plus sérieusement, l'appellation viendrait d’une auberge riveraine portant ce nom à la fin du XVIIème siècle.

Érigée en 1732, cette ancienne demeure du maréchal de Bourg restera longtemps la résidence de l’aristocratie militaire. Au lendemain de la révolution, en 1789, elle servit de tribunal. Glaives, balances et autres représentations de la justice, sculptés sur l’imposante façade, rappellent cette vocation révolue. Après l'achèvement, en 1897, du Palais de justice, quai Finkmatt et pendant plus de cent ans, les policiers occupèrent cet édifice de style néoclassique gratifié d'un avant-corps à pilastres et fronton.

Un promeneur ayant, ce jour-là, passé le porche de la rue de la Nuée-Bleue, aurait eu la surprise d'ouïr les bruits d'une dispute virulente, provenant d'une des pièces aménagées dans les vestiges du grand hôtel particulier. Une voix puissante se répercutait d'étage en étage dans cette bâtisse quasiment vide.

- Vous avez le culot de vous plaindre ? Vous, mes pauvres chéris, installés dans ces locaux vétustes, oubliés de tous ! Quand je vous entends gémir telles des chochottes, mon sang commence à bouillir ! Votre présence dans ces pièces constitue une injure au magnifique bâtiment vous abritant ! Dois-je vous rappeler pourquoi vous travaillez au sein de cette brigade ? Dois-je chercher vos dossiers respectifs ?

Joignant le geste à la parole, le commissaire principal Nora sortit une chemise verte d'un des tiroirs de son bureau, l'ouvrit et prit son souffle. Le capitaine Toine allait répondre. Son supérieur ne lui en laissa guère le temps :

- Taisez-vous, Toine, silence, pas un mot, pas une syllabe ! Permettez-moi de vous rafraîchir la mémoire : *" Insolent, mépris total de la hiérarchie, ne respecte pas les procédures, franc-tireur, personnage grossier, vindicatif, violent... ",* je continue ? demanda le commissaire principal en serrant le document entre ses mains.

L'interpelé baissa la tête en signe de résignation. Le capitaine, à l'origine de la création de cette section spéciale, avec la bénédiction de son chef, connaissait les critères de recrutement : des marginaux, des mal-notés, des parias, la lie de la police, en somme. Mais... des baroudeurs aguerris à toutes les situations et à tous les conflits. Cette brigade dépendait directement des services du préfet de région, chapeauté par une éminence grise, le commandant Gilles. Sa mission consistait à résoudre des affaires jugées *sensibles* par le gouvernement en place. Véritable commando hors cadres et hors effectifs, pour eux peu importait l'art et la manière, seul comptait le résultat. Et des résultats, ils en obtenaient ! Nora reprit :

- D'ailleurs, il me semble que vous avez transféré depuis longtemps déjà votre quartier général au restaurant de *la Bague d'or* ! Non ?

Toine secoua la tête, le lieutenant Pinaut tenta de rallumer un mégot de cigarette, son homologue Bézu dévissa, discrètement, le bouchon de sa flasque de whisky, et son partenaire Blanc contempla ses chaussures noires à la propreté douteuse.

L'incident était clos.

*

Connaissant le préfet de région, et surtout son horreur des remous, Nora avait pris les devants. Dès l'aube, il avait réuni son équipe spéciale, celle chargée des coups foireux : Toine et ses hommes. Après avoir jugulé leur désir de bureaux plus spacieux et plus lumineux, situés comme ceux de leurs collègues dans les locaux du nouvel hôtel de police, il leur distribua un exemplaire des Dernières Nouvelles d'Alsace.

- Toine, dit-il, apostrophant son capitaine, je vous donne quarante-huit heures pour résoudre cette affaire !

Devant l'air incrédule de son interlocuteur, le commissaire principal crut bon de préciser :

- Je sais à quoi vous pensez. Tout ce remue-ménage pour une copie, car heureusement l'original se trouve au musée de l'Œuvre Notre-Dame, c'est un peu fort de café ! Mais ! J'entends d'ici les réflexions du préfet. N'oubliez pas que nous vivons une période de restructuration, et cet acte de vandalisme, par le symbole qu'il représente, déclenchera des vagues, de grosses vagues, voire un tsunami ! A l'heure où *Il* ferme des sous-préfectures à tour de bras, une histoire comme celle-ci tombe au plus mal. Que dis-je ? Très mal ! L'enquête officielle est confiée à Weltz et ses sbires. Autrement dit, elle n'aboutira pas de si tôt ! Messieurs, je compte sur vous, secouez vos indics, remuez ciel et terre, si nécessaire, mais foncez ! Étouffez cette affaire dans l'œuf, vous avez carte blanche. Au boulot !

Les hommes de Nora avaient à peine quitté son bureau que le téléphone sonna. Il décrocha et répondit prestement :

- J'arrive immédiatement, Monsieur le Directeur de cabinet.

*

Aguiché, mais un peu intrigué quand même, je me rendis au rendez-vous fixé par Guillaume Schangauer. En remontant la large allée qui, à travers un sous-bois, rejoignait le château, je me remémorai notre conversation téléphonique de la veille.

- C'est vous, Sandner ? me demanda une voix à l'élocution pâteuse et un rien vulgaire.

- Oui, monsieur de Sandner à l'appareil, répliquai-je, non que je tienne spécialement à ma particule, mais juste pour apprendre les convenances à ce jeune insolent.

- Ouais bon, j'ai une affaire à vous soumettre, rétorqua l'autre.

- A qui ai-je l'honneur ? m'informai-je.

- Un honneur ? s'esclaffa mon interlocuteur, précisant néanmoins : Schang, Guillaume Schang. J'ai trouvé vos coordonnées dans les papiers de mon grand-père. Vous êtes bien le bouquiniste de la rue des Hallebardes ?

J'acquiesçai.
- Alors, j'aimerais vous voir rapidement. Je mets un lot de vieux bouquins en vente; si cela vous intéresse, venez les chercher au château ! Dites-moi quand ?

Je pris le temps de compulser mon agenda et proposai le lendemain en début d'après-midi.
- O.K. ça marche. Demain, quatorze heures, chez moi, approuva-t-il et il raccrocha.

Je fis de même en secouant la tête. Ce petit imbécile gouailleur avait omis de me donner ses coordonnées ! Schang ? Je possède une excellente mémoire, cependant le nom de Schang n'évoquait rien de bien précis pour moi. Je rappelai mon correspondant. Après plusieurs sonneries, on décrocha. La même voix vulgaire et grossière demanda :
- Schang. Qu'est-ce que c'est ?
- Vous ne m'avez pas laissé votre adresse, lâchai-je d'un ton sec.
- Ah ouais, répliqua-t-il. Le château des Schangauer à la Robertsau, vous situez ?... Allô !... Allô !

Gueulait l'autre au bout du fil. Estomaqué par ce fort en gueule, je répondis dans un souffle :
- Oui je suis là. Je vois très bien, à demain.

Je raccrochai et restai scotché, incrédule, à mon fauteuil. Ainsi, l'arrière-petit-fils de François-Xavier Schangauer avait *des bouquins* à mettre en vente. Je n'osais y croire. La collection Schangauer représentait sûrement une des plus importantes et des plus belles de la région, pourvue d'ouvrages exceptionnels. En son temps, il fut un très bon client de mon père. Je décidai de vérifier sur-le-champ, dans le fichier, quels livres il avait achetés chez nous, et... à quel prix. Ma déception fut grande de ne découvrir aucune fiche concernant ce client ! Juste un bristol, certainement un fantôme, avec la mention *secte* soulignée, rageusement, plusieurs fois. Je remis la boîte à son emplacement, me promettant de creuser ce mystère ultérieurement.

Cette nuit-là je fus long à trouver le sommeil. Mon excitation ressemblait à celle d'un jeune enfant attendant le passage du Père Noël. Ma joie fut cependant un peu gâchée par la dimension financière de la transaction. Assurément, je ne disposais pas de fonds suffisants pour acquérir un tel lot de livres ! Car l'idée d'entrer en possession de cette prestigieuse collection s'imposait à moi comme une évidence ! Au moins une partie ? Une petite portion ? Un infime échantillon ? Une miette ? Un livre ? Un chapitre ? Une page... Je donnai une claque à l'interrupteur de ma lampe de chevet et cochai l'option *dormir* sur un coin de mon oreiller. Après tout, je verrais sur place *(la négociation agrémentait toujours d'un aspect plaisant mon boulot, me rassurai-je)*.

*

Chapitre 4

Je savais que Charles et Michèle séjournaient actuellement à Strasbourg. Je décidai de leur rendre visite. A mon coup de sonnette, Michèle vint m'ouvrir. Son visage rayonnait de joie en m'apercevant. Voilà maintenant bien des années que nous nous fréquentions, et toujours avec le même bonheur. Elle m'embrassa, me serra dans ses bras un long moment, avant de m'accompagner dans le salon où résonnait la voix de Charles :

- Grande dispersion du Concorde en pièces détachées ! Avec en vedette un morceau de choix : le machmètre gradué jusqu'à Mach 2,04. Lors d'une cession précédente, il atteignit la somme de 94.000 euros.

Charles éclata de rire, posa les Dernières Nouvelles d'Alsace du jour et m'apostropha :

- Tu te rends compte, Lionel, ils vont désosser ce bel oiseau et le disperser en salle de vente. A croire que ces ingénieurs ont tout inventé, tout découvert, tout compris ! Quelle bêtise, quelle suffisance !

Il se leva, se dirigea vers sa bibliothèque, se saisit d'un livre, un grand oblong in-4 et dit :
- Voici une étude d'un chercheur allemand, Heinz Ritter-Schaumburg : "*Die Nibelungen zogen nordwärts (Les Nibelungen émigrèrent au Nord)* ". Il effectua des recherches fort intéressantes quant à une relecture d'un mythe complexe, à l'image de celui du Graal. D'après lui, ce mythe tire son origine d'une vieille saga scandinave, la saga de Thidrek, issue de la même source que *la Chanson des Nibelungen *,* recueil de récits allemands relatifs aux grandes invasions du VIème siècle. Une arme merveilleuse, l'épée de Wieland, y joue, à l'égal de celle d'Arthur *Excalibur*, un rôle décisif. Je pense, continua Charles, que nous pouvons ajouter à ces deux armes, la *Durandal* de Roland, le neveu de Charlemagne. Soit dit en passant, Roland n'est pas mort à Roncevaux, et encore moins en soufflant dans son cor !
- Quel rapport avec le Concorde, demandai-je penaud ?
- Ne t'impatiente pas, soupira-t-il, j'y arrive. J'ai retrouvé dernièrement un résumé de Jean-Louis Calvet dans : " *Les romans de la Table Ronde, la Normandie et au-delà ",* concernant les recherches du Docteur Ritter. Pour ces recherches relatives à

** La chanson des Nibelungen : épopée germanique, écrite vers 1200 en moyen haut allemand.*

cette fameuse épée de Wieland, très symboliquement forgée dans une grotte de la montagne du Hünenland, près de Soest, Calvet nous dit, je le cite : “ *La Thidreksaga rapporte que Wieland mélange des excréments d'oie à des morceaux de fer pour forger une épée plus solide et plus tranchante. Heinz Ritter se renseigne et apprend que l'apport de matières organiques dans la fabrication de l'acier correspond aux principes de la métallurgie moderne, qui utilise un alliage de fer et de carbone.* ”

Il pointa un doigt vers moi et martela :

- Vois-tu, quand on oublie le passé et tout ce que nous devons à nos anciens, je m'insurge ! Fasse le ciel que j'aie le temps de te transmettre toutes mes connaissances avant de quitter ce monde.

Il se départissait rarement de son calme légendaire. A sa véhémence, je compris qu'il était fort contrarié.

- II y a encore plus étonnant : les excréments renferment aussi de l'azote, ce qui, d'après les récentes découvertes du début du siècle, accroît dans l'alliage fer-carbone la dureté de cet acier, utilisé actuellement sur des moteurs d'avion ! Cette Thidreksaga intrigua des scientifiques, à tel point qu'ils déposèrent en 1936 deux brevets pour la fabrication de ce métal à partir du procédé de Wieland.

Un silence lourd comme du plomb s'installa

dans la pièce. Pour faire diversion et montrer que je suivais le cheminement de sa pensée, je demandai :
- Pour vous donc, les Burgondes, héritiers légitimes des *Nibelungen* de la légende allemande, étaient initiés à l'art du Feu ?
- Tout à fait, Lionel ! Les Burgondes, ou hommes associés par le serment, devinrent maîtres dans la maîtrise mécanique et la fonte des métaux. Nous sommes très loin des *barbares* du Moyen Age. Quand je dis *barbares,* je pense à ceux qu'on appelait de la sorte à cette époque parce qu'ils ne parlaient pas le latin. Dans le sens que lui donnait Michel de Montaigne dans ses Essais : “ *Chacun appelle barbarie ce qui n'est pas de son usage.* ”

Il reprit son souffle et continua :
- Tiens, je vais te raconter une histoire. Pendant la guerre, des savants allemands envoyèrent en Bourgogne des commissions chargées de mesurer des crânes. Elles y passèrent des mois, et leurs résultats devaient permettre à Hitler de revendiquer cette province au nom de son appartenance aryenne.
- Des mesures de crâne ?
- Oui, officiellement pour prouver l'ascendance germanique des autochtones et ainsi rattacher cette région au Reich, officieusement pour d'autres raisons, tu t'en doutes bien !

Il prit place derrière son bureau encombré de papiers, livres, revues, journaux, illustrés et toutes sortes d'objets hétéroclites, certains recouverts d'une

fine couche de poussière, résultat d'un séjour statique prolongé.
- Lionel, sois gentil, donne-moi une Encyclopédie, lettre R, s'il te plaît.

Je me levai et allai chercher dans la bibliothèque, le volume demandé. In petto me vint à l'esprit une phrase, certainement apocryphe, de Littré. J'en fis part à Charles :
- C'est madame Littré qui surprend son mari avec la bonne sur les genoux. *" Je suis surprise et étonnée de vous voir en cette posture mon ami. "* lui dit-elle. Littré répondit : *" Non, madame. Je suis surpris et vous êtes étonnée ! "*

Charles sourit et enchaîna :
- Cet homme aurait pu devenir un grand médecin. Il a toujours cultivé un remarquable sens du détail. Revenons-en à Ritter, poursuivit-il en tournant les pages du dictionnaire. Il me semble connaître ce nom... Voilà : Heinz Adolf Ritter-Schaumburg né le 3 juin 1902 à Greifswald, décédé le 22 juin 1994 à Schaumburg. Il étudia la médecine, l'allemand, la biologie et l'espagnol. Après des activités de guérisseur, il enseigna à la *Waldorfschule* de Hanovre jusqu'en 1936. Auteur de nombreux écrits, c'est un spécialiste de La Thidreksaga et des Nibelungen. Oui, il s'agit bien de notre bonhomme, conclut-il en refermant le dictionnaire.

Au même moment, le carillon Westminster de l'entrée sonna les douze coups de minuit.

- Que fais-tu ? me demanda-t-il intrigué.

J'avais sorti mon iPhone et faisais défiler les pages à la recherche de mon catalogue de livres.

- Je me souviens d'un petit fascicule traitant de ce sujet... Ah ! Le voici : *“ Dein Schädel verrät Dich ! (Ton crâne te trahit !) ”,* de Reinhold Kohlhardt, paru aux Editions Uranus à Berlin en 1922 avec, en exergue sur la couverture, cette phrase nous donnant le ton de l'ouvrage : “ *La morphologie de la tête permet de découvrir avec certitude, les talents, dons et traits de caractère de chaque individu ! ”*

- Rien que ça ! dit Charles en fronçant les sourcils.

- Voulez-vous que je vous cite un court extrait ?

- Parce que tu stockes le texte dans cette machine ? s'étonna-t-il, en désignant mon iPhone.

- Non, j'ai scanné les fiches, très détaillées, de mon père, répondis-je amusé.

Sa moue désabusée révélait, de façon explicite, son avis quant à la technologie moderne !

J'enchaînai :

- *“ Chacun a pu se rendre compte qu'il existe une race d'hommes, qui éveillent attention et respect sans prononcer la moindre parole. De telles personnes ont juste besoin d'apparaître pour que d'autres se rallient à leurs idées et leurs désirs, sans susciter la moindre contradiction ou difficulté ! ”*

- Quelle horreur ! s'exclama Charles.

- Le reste est à l'avenant, conclus-je en rangeant mon iPhone.

La soirée était fort avancée lorsque j'arrivai chez moi. En cours de route, j'eus un flash ! J'avais complètement oublié de mettre Charles au courant de l'appel de l'effronté Guillaume Schang. D'autant plus ennuyeux, qu'il connaissait certainement le professeur Schangauer. Je tendis la main vers mon téléphone de voiture. Dans le même mouvement, je vis l'heure tardive sur le tableau de bord et renonçai à l'appeler.

*

Au fur et à mesure que je m'approchais du château des Schangauer, je sentis monter en moi la fièvre du chasseur. J'imaginais mille merveilles à découvrir dans cette prestigieuse collection. Un des plaisirs de mon métier, consiste à me rendre chez un client, dans une salle des ventes, ou un déballage de particuliers, en ignorant de prime abord si j'allais rentrer bredouille ou le véhicule chargé à ras bord de trouvailles sensationnelles. J'apprécie la décharge d'adrénaline me stimulant lorsque je vois de beaux livres débordant d'un carton. Parfois je les détecte, égarés, parmi un ramassis d'objets hétéroclites et dénués d'intérêt. Du temps de mon papa, la mission m'incombait d'écumer les marchés aux puces, brocantes et autres vide-greniers de la région. Je me levais très tôt et parcourais l'Alsace du nord au sud. A cette époque, je pensais que mon père n'aimait pas se réveiller de bonne heure. Je sais aujourd'hui qu'il ne se serait jamais donné la peine de discuter avec les gens ! Moi, j'adore ! Je connais la valeur des livres, je négocie subtilement et je réalise toujours de bonnes affaires. J'estimai qu'une semaine, au moins, me serait nécessaire pour évaluer et trier la collection du professeur. Alors que je garais mon break Mercedes, Guillaume Schangauer, descendit quatre à quatre les marches du perron en m'apostrophant :

- Sandner ! Enfin vous voilà. Dites, faudrait vous activer ! J'organise une rave ce soir et j'ai besoin de place. Débarrassez toute la bibliothèque ainsi que les quatre grandes malles se trouvant dans l'entrée. Je les ai récupérées dans les souterrains du château et n'ai pas eu le loisir de m'en occuper !

Je restai sans voix, interloqué par cet accueil. L'autre ne l'entendit pas de cette oreille :

- Holà ! On se remue, mon vieux ! Quelques caisses sont prêtes, pour le reste vous vous démerdez. En ce qui concerne le prix, je vous fais confiance.

Je me donnai mentalement une chiquenaude au menton, pour refermer ma bouche demeurée béante, n'ayant aucune vocation à servir de garage à une mouche ou à une abeille en errance ! J'avais une folle envie d'envoyer une paire de claques à ce morveux prétentieux.

- Sandner, bougez-vous, bon sang ! dit-il en se dirigeant vers une voiture garée sous les arbres.

Dans trois heures, tout devra être chargé. Vous terminerez le tri chez vous. Vous préparerez un catalogue, on verra les détails la semaine prochaine. O.K. ? Moi, je me tire, le temps de procéder à quelques achats. Vous connaissez la maison, je compte sur vous.

Dans un crissement de pneus, il disparut au volant d'une Porsche décapotable. Est-ce que je rêvais ou est-ce que vraiment je n'avais pas prononcé un seul mot ? Contrit, j'admis ne pas avoir placé une syllabe ! Je téléphonai à mon commis, le priant de me rejoindre immédiatement, avec la camionnette, au domaine des Schangauer à la Robertsau. Je pénétrai dans le château par le grand escalier, passai le hall d'entrée et me dirigeai directement vers la salle des gardes transformée en bibliothèque. C'était une immense pièce voûtée, dont le centre était occupé par de longues tables en bois couvertes de livres et de paperasses. Sur les rares sièges s'empilaient des romans, avec la majorité encore sous plis. Les murs n'étaient que rayonnages, désormais vides pour la plupart. Une échelle mobile permettait d'accéder aux étagères du haut. Partout s'entassaient des caisses pleines de livres, revues, journaux. A intervalle régulier, des armures médiévales, alignées comme à la parade, soulignaient l'ambiance moyenâgeuse du lieu. Le jour s'infiltrant à travers les vitraux sertis de plomb diffusait une lumière terne.

Je débarrassai une cathèdre et m'y laissai tomber. Je parcourus la spacieuse salle des yeux et essayai d'évaluer le nombre de volumes. De temps en temps, je me levais, me dirigeais vers une malle, saisissais un livre, le feuilletais, le reposais pour en prendre un autre en main. Je fus pris de vertige par la richesse et la beauté des ouvrages s'étalant devant moi. Des coups de klaxon me ramenèrent à l'instant présent. Fernand, mon commis, me rejoignait avec la camionnette. Je me précipitai au-dehors pour l'accueillir. Nous mîmes plus de quatre heures pour charger les caisses à bord de nos deux véhicules.

- Fernand, dis-je, depuis notre arrivée, je n'ai pas vu âme qui vive. Rentre et commence à décharger la voiture à la ferme. Moi, j'attends le retour de mon client. Je ne veux pas laisser le château ouvert à tous les vents.

Assis sur un banc du parc, je contemplai la bâtisse se dressant face à moi. C'était une construction fort ancienne, un vieux manoir du Moyen Age, plusieurs fois restauré et transformé. Il portait l'ineffaçable empreinte des siècles, et les sculptures Renaissance couvrant les murs ne dissipaient guère la mélancolie imprégnant ses tours. Le vrombissement d'un moteur, remontant l'allée à toute vitesse, me tira de ma rêverie. Dans un nuage de poussière suffocant, un bolide se gara devant moi.

- Vous êtes encore là ! me lança Guillaume Schangauer, en s'extirpant de son engin.

- Je vous attendais ! lui répondis-je sur le même ton. Je n'allais pas partir en laissant la porte grande ouverte !
- Bon sang ! pesta-t-il. Le personnel a congé aujourd'hui. Merci Sandner.
- Pas de quoi ! rétorquai-je acerbe. En ce qui concerne vos livres…
- Vous agissez comme convenu : le tri, un catalogue, la salle des ventes d'Entzheim, votre commission au passage, vous avez toute ma confiance. Là, franchement, je n'ai pas le temps.

Déjà, avec la vigueur de son jeune âge, Guillaume grimpait, quatre à quatre, les marches du perron.

*

L'hilarité atteignait son comble dans une des pièces de la cave de la Fondation de l'Œuvre Notre-Dame. Les rires parvenaient d'un petit local encombré d'étranges habitants en pierre. Au fond, adossés à même la muraille, deux saints noircis de poussière tendaient leurs bras vers la voûte et semblaient prendre le ciel à témoin de leur martyre contemporain. Dans un coin, deux autres, les mains jointes priaient, le visage défiguré par les fientes de pigeon. Au centre, autour d'une table jonchée d'outils, de pointes, de maillets, de massettes et autres gradines, se tenaient deux compagnons. Leur tunique blanche surmontée du mantelet noir indiquait leur appartenance à l'ordre des Dominicains. Frères Clément et Henri suspendirent leur travail de reproduction d'une statue d'évêque au nez rongé par l'humidité, et s'esclaffèrent à gorge déployée :

- Quand je pense à la tête de ces touristes allemands, captivés par ton évocation du rayon vert, je n'en reviens pas ! articula frère Clément entre deux hoquets.

- Avoue que je ne pouvais pas les louper, répliqua l'interpelé. Tu as noté leur accoutrement ? Oser entrer dans notre cathédrale en short de cuir avec bretelles, chaussettes de laine à pompon et grosses chaussures de marche ! Et les femmes ! Non, mais tu as vu les femmes ? Un quintal, au bas mot, de chair flasque, habillée de sacs à haut en dentelles !

Frère Clément posa ses outils, remplit deux verres de vin rouge, en tendit un à son coreligionnaire et enchaîna :

- Pour un peu , dit-il en prenant un air enjoué, j'aurais presque gobé ton histoire, tant tu y as mis de conviction.

- Parce que tu doutes de sa véracité ? lui répondit son vis-à-vis, une lueur de malice dans le regard. Rappelle-toi :

- Comme vous le savez peut-être, la cathédrale de Strasbourg a été construite sur un lieu de culte celtique. Les Romains, implantés dans leur camp d’Argentoratum, y élevèrent un temple. Quand en 1015, sous l’impulsion de Wernher de Habsbourg, on entreprit la construction de l'édifice roman, l’emplacement s’imposa d’office. Le christianisme privilégia toujours les sites païens pour y implanter une église. Aussi, ne vous étonnez pas d’assister à des réminiscences de signes du passé, sur ces sites.

Frère Henri se racla la gorge, adressa une mimique complice à son coreligionnaire et annonça d’une voix profonde :

- Je vais vous conter l’histoire du rayon vert !

Le groupe de touristes allemands se rapprocha de lui. Un individu imposant, à moustache en guidon de vélo, chercha un endroit où il pourrait, discrètement, se débarrasser de sa bouteille de bière d’un litre, à présent vide ; une femme blonde à la poitrine opulente avala goulument un doner kebab dont elle essuya vigoureusement les miettes, tombées sur ses seins striés de veines bleuâtres. Deux personnes âgées s’appuyaient sur leur canne décorée, de haut en bas, d'écussons en métal rappelant leurs lieux de pèlerinage. Çà et là, quelques bambins bruyants courraient entre les piliers majestueux de la cathédrale. Peu à peu, le silence s’installa, et il les invita à le suivre. Il les emmena sous un des vitraux de la galerie côté sud, représentant un personnage peu connu des profanes : Juda, qui donna son nom à une des douze tribus d’Israël, dans l’Ancien Testament.

- Lors des équinoxes de printemps et d'automne, une heure avant le midi solaire, et sept jours de suite, apparaît un faisceau de lumière verte. Partant du pied gauche de Juda, il balaye d'ouest en est la chaire de Hans Hammer où il irradie successivement la Vierge, la tête du Christ en croix et Saint-Jean !

Un *" Ahhh ! ! ! "* de surprise émana de l'auditoire. Chacun essaya de s'imaginer ce fameux rayon illuminant ces personnages sacrés. Un grand escogriffe, tout de brun vêtu, les cheveux roux coupés en brosse, intervint :

- On peut donc observer ce phénomène le 21 juin et le 21 décembre !

Frère Henri le toisa du regard et répliqua malicieusement :

- Non Monsieur ! Vous confondez solstices et équinoxes. Les solstices du 21 juin et 21 décembre marquent le début de l'été et de l'hiver ! Les équinoxes du 20 mars et du 22 septembre correspondent eux (*il insista sur ce mot)* au commencement du printemps et de l'automne !

L'intéressé prit une mine renfrognée et se le tint pour dit ! En guise d'exutoire, il administra une claque à son gamin, qui manifestait son impatience depuis un bon moment déjà en tirant sur la jupe de sa mère, une petite blonde au visage chevalin. D'un geste péremptoire, frère Henri imposa le silence et poursuivit sur le ton de la confidence :

- Maintenant, observez bien Juda, le fils de Jacob. Celui-ci regarde un disque solaire et montre du doigt son pied gauche, de couleur verte. Cela ne vous rappelle-t-il rien ?

Une pléthore, de *non*, *bof* et différentes onomatopées répondirent à sa question. Frère Henri jubila intérieurement devant tant d'ignorance. Il prit son temps avant de révéler :

- Le disque solaire, le soleil ou Râ en égyptien que contemple Juda, l'irradie de sa puissance, traverse entièrement son corps pour ressortir par le pied et se déposer sur la tête du Christ. Vous saisissez la valeur de l'allégorie ?

Certain de ne pas obtenir de réponse, il enchaîna :

- Par un raccourci rapide, je vous dirai que, de Râ le dieu du soleil d'Égypte, pays où séjourna Moïse, nous établissons la jonction avec le Christ du christianisme. Je ne vous parlerai pas ici du nombre d'Or, présent partout dans cet ouvrage, ni de maints autres indices, mais sachez que ce doigt pointé se retrouve chez Michel-Ange. Pensez à la célèbre fresque de la chapelle Sixtine où le maître-verrier moyenâgeux entremêla habilement les symboles païens et chrétiens !

Le groupe de touristes allemands en resta bouche bée ! L'accompagnateur de cette horde de sauvages, quant à lui, commençait à montrer des signes d'impatience. Il était l'heure de rejoindre les bus stationnés place d'Austerlitz. Une fois les *dévoreurs* de circuits touristiques évacués de l'édifice, frère Clément, qui avait assisté à ce cours d'histoire de l'art médiévale tapi dans un coin, laissa échapper son hilarité.

- Alors là, tu as fait fort. Je ne me souvenais pas que ce carreau datât du Moyen Age ! Il me semblait qu'il était l'œuvre de Pierre Petitgérard et que le rayon vert n'était apparu qu'en 1972, suite à une restauration. (*En fait, le phénomène résulte du remplacement de la pièce de verre verte constituant le pied gauche du personnage par un verre plus clair, plus lumineux.*)

- Tiens donc ! ronchonna frère Henri. Avoue que mon anecdote est quand même plus belle et plus étrange que la tienne. Tu veux que je te dise ? Ainsi naissent les légendes !

Il éclata d'un gros rire, résonnant fort dans la quiétude ambiante de la cathédrale, et se dirigea vers la sortie, suivi de frère Clément. Avant de franchir le portail, il se retourna vers ce dernier et lui confia, les larmes aux yeux :

- Et encore ! Je ne leur ai pas parlé de Steven Spielberg et de son E.T. au doigt pointé !

Sur le parvis de l'édifice, les badauds observaient d'un air sceptique deux moines dont l'hilarité bruyante paraissait déplacée en ces lieux.

Peu à peu, le calme revint dans le sous-sol de l'Œuvre Notre Dame, et les deux frères dominicains reprirent leurs outils en main. Combien de copies avaient-ils déjà réalisées depuis les années passées dans cette cave ? Combien de touristes se doutaient-ils que les célèbres statues féminines, personnifiant l'Eglise et la Synagogue, au portail sud, n'étaient pas les originales ? Frères Clément haussa les épaules et marmonna :

- La prochaine fois, raconte-leur l'histoire des vraies et fausses Vierges folles et sages de la façade. Mieux encore, tu leur expliqueras l'origine des étoiles du drapeau européen.

(En effet, en 1955, lorsque Robert Schuman entraîna Adenauer et Gaspéri dans la cathédrale il leur montra un vitrail de l'abside représentant la Vierge de l'Apocalypse se tenant debout, les pieds posés sur le croissant de lune, la tête entourée d'une couronne de douze étoiles. Il se tourna vers ses amis et leur confia : " Voici l'étendard de l'Europe : douze étoiles sur fond bleu.")

Seuls, le martèlement du maillet et le raclement de la pointe sur la pierre lui répondirent. Dans le silence de la cave de l'Œuvre Notre-Dame, frère Henri suivait les tracés et les indications fournies par l'appareilleur et s'était retiré dans son monde intérieur.

*

Nora déposa sa pipe sur le bureau, à côté du rapport de son capitaine. Il se frotta les mains et dit :
- Bravo Toine, voilà une affaire rondement menée. Je vous fais grâce des détails, vous m'assurez que nous pouvons fermer ce dossier ?
- Je vous le confirme, l'incident de la statue de l'ange est classé ! Par ailleurs, en ce qui concerne le sommet de l'OTAN, nous pouvons affirmer que nous l'avons échappé belle ! Ces enfoirés avaient monté une sacrée stratégie, certifia Toine à son supérieur hiérarchique.

Ce dernier se leva, serra la main de son subordonné et le congédia. Puis, avec une joie manifeste, décrocha le téléphone et demanda le cabinet du préfet. Toine, l'air sombre, rejoignit son groupe. Dans le bureau, l'ambiance virait morose. Certes, l'affaire avait été résolue dans les meilleurs délais, mais au prix de dommages collatéraux, ainsi qu'on dit pudiquement de nos jours !
- Le vieux est content ? questionna cyniquement le lieutenant Pinaut.
- Tu me les brises, Pinaut ! lui lança Toine. Une bavure est une bavure. Point à la ligne !

Grâce à leurs indics, les forces de l'ordre avaient rapidement retrouvé l'auteur du méfait. Un doctorant de la faculté de chimie de l'Université de Strasbourg ! Vingt-cinq ans, boutonneux et con, mais alors con à un point : quand les hommes du capitaine vinrent l'arrêter, il sauta par la fenêtre, du quatorzième étage de l'immeuble *la porte de France* près de la place de l'Etoile. Sur son ordinateur, les policiers mirent à jour un blog avec toute une étude sur la statue de l'ange, des propos antisémites, des délires de jeune exalté. Quelle ne fut pas leur surprise lorsqu'ils découvrirent des plans, indiquant des lieux précisément repérés et étudiés, sur le passage des cortèges officiels lors du sommet de l'OTAN ! Toine visionna tous les enregistrements existants des réunions d'information. Le jeune homme apparaissait sur la plupart des vidéos des différents quartiers de la ville. La preuve s'étalait là, devant ses yeux, et personne n'avait tenté le moindre rapprochement. On l'avait échappé belle ! Sauf une, malheureusement pour elle. Dans la chambre à coucher, les lieutenants avaient trouvé une femme écartelée, les membres attachés aux montants du lit. Elle était vêtue d'un soutien-gorge noir, de longs bas havane tendus sur ses jambes par un porte-jarretelles noir. Sa culotte et le reste de ses habits traînaient à même le sol à côté de la couche.

A la vue des trois hommes, elle avait poussé un hurlement strident, stoppé net par une gifle magistrale administrée par le lieutenant Bézu.

- Jouaient de drôles de jeux, nos paroissiens ! s'était esclaffé son homologue, Blanc.

- Sauf que celle-ci a fini de folâtrer ! avait remarqué Pinaut.

- Quoi ? Qu'est-ce que tu me chantes là ! s'était

exclamé Bézu.
- Constate par toi même, ballot, ta baffe lui a démonté la cafetière !
- Sacré bon sang de bonsoir ! s'était emporté le capitaine Toine, mis au courant par ses acolytes.

Le moment ne se prêtait ni aux lamentations, ni aux regrets. Il convenait d'agir vite :
- Blanc, Pinaut, vous récupérez le défenestré. Bézu, tu habilles ton macchabée. Moi, je nettoie et on évacue rapidement. Exécution.

Les consignes stipulaient clairement : pas de vagues ! Toine avait décidé de maquiller leur bavure en accident de la route. Un dérapage fatal avant le pont du barrage du Rohrschollen, qui en avait vu bien d'autres !

*

De retour à l'ancien commissariat, les quatre hommes étaient accablés par la tournure prise par les événements récents. Toine, pour remotiver ses troupes, invoqua la raison d'État. Mais elle avait bon dos la raison d'État, quand une jeune fille dans la fleur de l'âge le payait de sa vie ! Seule consolation, l'étude des papiers et de l'ordinateur saisis sur place ne laissait planer aucun doute : on avait bien affaire à des dérangés. Tous les deux souffraient de troubles neurologiques et de déséquilibres psychologiques. La mutilation de la statue de l'ange ? Un avant-goût, un hors-d'œuvre en somme, par rapport à leurs projets, où il était question d'horloge astronomique, de médiathèque, de marché de Noël, de sommet de l'OTAN et... du tournage d'un film, place de la cathédrale, en février 2011 ! Le capitaine se souvint, du sursaut offusqué de son directeur, à l'énoncé de ces renseignements.

- Toine ! Sherlock Holmes à Strasbourg, mais c'est encore plus top secret que le sommet de l'OTAN ! Vous prétendez que ce taré stockait, dans son ordinateur, des indications détaillées concernant cette superproduction ?

- Parfaitement, boss ! s'amusa l'interpelé. D'après mes investigations, je vous confirme que le rendez-vous est programmé pour début février 2011.

Nora eut un mouvement d'agacement, vexé de ne pas avoir été tenu au courant par les instances supérieures, alors que son homme de confiance, lui, semblait en connaitre un rayon.

- Ainsi, Guy Ritchie le metteur en scène, Robert Downey Jr *(Holmes)* et Jude Law *(Watson)* nous rendront visite ? persifla-t-il.

Le capitaine comprenant que son supérieur le mettait à l'épreuve, joua le jeu et répondit :

- Je n'affirme pas que Robert Downey Jr, ni que Jude Law participeront au tournage. J'ai trouvé des informations sur le film et la préparation d'un acte terroriste, lors de cette journée, commémorant le vingtième anniversaire de l'annexion !

Le commissaire Nora lâcha un profond soupir de stupeur, se tassa dans son fauteuil, secoua la tête, les lèvres pincées avant de demander :
- Capitaine, êtes-vous sérieux ? Espérant, contre toute probabilité, une farce de son subordonné.
- Patron, le scénario, tel que j'ai pu le lire à l'ordinateur de notre terroriste, prévoit une explosion due à un attentat, dans la Strasbourg allemande de 1891. L'action mobilisera pas mal d'acteurs et de figurants. La séquence, marquant le début du film, sera accompagnée d'impressionnantes projections de débris et de poussière. Sur l'estrade, car il y aura une estrade dressée devant les portails de la cathédrale, censée accueillir Guillaume Ier, des cascadeurs juchés sur celle-ci seront projetés en l'air, tandis que des dizaines de figurants, habillés en Alsaciennes, nonnes, militaires en casques à pointe ou simples promeneurs, mimeront des scènes de panique...
- Pas si vite, lança Nora, qui prenait des notes à tour de bras. Incroyable, ajouta-t-il, à l'évidence cet individu connaissait le *story-board.*
- Et bien plus, chef ! enchaîna Toine.
- Allez-y, je boirai la coupe jusqu'à la lie.

Consterné par les révélations de son subordonné, Nora extirpa, d'un tiroir de son bureau, un dossier à l'en tête de la ville de Strasbourg portant la mention, à l'encre rouge, *Strictement confidentiel.* Les commentaires succincts, remis par les services de l'adjoint à la culture, il y a de ça quelques semaines, l'informaient du projet de tournage d'un *Sherlock Holmes II,* place de la cathédrale.

Il trouva l'idée plaisante, particulièrement à la lecture des différents travaux de décoration que la production américaine entreprendrait pour donner un air XIXème siècle aux alentours de la vieille dame en grès rose. Les façades et les devantures seront maquillées et protégées, de la curiosité des badauds, par des barrières et surveillées, jour et nuit, par des agents de sécurité. Il sourit, lorsqu'il lut que les vitrines de certains magasins seraient en sucre et non en verre pour éviter que les acteurs ne se blessent. D'un hochement du menton, il apprécia la qualité du décor visible sur des photos jointe au dossier. Notamment, les miches de pain, plus vrai que nature, étalées sur des étagères en bois devant la *Bäckerei - Konditorei.* La librairie-papeterie *Wallensfels - Brill* avec son étalage de livres anciens et l'erreur sur le linteau de la porte d'entrée, car le décorateur avait écrit *Bureau* au lieu de *Büro* ! L'exposition de crucifix et de biscuits en porcelaine dans les vitrines de la pharmacie, magnifiquement décorée, en trompe-l'œil, dans les tons pastel. Et que dire de l'estrade ? Aux couleurs blanc, jaune et bleu, en forme de chapiteau, flanquée de chaises dorées au dossier et à l'assise en tissus rouge, elle est censée exploser suite à un attentat, lors du tournage. Nora hocha, à nouveau, la tête en signe de colère. Voilà que tout ça avait failli se transformer en cauchemar par la débilité d'un jeune exalté ! Il eut un immense passage à vide, se ressaisit et d'un signe de tête, invita son vis-à-vis à poursuivre.

- Par exemple, il savait que les comédiens logeront à l'hôtel de la Cathédrale, enchaîna le capitaine ; que la maison Kammerzell fera office de cantine pour l'équipe du film ; que la production compte sur plus de deux cents artistes et techniciens anglo-saxons, autant de figurants, ainsi que plusieurs chevaux, pour des prises qui s'échelonneront sur trois à quatre jours. Notre homme prévoyait d'utiliser l'explosion, annoncée dans le scénario, pour perpétrer un vrai attentat. Quoi de plus facile en somme que de circuler dans l'espace gardé pour un figurant ! Et s'il avait pu parachever son entreprise meurtrière en tuant les principaux acteurs, Downey Jr et Law, il aurait décroché, médiatiquement parlant, le jack-pot.

Nora, horrifié par l'ampleur des révélations de Toine, et dont lui ne connaissait que quelques bribes, frappa un coup de poing retentissant sur son bureau et tança son subordonné :

- Ces deux acteurs ne font pas partie du début du film, leur présence à Strasbourg s'avère inutile !

- Eux oui, mais, Susan, la femme de Downey Jr participe à cette séquence ! Peut-être son mari lui rendra-t-il visite, en compagnie de son pote Law?

Atterré, le commissaire murmura :

- Je veux un compte rendu complet dans la journée. Ce que l'esprit dérangé de cet étudiant élabora pouvait, en ces temps troubles, effleurer d'autres individus malveillants ou malades !

Le capitaine franchit la porte en acquiesçant de la tête. Rapidement il rejoignit ses hommes. Dans le bureau, l'ambiance n'avait guère changé.

- Oh les gars ! se fâcha Toine, on remballe les états d'âme ! Faut-il que je vous rappelle que ces deux malades prévoyaient de dynamiter un quartier pour créer le buzz. Concernant la fille, nous disposons d'un rapport psychiatrique pas piqué des vers ! Le bonhomme, lui, possédait de sacrées connaissances en chimie. Non seulement il fabriquait de l'ecstasy, témoin le bidon de précurseurs trouvé dans l'appartement, mais des notes détaillées prouvent de manière irréfutable que ce malotru concoctait une bombe artisanale aussi simplement que Bézu nous prépare un cocktail.

- On va boire un coup ? suggéra ce dernier en réajustant son holster.

Personne ne répondit, tout le groupe le suivit.

*

A mon arrivée au domaine, Fernand avait déchargé la totalité de la camionnette. Je vidai ma voiture et, dans la foulée, entrepris immédiatement le déballage. J'ouvris une caisse par-ci, une autre par-là, émerveillé par mes découvertes ! Dans le lot figurait une édition rarissime, datée de 1585, du premier traité du *Corpus Hermeticum* d'Hermès Trismégiste, *le Poimandres* latinisé par Pymander et attribué à Mercure Trismégiste. Des évangiles apocryphes comme le *Transito della beata Maria Vergine* de Joseph d'Arimathie, à côté des thèses des Pères de l'Eglise ou le *De Principiis* d'Origène. Des textes rares, tels l'Évangile *de Bartolomée*, voisinaient avec *les Dialogues* de Grégoire le Grand ; le *Liber de Spiritu et Anima* d'Alchiero de Chiaravalle, avec le *Thesaurus alchemia* de Thomas d'Aquim ou Le *Flos florum* d'Arnaud de Villeneuve.

Par moments, mes mains tremblaient d'excitation. Ce fut un ravissement, un pur bonheur, presque une jouissance, de découvrir tant de richesses. Je feuilletais un ouvrage, puis un autre, un autre encore et ainsi de suite. J'éprouvais comme une sorte d'ivresse. La tête me tournait ! Jamais, de toute ma carrière de bouquiniste, je n'avais ni vu, ni tenu entre mes mains, autant de beaux et précieux livres. Je me laissai tomber dans un fauteuil et contemplai l'amoncellement de caisses autour de moi. Je jubilai à l'avance à l'idée de tous les trésors que j'allais déballer ! Mon regard fut attiré par un minuscule volume à la reliure fort abîmée, aux mors défaits. A le voir, je me doutai qu'il avait parcouru du chemin et capitalisait de nombreuses années d'existence ! Je m'en saisis, l'ouvris et lus : *Lignum Vitae* d'Arnold de Wyon, 1595. Un long sifflement admiratif s'échappa d'entre mes lèvres !

Je commençai à feuilleter quelques pages. Il s'agissait, ni plus ni moins, d'une suite de devises papales remontant jusqu'au XIIIème siècle. Je verrouillai la remise, programmai le système d'alarme et, le petit ouvrage sous le bras, regagnai mon salon pour passer un coup de fil à mon ami Charles, afin de lui faire part de ma trouvaille. La sonnerie avait à peine retenti une fois, qu'il décrocha. Mon appel avait été transféré vers son téléphone de voiture. Je lui résumai succinctement mes premières découvertes. Mon excitation devait être contagieuse, car à l'autre bout du fil je sentis celle de mon interlocuteur se joignant à la mienne.

- Tu es à la ferme ? me demanda-t-il.
- Oui, je vous attends.
- Je rentre de Sélestat, où j'ai acheté du vin. Prépare les verres.
- Avec des sandwichs au foie gras, suggérai-je en me dirigeant vers la cuisine.

Je confectionnai rapidement l'en-cas. Moins d'une demi-heure plus tard, Charles débarqua chez moi, sa glacière portative Butagaz à la main.

- Salut, fiston. Mets-en quelques-unes dans ton réfrigérateur, dit-il en me tendant son mini-frigo, plein de bouteilles de vin d'Alsace.

D'un signe, je lui montrai l'ouvrage posé sur la table basse. Sans perdre une minute, il se rendit au salon, squatta le premier fauteuil à sa portée tandis que je m'esquivais à la cuisine.

Quand je revins avec un plateau de toasts, les verres et le vin, il était plongé dans la lecture de l'opuscule. Je fis le service. Charles se contenta d'un verre tout en poursuivant sa lecture. J'avais presque mangé tous les sandwichs lorsqu'il reposa le petit volume et demanda :

- D'après toi, le reste de la collection est à l'avenant ?

- Je suppose ! C'est magnifique... C'est gigantesque... Je m'attends à plein de bonnes surprises.

Il attrapa de justesse le dernier toast traînant sur le plateau.

- Tu comprends, Lionel, reprit-il en se resservant un verre de vin blanc, il s'agit de chercher à savoir quels sont les véritables défis et enjeux de ces prédictions et en particulier de celle-ci : la Prophétie dite de Saint Malachie.

Charles tourna et retourna, entre ses mains, le livre des prophéties trouvé dans une des caisses. Il l'examina sous toutes ses coutures, puis le reposa sur la table basse.

- Ces prédictions étaient déjà connues au Moyen Age, je consacre un rayon entier à ce thème au magasin, soulignai-je.

- Pour moi, enchaîna-t-il, les vrais enjeux sont politiques. Un trafic d'influence ! Que ce soient les adversaires de la papauté, les milieux réformés voire les milieux catholiques contestataires, hostiles à la suprématie de l'Eglise, voilà autant de clients potentiels pour ces oracles !

Il éclata de rire et ajouta :

- Surtout quand elles prédisent la fin du monde ! Tu t'imagines le nombre de magouilles lors de l'élection du nouveau souverain pontife. Les différentes puissances *(la France, l'Espagne, l'Italie, etc...)* essayant de placer un de leurs cardinaux, à charge pour lui de renvoyer l'ascenseur après sa nomination.

- Dans ce contexte, tous les coups sont permis et tous les arguments à disposition exploitables.

- Exact Lionel, d'où l'origine de la prévision. Par un système de devises, chaque pape est annoncé par une formule censée évoquer sa famille, ses armes, son lieu de naissance. Le principe même de la plus célèbre des prophéties des papes, celle que nous tenons entre les mains. Elle survécut jusqu'à nos jours : la prophétie de Saint Malachie, archevêque qui mourut à l'abbaye de Clairvaux. Note que Bernard compose, peu après le décès de son ami, un ouvrage s'intitulant : *La vie de Saint Malachie,* et qu'il sera enseveli, revêtu de la tunique héritée lors de la mort de ce dernier.

Il se leva, fit quelques pas dans le salon et enchaîna :

- La première édition de cette prophétie daterait de 1595 et remonterait en fait à la fin du XIIème siècle.

Je sentis une douce torpeur m'envahir. La journée avait été plus que rude. Dans un murmure, à

peine audible, je répondis :
- Contemporaine de Nostradamus, mêmes causes, mêmes effets ! La comparaison entre les deux semble évidente.
- Pas du tout Lionel, aucun rapport ! Les centuries ne correspondent à aucune progression chronologique alors que les devises, elles, s'inscrivent dans un ordre chronologique rigide. Les unes recouvrent un grand nombre de situations tandis que les autres ne traitent que des papes. Gardons à l'esprit que le seul et unique but de ces devises consiste à élire un souverain pontife, et qu'elles concernent l'époque de leur publication, à savoir la fin du XVIème siècle. Comment réussir ce tour ?

Il me laissa le temps de réfléchir, goûta une gorgée de blanc, fit mine d'allumer sa pipe, avant de la pointer vers moi, accompagnant son geste d'un hum… significatif.
- Ben, ça ne me paraît pas très compliqué, hasardai-je. Je pense qu'on a établi une liste de devises pour les papes ayant existé, donc vérifiables, suivie d'un inventaire des devises pour les papes à venir. Entre ces deux listes, il suffisait d'insérer le nom du pape que l'on aurait souhaité voir élu.

Content de mon analyse, je bus un peu de cet excellent breuvage dont Charles s'amusait à observer la robe avec un sourire au coin des lèvres.
- Certes, Lionel, mais… comment expliques-tu que cette prophétie, qui aurait dû tomber dans l'oubli

après l'élection de ce pape, traverse encore quatre siècles pour atteindre l'orée du XXIème siècle ?
- No comment... , répondis-je.
- Il me semble, poursuivit-il, que le véritable trait de génie de l'auteur, ou des auteurs, de ce texte réside dans le fait de conclure les prédictions par l'annonce de la venue de l'Antéchrist. Ainsi grâce à la Prophétie de Saint Malachie pouvait-on fixer la date de la fin des temps. Certains même n'hésitèrent pas à calculer la durée moyenne d'un règne pontifical et de le multiplier par le nombre de devises restantes pour obtenir une période assez précise : l'an 2000, l'ère du Verseau, l'achèvement du compte à rebours malachien, la troisième prophétie de Fatima, l'an 1999 des centuries ! Tu saisis Lionel ?
- Les grandes lignes, oui ! mentis-je, car depuis un moment déjà je somnolais. Je me demande si vous ne mettez pas des somnifères dans votre vin blanc, dis-je pour faire diversion.

Il ne fut pas dupe et s'exclama :
- Mon garçon, arrête de qualifier de vin blanc cet excellent klevener de chez Mondy à Sélestat ! Allez, je me sauve. Je te donnerai la clef des dernières devises une autre fois.

*

Chapitre 5

- C’est ma foi vrai, il se dégage de l’impertinence et de la provocation, à chaque trait de plume, constata Christine comme nous sortions du musée Ungerer, villa Greiner.

Je souris et lui rappelai son haut-le-cœur devant les poupées Barbie !

- Là, j’ai été choquée ! Oui, vraiment choquée, admit-elle avec une pointe d'agacement dans la voix.

J'éclatai de rire et lui rétorquai :

- Tomi dit que : “ *La poupée Barbie symbolise l’idéal américain de la starlette décervelée.* ”

- Quand même ! soupira Christine.

Pour la calmer, je soulignai que cet espace, nommé *une tendance noire de l’œuvre érotique* se trouvait au fin fond du rez-de-jardin, dernière salle à droite. Un avertissement, rédigé en trois langues, stipulait : “ *Nous informons les visiteurs que certaines œuvres sont de nature à heurter la sensibilité, en particulier du jeune public.* ”

- Ben voyons ! Encore heureux qu'ils aient la délicatesse de prévenir, martela-t-elle.
- Ben voyons ! bissai-je en rigolant, c'est du Tomi Ungerer.

Je lui déposai un bisou sur la joue et enchaînai gaiement :
- Si par exemple tu me demandais de te brosser un tableau de Jeanne d'Arc, moi, je te parlerai de Domrémy, du départ pour Chinon, de Compiègne, de Charles VII, de l'évêque Cauchon et pour terminer du vieux marché de Rouen. Tomi, lui, instantanément croquera un dessin avec comme légende : " *Jeanne d'Arc, une pucelle qui a le feu aux fesses à cause d'un cochon.* ". Suivi dans les trente secondes d'un deuxième avec pour texte : " *Au secours ! Mon pucelage pour un pompier !* ". Tu comprends chérie ? Tomi a dit, lors d'une interview : " *Ce qui me passionne, c'est le nomand's land entre le bien et le mal, et d'attirer le mal pour lui faire faire le bien ! Voilà, ça, ce serait rigolo !* ".

Nous décidâmes de rentrer chez moi par la rue du Parchemin. Villa Greiner, au rez-de-jardin, devant une image un peu (plus) osée de Tomi, Christine m'avait susurré à l'oreille :
- J'ai une surprise pour toi ! avec un air plein de sous-entendu.

Le temps demeurait exceptionnellement beau en cette fin d'année. Comme nous approchions de la pâtisserie Guyot, Christine proposa :

- Je prendrais bien un café, qu'en penses-tu ?

D'un hochement de tête, j'acquiesçai. Les vieilles banquettes en bois, aux bords arrondis, me rappelaient, ceux de la winstub, où parfois, j'avais accompagné mon père. Tout à coup, une anecdote vint me titiller la mémoire. Je souris.

- A quoi songes-tu ? questionna Christine.

- Je me souviens d'une soirée avec mon papa, dans la winstub strasbourgeoise favorite de Tomi Ungerer, l'Arsenal, répondis-je.

Soirée au demeurant mémorable pour moi, à l'époque de mes treize ou quatorze ans. Nous avions pris place au *stammtisch* de Tomi Ungerer, Germain Muller, mon père et moi. Tomi revenait de Hambourg, où il avait travaillé pour les revues *Spiegel, Stern* et *Zeit.* De sa voix un peu traînante, il avait analysé l'œuvre de Hansi. J'eus l'impression de m'y revoir : le nez à hauteur de la table, où s'entassaient force bouteilles de vin blanc, les fesses appuyées sur l'extrémité du banc en bois, et la bouteille longiligne de Pschitt citron à portée de main. Le citron laissait un goût amer dans la bouche, contrairement à l'orange, beaucoup trop veloutée à mon avis. Chez nous à la maison, il n'y avait pas de boissons gazeuses, ma mère trouvait que “ *cela abîme l'estomac !* ”. Alors, ces soirs-là, je me rattrapais en frôlant l'overdose de Pschitt. De nos jours, les gamins et les gamines, font des overdoses de schitt, perdus dans les caves d'immeubles trop

grandes pour leurs petits cœurs d'enfant ! Autres temps, autres mœurs !
- Hansi, qui dessine ses Alsaciens et ses Alsaciennes à Ribeauvillé où à Munster avec des costumes du Bas-Rhin, non, je ne suis pas d'accord ! tonitruait Tomi avec véhémence.

A l'époque, cet imposant gaillard, par ses incessantes gesticulations, m'intimidait un peu. J'appris plus tard, qu'il était autant capable de colère *tomitruante* que de débordement de générosité. Mon père me confia qu'il possédait une solide culture livresque, et notamment une édifiante connaissance en minéralogie, géologie et botanique. Comme je réclamais, de manière insistante, un énième Pschitt à mon père, j'essuyais un refus. Je lui expliquais vigoureusement combien il avait tort de me refuser ma boisson préférée. En entendant le petit avocat plaider sa cause, avec des arguments dignes du plus célèbre des baveux, les grandes personnes avaient éclaté de rire ! Mon paternel lui-même, d'abord contrarié, avait prit le parti de l'hilarité. Bien entendu, j'avais eu droit à une nouvelle tournée.
- Voilà un futur avocat ! s'était exclamé Tomi Ungerer.

Moi, au comble de l'excitation, je trépignais sur place et je hurlais :
- Non, pas avocat ! Pas avocat ! Libraire comme mon papa !

Tomi, avec son regard perçant, m'avait

observé quelques instants, s'était saisi de la cruche de vin blanc, avait rempli son verre à ras bord puis avait déclaré :

- Tous les héros de mes livres d'enfants sont des individus pas comme les autres, et c'est justement parce qu'ils ne sont pas comme les autres qu'ils réussissent.

Il avait enchaîné en pointant un doigt fébrile sur ma poitrine :

- C'est pour montrer à l'enfant qu'il n'a pas besoin d'être comme tous les autres. Tu peux être ce que tu es et devenir ce que tu veux.

Rassuré sur ce point, j'avais tendu ma main vers le tourniquet à bretzels. A l'Arsenal, comme dans beaucoup de winstubs alsaciennes, les discussions étaient rythmées par les coups de blanc, suivis d'une bouchée de bretzel. Très important, ce biscuit salé alsacien en forme de huit ! Sur les tables des bonnes winstubs, vous trouverez toujours un présentoir garni de cette spécialité. Cela permet de boire beaucoup de vin, avec quelque chose dans le ventre, disent les anciens.

- Tu te souviens de tout ça ? demanda Christine.

- Oui, pour moi cela reste un souvenir fort, marqué par la perte d'une illusion. Je connaissais tous les livres de Hansi : " *Mon Village, l'Histoire d'Alsace racontée aux petits-enfants par l'oncle Hansi, les clochers dans les vignes, le Professeur Knatschké* ou *le Paradis Tricolore ",* entre autres. Je les avais lus dans la bouquinerie de mon père. Je croyais dur comme fer aux narrations de l'oncle Hansi et j'étais convaincu que si l'Alsace était quelquefois en retard sur l'*Histoire,* c'est parce que *les boches* avaient emporté toutes les pendules hors de notre belle province.

Tomi Ungerer avait affirmé, en s'agitant sur sa chaise et en faisant déborder le vin blanc de son verre que :

- Non, il ne faut pas réduire les Allemands à des voleurs de pendules; l'opposition systématique et radicale de Hansi au pouvoir en place s'avère parfois outrancière.

D'un air songeur, je terminai mon petit noir.

- Tomi aussi, remarqua Christine, s'en prend férocement aux autorités !

- A toutes les autorités, ajoutai-je, qu'elles soient nazies *(A la guerre comme à la guerre*) ou françaises (*la Marianne* de *Si j'ai bonne mémoire*) ou encore à la supériorité des Français en inversant les rapports de force (*la France à l'Alsace*). De tout temps, il aura été en lutte contre l'impérialisme culturel français.

Je commandai deux autres cafés, hésitai à reprendre un morceau de gâteau. Le clin d'œil réprobateur de Christine m'en dissuada.

*

Le commissaire principal Nora pénétra, par une entrée dérobée, dans l'ancien commissariat central de la rue de la Nuée-Bleue. Il chemina le long d'un dédale de couloirs avant d'aboutir dans une cour pavée. En face de lui se dressait l'antique hôtel particulier du comte du Bourg. D'un pas alerte, il se dirigea vers le portail donnant accès au bâtiment. Autour de celui-ci, les vestiges d'un lierre grimpant accentuaient l'impression de désolation. Sous la plante fanée, on apercevait les riches ornements du ressaut en grès rose. Avant d'entrer, il jeta un regard circulaire sur la bâtisse.

- Quel gâchis ! soupira-t-il.

Un haussement d'épaules ponctua sa réflexion. Il longea un corridor sombre, s'arrêta devant une porte en chêne. Il introduisit une clé de bonne dimension dans la serrure, déverrouilla et pénétra dans la pièce. Quelques chaises, deux fauteuils, une armoire métallique vide, un téléphone et un bureau donnaient à l'endroit un semblant de vie. Nora s'installa derrière sa table de travail, alluma sa pipe, décrocha le combiné et convoqua le capitaine Toine, puis, par un deuxième coup de fil, le commandant Gilles, l'agent de liaison entre le préfet de région, le procureur de la République et les instances supérieures à Paris. En attendant leurs arrivées, il repensa à cette phrase d'Adolphe Seyboth concernant les mérites de Léonor Marie du Maine du Bourg, passionné de cuisine autant que d'architecture : " *Sa table fut l'une des premières où parut la pomme de terre, et il peut être considéré comme l'un des vulgarisateurs de ce tubercule démocratique.* "

Nora éclata d'un grand rire, son rire habituel : tonitruant, puissant. La pensée lui traversant l'esprit *(la municipalité, propriétaire des lieux, autorisant l'implantation d'un Macdo ! La patate rejoignant la frite !)* était pour le moins cocasse. Des coups frappés à la porte le ramenèrent au moment présent.

- Entrez, articula-t-il, entre deux hoquets.
- Vous voilà de fort bonne humeur, constata le capitaine Toine en pénétrant dans le bureau.

Le commissaire principal lui fit signe de prendre place et dit :

- Je me remémorais les fastes de cet endroit, que vous et vos collègues dénigrez tant ! Peu de gens se souviennent aujourd'hui qu'au XVIIème siècle, d'ici, la pomme de terre commença à rayonner dans toute la région. Encore moins que c'est au cuisinier du maréchal marquis des Contades, Jean-Pierre Clause, que nous devons vers la fin du XVIIIème siècle *(entre les années 1779 et 1783)*, l'invention du *foie gras*. Au siècle dernier, Seyboth, notre célèbre historien et conservateur du musée de Strasbourg, a dit : " *L'invention de Clause resta un mystère de la cuisine du maréchal de Contades occupant des lieux de 1762 à 1788. Tant que dura son commandement en Alsace, le foie gras ne franchit point sa table aristocratique. Mais le jour de la publicité et de la vulgarisation approchait avec l'orage révolutionnaire. "*

La révolution de 1789, songea Nora et l'amour pour une pimpante Alsacienne, Marie-Anne Maring, veuve d'un pâtissier nommé Mathieu qui tenait boutique au 18 rue de la Mésange. Après son mariage, le 10 février 1784, Clause y porta son enseigne et y créa la première fabrique de *foies gras* de Strasbourg. On frappa de nouveau à la porte.

- Entrez, lança derechef Nora.

L'homme s'avançant dans le bureau était grand, vêtu d'un imperméable Burberry, chapeau sur la tête, les mains gantées, sac en bandoulière *(de la même marque)* à l'épaule.

- Le commandant Gilles, annonça le commissaire principal à l'intention de son subordonné. La seule personne, en dehors de moi, à qui vous rendrez compte de votre mission.

Les présentations effectuées, il s'engagea dans le vif du sujet.

- Toine, savez-vous que *l'Hortus Deliciarum*, *le Jardin des Délices*, manuscrit qu'on pensait perdu, serait actuellement en possession d'un libraire strasbourgeois, Lionel de Sandner ?

L'interpelé arbora un regard dubitatif. Nora tira avec plaisir sur sa pipe, content de son effet. Il enchaîna :

- Il semblerait que Charles de Maîstres aussi soit

dans le coup !
- Ah oui ! pouffa Toine, histoire de meubler.

Nora se tourna vers lui et sèchement le rabroua :
- Puisque vous prenez la parole Toine, faites-nous partager vos lumières !

L'air dépité du capitaine se passait de commentaires. Le commandant Gilles vint à son secours.
- Vous permettez ? dit-il en s'adressant à Nora.

Celui-ci hocha la tête en signe d'approbation. Le commandant continua :
- En ce qui concerne *l'Hortus Deliciarum*, nous ne souhaitons pas agir officiellement, du moins pour l'instant. Quant à Charles de Maîstres, ce n'est pas aussi simple. A l'heure actuelle, nous ne sommes pas arrivés à déterminer son degré d'implication dans cette affaire. Qu'il ait pris Sandner sous sa coupe, après la mort des parents de ce dernier, est de notoriété publique. Ne perdons cependant pas de vue que de Maîstres est un franc-maçon de haut grade et un des responsables du CERN…

Nora, qui ne supportait pas qu'on lui volât la vedette trop longtemps, se pressa pour intervenir :
- Le CERN, Toine, est une organisation européenne pour la recherche nucléaire, et un des plus grands et des plus prestigieux laboratoires scientifiques au monde. De nombreux chercheurs de tous pays y mettent en commun leurs moyens et les résultats de

leurs découvertes, notamment sur l'antimatière.
- Ah oui ! dit Toine en hochant la tête.

Gilles étouffa un rire tandis que le commissaire principal rougissait de colère.
- Toine, un peu de sérieux, je vous prie !
- Patron, il m'arrive d'ouvrir un journal de temps en temps, s'insurgea ce dernier. Je suis au courant de l'inauguration de l'anneau souterrain. J'ai lu que ces recherches ont des applications dans notre vie quotidienne. En médecine, la chirurgie du cerveau, par exemple, avec rayon laser de haute précision, et dans l'industrie, avec des matériaux plus résistants, un nouveau carburant, et…
- C'est déjà pas mal ! l'interrompit Nora en regardant le commandant Gilles, qui enchaîna :
- L'énergie du futur ! Il y a en effet de fortes chances. Le plus important reste l'aspect écologique de la chose. Pas de radiation ni de pollution et encore moins de déchets. Si un certain Dan Brown affirme que *"quelques grammes suffisent à satisfaire les besoins énergétiques d'une grande ville pendant une semaine... "*, nous savons de manière certaine que le nombre maximum d'antiprotons jamais produits par le CERN, sur une période d'un an, fournirait tout juste assez d'électricité pour alimenter une ampoule pendant quelques secondes !
- Vu ses responsabilités dans ce domaine assez sensible, on souhaite en hauts lieux que nous gardions un œil vigilant sur de Maîstres et que nous

garantissions sa sécurité, précisa Nora.
- Sur de Sandner aussi ! ajouta Toine, car je ne saisis pas le rapport entre le livre et l'antimatière.

Le commandant Gilles hocha la tête :
- Oui capitaine… et sur Sandner. La réapparition de ce manuscrit perturbe beaucoup de monde à Strasbourg et le nom *de Maîstres* déclenche quelques remous dans les sphères gouvernementales. Bref, les ordres ne souffrent aucune discussion : surveiller, protéger et rendre compte. C'est là que vous intervenez avec votre groupe. Vous avez carte blanche mais attention : pas de vagues, capitaine, pas de vagues ! Sur des œufs, vous marchez sur des œufs. Pas la moindre bavure permise ! Les dommages et autres accidents collatéraux étant, cette fois-ci, strictement interdits ! Sommes-nous sur la même longueur d'onde ?

Toine jeta un coup d'œil à son directeur. Ce dernier approuva d'un signe de tête.
- Votre supérieur est au courant des subtilités de ce dossier, confirma le commandant Gilles.
- Alors d'accord pour moi ! lança Toine en se dirigeant vers la sortie.
- Toine ! le héla sèchement Nora, évitez les cadavres inutiles ce coup-ci !

Le capitaine serra les dents et sortit en claquant la porte. Il en coulerait, de l'eau, sous le pont du Rhin, avant que ne soit oubliée cette malencontreuse affaire de *la Porte de France*.

Quand ils furent seuls, le commandant Gilles se tourna vers Nora et demanda :
- Ne pensez-vous pas que nous aurions dû donner un peu plus de détails à votre homme ? s'inquiéta-t-il.

Le commissaire principal leva les bras au ciel et répondit, agacé :
- L'informer de quoi ? Que nous échafaudons un plan complètement bidon ? Que dis-je : que vous montez une histoire fumeuse, ayant toutes les chances de finir en queue de poisson et dont lui et son équipe assumeront la responsabilité !

Le commandant essaya de s'immiscer dans le flot verbal. Nora ne lui en laissa guère le temps et enchaîna :
- Vous et vos supérieurs connaissez la valeur inestimable de cet ouvrage, et vous n'intervenez pas. Pire : vous l'abandonnez dans la nature, à la portée de toutes les convoitises, et vous prenez le risque de la diffusion d'une plaquette annonçant une vente à Entzheim ! Tout ça va mal se terminer, je le sens gros comme une maison. Nous nageons en plein délire Gilles, croyez-moi !
- Nous pensons que de Sandner dispose d'assez de bon sens pour renoncer au catalogue. D'ailleurs, Guillaume Schang a son mot à dire, il me semble. Commissaire, il est vital pour nous que de Maîstres prenne les choses en main, mais de manière officieuse. Laissons-lui le soin de percer le mystère de la réapparition du manuscrit, voire les mystères,

après, il sera toujours temps d'agir.
- A mon humble avis, il eût été plus simple de lui demander de collaborer, non ?
- Les instances supérieures en ont décidé autrement, répondit péremptoirement le commandant Gilles.

Nora s'assit derrière sa table de travail et bourra une nouvelle pipe. Le commandant Gilles sortit un étui doré, y préleva une cigarette et l'alluma. D'un air pensif, les deux policiers regardèrent les volutes de fumée dessiner des formes cabalistiques dans la pénombre de la pièce. La raison d'État a ses raisons, que la raison ne connait pas !

*

Le contenu de la dernière caisse me stupéfia ! D'abord, je remarquai un imposant colis emballé dans du papier huilé. Je sortis le volumineux emballage et le posai sur mon bureau. Dans le fond de la caisse en bois, j'aperçus un deuxième paquet, moins épais, mais tout aussi lourd. Je le rangeai à côté du précédent. Délicatement, j'entrepris de déballer le plus gros paquet. Après le papier huilé, je trouvai un emballage en cuir protégeant un emboîtage en velours rouge, laissant apparaître le dos et les nerfs d'un manuscrit. Avec d'infinies précautions, j'extirpai l'ouvrage de son étui protecteur. Au vu de ma découverte, je dus m'asseoir et calmer les battements de mon cœur.

Devant mes yeux, sur la table de travail, s'étalait, dans toute sa splendeur, le plus célèbre manuscrit alsacien du XIIème siècle, *l'Hortus Deliciarum, le Jardin des Délices* ! Les premiers moments de stupeur passés, mon exaltation me fit tendre une main avide vers l'ouvrage, rapidement stoppée par une réminiscence des leçons de mon père : *“ En cas de trouvaille exceptionnelle, maîtriser son émotion et la propension à se jeter sur la chose, procéder de manière scientifique et méthodique ! Prendre les mesures conservatoires afin de permettre au plus grand nombre de chercheurs d'admirer la découverte dans son aspect originel ! Recueillir le maximum d'informations et rédiger une fiche détaillée.”* Abasourdi par l'importance de ma découverte, je faillis brûler, tel un novice, les étapes.

Je me levai, fis quelques pas dans mon magasin en respirant profondément et en essayant de me persuader que tout était normal alors que, dans mon bureau, se trouvait le manuscrit le plus exceptionnel de toute la littérature alsacienne, considéré comme perdu à jamais ! Le vertige me reprit et je me laissai tomber dans un des fauteuils de la bouquinerie. Je savais que chaque couvent, outre la Bible, possédait son *livre de base*, servant d'une part à l'éducation et à l'épanouissement des moines et des moniales, et par ailleurs à occuper leur esprit pouvant être soumis à des pensées impures. Dans les couvents de femmes, cet ouvrage portait souvent comme titre *Le Jardin des Délices (l'Hortus Deliciarum),* expression empruntée au *Cantique des Cantiques* le livre de l'Ancien Testament où est évoquée la " *scène du fiancé accueillant sa bien-aimée dans son jardin, où elle peut admirer et goûter toutes sortes de délices. Au couvent, c'est le Christ qui est le fiancé ; il ouvre à ses bien-aimées le livre avec ses images et ses textes, où il leur offre l'abondance de ses richesses."*

Je me levai à nouveau et me dirigeai vers le casier aux fiches de mon père, certain qu'il avait réuni une riche documentation concernant *le Jardin des Délices*. Je ne fus guère déçu. Un bristol me renvoya à un dossier concernant le manuscrit et comportant plusieurs pages. La première n'était pas écrite de sa main et portait en exergue la mention : *"Propos recueillis auprès du chanoine Auguste Christen, directeur honoraire du Mont Sainte-Odile."* Un auteur anonyme avait rédigé d'une écriture souple et élégante le texte suivant : *"Souvent entre les couvents existait une sorte d'émulation, chacun voulant posséder le livre le plus parfait tant par ses textes que par ses illustrations. Herrade de Landsberg, la grande abbesse du monastère de Hohenbourg (le Mont Sainte-Odile), qui au XIIème siècle avait su donner à son abbaye un extraordinaire rayonnement, se devait de parfaire cette image par un splendide manuscrit, digne de sa réputation."* ... *" Semblable à une vive petite abeille*, écrit-elle *(Herrade)* dans sa préface, *j'ai extrait le suc de la littérature divine et philosophique et en ai formé un plein rayon tout ruisselant de miel, pour que les doux plaisirs de votre Epoux Céleste recréent votre âme et vous préservent des vanités de ce monde."*

Le résultat de ce travail d'équipe car le Hortus, *(une œuvre de l'ensemble des moniales sous la direction de leur abbesse)* fut d'emblée un chef-d'œuvre, *" le plus important témoignage de l'époque médiévale en Alsace, avec la cathédrale de Strasbourg "*, disent certains. *" Incarnation du génie d'un des plus grands siècles, le siècle roman nourri de toute la sève alsacienne ",* selon Jean Walter, le manuscrit donna une réputation universelle au couvent de Hohenbourg. Suivait la description de *l'Hortus Deliciarum* et de sa composition : *" C'est un manuscrit d'aspect impressionnant : un gros volume de deux cent cinquante-cinq feuilles de parchemin de cinquante-trois centimètres sur trente-sept, avec soixante-neuf feuillets, de moindres dimensions, intercalés. L'ensemble est illustré de trois cent quarante-quatre miniatures, véritables chefs-d'œuvre aux couleurs vives occupant le quart de l'espace total. Certaines d'entre elles s'étendent sur toute une page, quelques unes même sur une double page. Quant au texte, il est bien ordonné, sur deux colonnes de cinquante lignes par pages, soit environ 45000 lignes pour l'ensemble de l'ouvrage. Calligraphié en écriture protogothique, le texte s'accompagne de substantielles annotations, en latin et en allemand. Le contenu en lui-même est beaucoup plus classique : récits et commentaires de l'Ancien Testament, Ancêtres du Christ et Incarnation, Évangiles et Actes des Apôtres, Vertus et Vices, textes sur l'Eglise et la société, liste des papes jusqu'en 1191, calendrier et comput, chants sur Hohenbourg. Certaines poésies sont de Herrade elle-même, et on y découvre outre un réel élan poétique, un réalisme étonnant pour l'époque, notamment dans les scènes de la vie rurale.*

En voici un extrait :

– *"Hoc in monte hohenburc vivo fonte sancti spiritus, potantur oviculae domicellae; esum vitae doctrinam sine lite congestant apiculae."*

– *"Sur cette montagne s'abreuvent à la fontaine vive les petites brebis; dans la paix les petites abeilles rassemblent la pâture de la vie."*

Suivait une dizaine de quatrains, avec la traduction. Manifestement, l'auteur de ces lignes avait tenu le manuscrit entre ses mains et l'avait soigneusement étudié. Et voilà que, ô miracle, je contemplais ce fabuleux ouvrage posé sur ma table de travail. Je le pris en photos sous toutes ses coutures, comptai les pages, les images, le mesurai, le tournai et le retournai dans tous les sens, cherchant je ne sais quoi, heureux tout simplement devant l'importance de ma découverte. Au bout de quelques heures, je me résolus à déballer le petit paquet : il contenait des cahiers de commentaires, sûrement de la main du professeur Schangauer. J'ouvris le premier cahier et... je m'endormis !

*

Le lendemain, après une nuit passée sur le divan de mon bureau, je poursuivis mes investigations. Avec le manuscrit, François-Xavier Schangauer avait laissé une missive pour mon père : *" Si vous lisez ce billet alors, selon mes consignes, on vous aura remis l'Hortus Deliciarum, ouvrage appartenant à l'Ordre des Herratiques, dont j'assumai pendant de nombreuses années la charge de Grand Maître. Notre Ordre est entré en possession de ce splendide manuscrit il y a quelques années, lors de circonstances que je ne détaillerai pas ici. Sachez que si j'accepte que cet ouvrage vienne aujourd'hui entre vos mains, c'est que j'estime que vous êtes le plus qualifié pour résoudre l'énigme que je vous exposerai plus loin. J'ai chargé mon petit-fils, Frédéric-Charles, de veiller à ce que mes volontés soient respectées à la lettre et qu'il vous transmette, le plus rapidement possible, toutes mes notes concernant ce sujet. "*

Malheureusement, trois guerres passèrent par là, et mon paternel ne reçut jamais ce legs ! D'après

mes recherches, François-Xavier a eu un fils, Henri, né en 1915 et décédé en 1974. Ce dernier eut lui-même un fils, Frédéric-Charles, né en 1959 et décédé en 2001, le père de Guillaume, né en 1990. Il me semble que Frédéric-Charles disparut dans le même accident d'avion qui coûta la vie à mes parents. Je demanderai confirmation à Charles. Ainsi, à travers l'arrière-petit-fils, Guillaume, cet ouvrage, destiné à mon père, m'échut ! Je regardai le lot de carnets accompagnant le manuscrit et la lettre. Ils ressemblaient à des cahiers d'écolier, et j'en comptai une bonne vingtaine. Je repris ma lecture :
“ Si je vous accorde ma confiance, c'est parce que je sais, de source sûre, que vous et quelques-uns de vos amis proches détenez un certain nombre de leviers du pouvoir. Même si votre secret réside dans l'utilisation, en guise de couverture, des loges maçonniques. Vous n'ignorez pas que mon fils Henri, en qui j'avais placé tous mes espoirs, décéda trop tôt, en 1974, dans un stupide accident de la route ! Mon petit-fils, Frédéric-Charles ne possède pas l'envergure nécessaire pour assumer la direction de notre Ordre. Aussi me faut-il rapidement envisager une solution différente. ”

Que mon père fût un franc-maçon ne m'étonnait qu'à moitié ! Comme tous les enfants, j'avais fouillé dans les armoires de mes parents. Par hasard, un jour je tombai sur une malle non fermée à clef. A l'intérieur se trouvait un coffret au couvercle marqueté. Il contenait des insignes *(je compris plus tard qu'il s'agissait de symboles maçonniques)* : un tablier, une écharpe bleue, une épée, et surtout plusieurs livres. Les titres, à eux seuls, auraient balayé tous mes doutes : “ *Les cahiers des grades symboliques du Grand-Orient de France, l'Instruction pour le premier degré symbolique écossais, et Causeries Initiatiques* ”, entre autres. Je n'ai pas osé, à l'époque, pousser plus loin mes investigations. Par la suite, j'oubliais ou j'occultais cette découverte. Aujourd'hui, je découvrais que mon père adhérait, peut-être, à la secte des Herratiques ! Je continuai ma lecture : “ *Mes notes vous donneront l'état exact de l'avancement de mes travaux. A vous de poursuivre et de résoudre cette énigme et... d'éviter, si possible un cataclysme ! Le temps presse, mon cher de Sandner, aussi allons à l'essentiel. Regardez la planche concernant le roi Salomon.* ”

Je repris à mon compte cette injonction et cherchai le manuscrit et l'estampe correspondant au roi Salomon. Je relus les analyses de François-Xavier Schangauer relatives à la gravure numéro 5 fragment 7 : “ *Passons sur l'absence de perspective ainsi que le non-respect des proportions, maladresses communes à beaucoup de dessins du Moyen Age. Nous voyons le roi Salomon sur son lit de repos, dans son palais royal. Le roi se repose, ou dort assis comme il est d'usage à l'époque. Une couverture rouge, brodée d'or et doublée de fourrure, le couvre de la tête aux pieds. Sa tête repose sur un coussin rouge, brodé d'or. Des sangles tendues soutiennent les matelas. Devant le lit, aux montants finement sculptés, se trouve un escabeau d'or couvert d'une étoffe bleue. Un riche tapis garnit le devant du lit et une tenture bleu clair est retenue par des crochets au-dessus de la couche, A l'un des crochets est fixée une lanterne. A droite de la gravure se trouve une tour, la tour de David, à laquelle sont suspendus des écus, arrondis sur le dessus et se terminant en pointe. Christian Maurice Engelhardt n'a pas reproduit les guerriers, encadrant la couche, sur la miniature originale. Maintenant, reportez-vous à l'Hortus Deliciarum. Que voyez-vous ? "*

Il me sembla recevoir un ordre émanant de l'au-delà, aussi me précipitai-je sur l'édition originale. Quelle ne fut pas ma surprise en constatant qu'il ne s'agissait pas de guerriers entourant le lit du roi, mais de quatre cavaliers ! Elle fut d'autant plus grande lorsque je remarquai, sur l'écu des cavaliers, les lettres A et O, la lettre A sur l'écu du premier et du troisième cavalier, la lettre O sur l'écu du deuxième et du quatrième cavalier. La notation : 2036, et l'inscription *A PATER NOSTER O*. Quatre cavaliers ? Spontanément, une idée me vint à l'esprit, aussi je repris la missive du professeur pour y chercher la confirmation.

“ Si vous pensez aux quatre cavaliers de l’Apocalypse, écrivait-il, je ne puis qu’abonder dans ce sens (c’est ce à quoi je songeais) *mais alors, poursuivait-il dans sa lettre, demandez-vous pourquoi Engelhardt, par ailleurs très fidèle dans ses reproductions a omis, sciemment, de représenter les quatre cavaliers ! Pourquoi, comme vous l’avez sûrement remarqué, trouvons-nous ces lettres sur les écus ? De quelle époque datent-ils ? Et les quatre chiffres ? Assurément une date. Quant au Pater Noster ? Un Notre-Père ? Certes, mais dans quel but ? Tous ces éléments sont-ils contemporains les uns des autres ? Pour en revenir, aux cavaliers, rappelez-vous : dans sa prophétie sur la fin du monde, Saint-Jean évoque les quatre cavaliers de l’Apocalypse. Le Justicier sur un cheval blanc, la Guerre sur un cheval rouge, la Famine sur un cheval noir et la Mort sur un cheval blême. ”*

Je me replongeai dans les cahiers du professeur Schangauer pour y chercher l’explication de la présence de quatre cavaliers avec les lettres A et O stylisées sur les écus : *“ Dans l'Apocalypse, le plan est établi dès le verset 1. La Révélation vient de Dieu, par le Christ, à ses serviteurs. Christ à son tour l'envoie par un ange à son serviteur, un double plan par trois. Au verset 8, nous voyons encore une triple déclaration de Jésus-Christ en tant que l'Alpha et l'Oméga. On le décrit comme étant “ celui qui est, qui était et qui vient ”. Jean lui-même fait la triple description de " la souffrance, le Royaume et la persévérance " qui sont nôtres en Jésus-Christ (verset 9). Souvenez-vous, dans la nature, tout est soumis à la loi de la triade : Brahma, Wichnou, Siva ; le germe, la matrice, le produit ; la graine, la terre, la plante ; le père, la mère, l'enfant, etc."*

Un après l'autre, je compulsai les cahiers de notes. J'interrompis ma lecture à maintes reprises pour consulter *l'Hortus Deliciarum.* Lentement, une idée s'installa en moi. Ces cavaliers me firent penser à un certain rédacteur de centuries, fort décrié à une époque, présentant le deuxième cavalier comme étant celui qui, en 1999, ouvrirait la voie au Roy d'effrayeur. Si le professeur disait vrai *(et je n'eus au premier abord aucune raison d'en douter)*, c'était un sacré scoop ! Certes, je n'avais pas tout compris en une nuit, mais lentement se dessinèrent les grandes lignes. Il me sembla qu'il s'agissait d'une prophétie, peut-être une vision, de Herrade de Landsberg, pour environ 888 années plus tard. *L'Alpha et l'Oméga.* Le début et la fin ! Le commencement et la fin de tout cycle terrestre. Le commencement et la fin que détermine le *Feu* divin, une régénération en somme, que nous pouvons mettre en rapport avec la tradition rosicrucienne, dont la lecture du sigle christique I.N.R.I. signifierait en fait : " *Igne Natura renovabitur integra* ", à savoir : *" La Nature tout entière sera renouvelée par le Feu".* Herrade de Landsberg délivrant une prédiction de son couvent du Hohenbourg, à la fin du XIIème siècle, pour le début du XXIème ? Je refermai le manuscrit, replaçai la lettre du professeur et restai songeur. Je laissai libre court à mes pensées, des plus sages aux plus folles. N'en retins aucune.

Encore que ? *L'Alpha et l'Oméga*, le début et la fin du monde. Le deuxième cavalier, la Guerre sur son cheval rouge, annonçant en 1999 la fin du monde ? Il y avait un sacré problème : nous avions fêté l'an 2000, et même le fameux bug des ordinateurs n'avait pas eu lieu. L'inoubliable tempête du 26 décembre 1999 ? Vu les dégâts infligés à la planète, il est fort à parier que ce ne sera pas la dernière que connaîtra le pays. D'ailleurs, début 2009, les départements pyrénéens et la région landaise avaient payé un lourd tribut à la nature. Était-ce comme toujours les mêmes craintes et affabulations sévissant à chaque fin de millénaire ? Fallait-il penser à une fausse prophétie telle qu'une kyrielle de faux mages, faux prophètes et faux voyants nous en distribuent lors de chaque réveillon de fin d'année ? Et le nombre 2036 ? A quoi correspondait-il ? Une série de chiffres ? Une date ? L'année 2036 ? Tous les éléments se trouvaient là, étalés devant mes yeux : le manuscrit dans toute sa splendeur ; les deux lettres A et O ; la date 2036 ; l'inscription *A PATER NOSTER O* ; les cahiers de François-Xavier Schangauer.

Il me restait à découvrir la signification de

tous ces éléments. Je me lançai un défi personnel : mener à leur terme les investigations de Schangauer. Pendant une semaine, presque nuit et jour, j'épluchai les cahiers du professeur. Je notai maintes combinaisons possibles entre les lettres et les chiffres. J'explorai, sans résultats notoires, les archives de mon père. Je compulsai quelques moteurs de recherche sur Internet ! En vain ! Alors ? Alors rien ! Pour importante que fût ma découverte, je fus absolument incapable d'en saisir le sens véritable. Impossible à moi tout seul de décrypter ces informations. Je pris l'unique décision s'imposant à moi : je téléphonai à mon maître à penser, Charles, auquel je voue une indéfectible amitié depuis plus de vingt ans.

*

Chapitre 6

Mon ami Jean David arriva à la boutique vers onze heures alors que je contemplais le célèbre manuscrit. Quand il vit l'ouvrage de l'abbesse Herrade de Landsberg, posé sur mon bureau, il faillit défaillir.

- Tu permets, me demanda-t-il, tandis qu'il avançait les mains tendues et tremblantes vers le manuscrit.

Son attitude me surprit un peu. Je ne le savais pas amateur de bouquins anciens.

- M'enfin ! Prends-le, il ne va pas te mordre, ce n'est qu'un livre !

Il me lança un regard courroucé et murmura :

- Est-ce un original ?

- Certes, et mes recherches actuelles le confirmeront sans le moindre doute.

Jean David maintint l'ouvrage entre ses grosses paluches avec autant de délicatesse que s'il eût tenu un nouveau-né. Il y avait quelque chose de troublant dans son allure, voire de respectueux, d'infiniment respectueux. Cela contrastait avec son aspect de vieil ours mal léché. Je connaissais Jean David Pilardinau depuis de nombreuses années. J'avais beaucoup appris à son contact, non pas dans le domaine du livre, mais dans le métier de la brocante. Il était mon aîné de quinze ans. J'aimais sa philosophie de vie, sa physionomie expressive, son coup de fourchette, son art subtil de flairer une opportunité. J'avoue que grâce à lui, à mes débuts, j'ai évité certaines bévues et réalisé plus d'une bonne affaire.

- Je te sers un verre ? demandai-je.

Je n'obtins aucune réponse. Il se tenait comme paralysé au milieu de ma boutique. Il semblait ailleurs. Reprenant ses esprits, il balbutia, avec un tremblement dans la voix :

- Comment est-ce possible ? Où as-tu trouvé ce manuscrit ?

- Attends, je ferme, le coupai-je. Allons déjeuner et je te raconterai mes dernières découvertes.

Pendant le repas, je lui narrai en détail mes récentes péripéties, le lot de livres, manuscrits, revues et périodiques que je me proposais de mettre en vente pour le compte du jeune Schangauer, les quatre caisses en bois et les magnifiques ouvrages qu'elles renfermaient, dont l'*Hortus Deliciarum,* l'effervescence dans le monde littéraire que déclencherait la sortie de mon catalogue ! D'autant plus que, vu l'importance de la collection, des acheteurs viendraient de l'univers entier. En ce qui concerne le budget publicitaire, j'avais prévu d'investir un maximum : journaux, radio, télévision. J'étais décidé à mobiliser le ban et l'arrière-ban des supports médiatiques.

- Oh, mon Dieu ! soupira-t-il.

- M'enfin ! m'exclamai-je contrarié. Qu'est ce que tu as aujourd'hui ? D'habitude, quand l'un de nous deux réussit un bon coup, c'est plutôt jour de fête que soupe à la grimace. Tu couves une grippe ou quoi ?

- Je ne suis pas dans mon assiette !

- Ce n'est rien de le dire ! constatai-je acerbe. Cela ne t'a pas empêché de la vider deux fois... ton assiette ! ajoutai-je en riant.

J'appelai la serveuse et commandai deux cognacs. Rien de tel pour vous remettre l'estomac en place.

*

Dès la fin du déjeuner, il trouva le premier prétexte pour s'éclipser. Il convenait de mettre immédiatement le Grand Maître au courant de ce qu'il venait d'apprendre et… de voir ! En quelques pas il retrouva son petit appartement de la rue du Dôme. Arrivé chez lui, il décrocha le téléphone et fit son rapport sans omettre l'inscription *A PATER NOSTER O*, les lettres A et O ainsi que les quatre

chiffres. A l'autre bout du fil, Jean David Pilardinau entendit son chef spirituel pousser un énorme juron.
- Vous êtes conscient de ce que vous me dites là, frère Jean David !
- Hélas vénéré guide ! Hélas, je vous le confirme, pas plus tard que ce matin, j'ai tenu entre mes mains *l'Hortus Deliciarum* !
- Impossible ! C'est un véritable cataclysme ! Incroyable ! Expliquez-vous ! s'étrangla le Grand Maître.
- Il semblerait que le jeune Guillaume Schangauer ait décidé de vendre la bibliothèque de son grand-père Frédéric-Charles...
- Donc, c'est bien lui qui le gardait en sa possession, bafouilla le Grand Maître.
- Pour ce faire, poursuivit Jean David, il s'est adressé à Lionel de Sandner, bouquiniste de son état, que je fréquente depuis plus d'une décennie et qui prépare un catalogue pour l'hôtel des ventes d'Entzheim.
- Mon Dieu, se lamenta son interlocuteur, pour rien au monde, ce livre doit réapparaître en public. Il est considéré comme perdu à jamais, et la mission de l'Ordre de Sainte-Herrade consiste à veiller à ce qu'il en soit toujours ainsi. Il faut à tout prix récupérer ce manuscrit ! Vous m'entendez, Jean David, par tous les moyens ! Proposez n'importe quelle somme à ce Sandner, mais rapportez-nous cette relique inappréciable !

- Je crains que cela ne soit pas aussi simple, se risqua Pilardinau. Lionel est un expert en livres, il connaît la valeur, inestimable comme vous le dites si bien, de cet incunable. Depuis que nous nous fréquentons, lui et moi, il sait que ma connaissance des livres est limitée, du moins le croit-il. Mon soudain intérêt paraîtra suspect !
- Je vois, enchaîna le Grand Maître, en effet vous n'êtes pas la personne indiquée pour traiter cette affaire. Je vais aviser, et vous, assurez-vous que la chose ne s'ébruite pas, car nous serions perdus.

Il raccrocha et se laissa tomber dans un siège à haut dossier sculpté et aux bras recourbés.
- Ce n'est pas possible… Ce n'est pas possible... Ce n'est pas possible ! bredouilla-t-il inlassablement.

D'un bond, il se leva :
- Si cette vente avait lieu, nous serions maudits !

Homme d'action et de décision il ne tarda guère à se ressaisir. Par l'interphone, il convoqua sa secrétaire, sœur Marie-Ange. Belle, élancée, les cheveux châtains, cette dernière demeurait d'un abord plutôt glacial, mais entièrement dévouée à son coryphée.
- J'exige un rapport détaillé sur un dénommé Lionel de Sandner, libraire rue des Hallebardes ! J'ai besoin de tout savoir concernant cet individu. Est-ce clair ?

Elle acquiesça.
- Un compte-rendu exhaustif ! ajouta-t-il en martelant le bureau du poing.

La sœur griffonna quelques notes sur son bloc et s'éclipsa. Il saisit le téléphone, composa un numéro de mémoire. Dès que son interlocuteur décrocha, il dit, sur le même ton sec :
- Frère Emmanuel, je vous attends au siège de notre Ordre dans une heure !

Ayant paré au plus pressé, le Grand Maître se servit un verre de fine, et en le dégustant lentement, parcourut les murs de la chambre circulaire. A l'exception du bow-window, où était placée sa table de travail et d'où il voyait la pelouse, le reste de la pièce était une vaste bibliothèque où se côtoyaient manuscrits anciens et ouvrages rares, ainsi qu'une multitude de volumes et de livres, la plupart traitant d'ésotérisme.
- D'où sort ce *PATER NOSTER* que Pilardinau a vu près des cavaliers de l'Apocalypse ? soliloqua-t-il, il y a là un mystère qu'il s'agit de résoudre très rapidement ! Cet incunable ne doit pas aller en salle des ventes ! Il nous faut, par n'importe quel moyen, persuader ce libraire de notre bon droit. S'il ne devait en être convaincu, alors nous emploierions d'autres tactiques !

De rage, il fracassa son verre contre la porte en chêne donnant accès à ses appartements. Mentalement, il agonit de Sandner d'injures. Les rayons du soleil de cette fin d'après-midi filtrant des fenêtres formaient en l'air un nuage diffus de poussière dorée. A nouveau, il se saisit du téléphone

et passa un coup de fil. Il résuma brièvement à son interlocuteur ce qu'il venait d'apprendre. Lorsqu'un peu plus tard, sœur Marie-Ange frappa à la porte, le Grand Maître avait retrouvé tout son calme.
- Frère Emmanuel est là, annonça-t-elle.
- Qu'il entre ! répondit-il.

L'homme pénétrant dans le bureau avait la stature d'un géant et ressemblait à un catcheur à la retraite, style Lino Ventura, même corpulence, la taille en plus, même visage de baroudeur, genre *pas tibulaire,* mais presque ! Bref, un quidam qu'on ne souhaite pas rencontrer à la nuit tombée dans une ruelle sombre. Il s'agenouilla devant le Grand Maître, baisa la chevalière de ce dernier et attendit la tête baissée.
- Frère Emmanuel, je vais vous confier une mission de la plus haute importance. De la réussite de cette mission dépend l'avenir de notre communauté. Que dis-je : la survie, notre seule et unique raison d'être, articula le guide de l'Ordre d'une voix sinistre.

*

J'étais sur le point de fermer boutique lorsqu'un homme tout de noir vêtu, grand, avec une barbe noire se présenta devant moi. Il devait mesurer dans les deux mètres, et du bas de mon un mètre soixante-dix je me sentis infiniment petit. D'habitude, je devine la demande de mes clients. Un tel, passionné d'histoire ancienne, tel autre de poésie ou encore un collectionneur assidu, à l'affût de la pièce rare. La personne se tenant en face de moi me laissa perplexe. Il se dégageait de cet individu comme un malaise !

- Attendez, je rallume, bafouillai-je mal à l'aise.

- Ce ne sera pas utile, Monsieur de Sandner.

Sa voix ne correspondait absolument pas à sa stature : elle était fluette, douce, presque hésitante.

- Je suis frère Emmanuel, continua-t-il.

J'esquissai un sourire. Même le prénom ne cadrait pas avec le personnage !

- Que puis-je pour votre service ?

- Monsieur de Sandner, j'irai droit au but ! Vous possédez un manuscrit nous appartenant et que je vous demande de nous restituer.

Je restai bouche bée, et lâchai dans un souffle :

- Pardon ?

- Nous sommes au courant de votre acquisition de la collection Schangauer. Dans cette collection se trouve *l'Hortus Deliciarum* dont nous demeurons les véritables, les uniques dépositaires, depuis des siècles. Ce manuscrit, vous le savez, est considéré comme perdu à jamais, et ne doit en aucun cas réapparaître en public. Pour des raisons, que je ne puis vous expliquer, cet ouvrage revient de droit à notre Ordre. Or vous êtes en train de réaliser un catalogue pour la salle de vente d'Entzheim...

- Frère Emmanuel !
- Laissez-moi finir, enchaîna-t-il de sa voix douce. Je suis habilité à négocier un prix d'achat avec vous. Croyez-moi, monsieur Sandner, dans l'intérêt de tout le monde, mieux vaut conclure un bon arrangement. Dites-moi un montant, et vous n'entendrez plus jamais parler de nous.
- Frère Emmanuel, comme vous y allez, répondis-je ironiquement. Permettez-moi de vous dire que je trouve votre demande un peu culottée. Je ne vous connais pas, et vous m'informez de l'existence d'une communauté qui m'est totalement inconnue ! Puisque vous semblez au courant de la vacation que je prépare, vous devriez savoir que je ne suis pas le propriétaire de la collection Schangauer. Je ne puis spolier mon mandant en retirant une pièce, au demeurant inestimable, du catalogue que j'élabore actuellement, dont il n'est même pas certain qu'elle en fera partie.

Je lus l'embarras dans le regard de mon interlocuteur. Il joignit les mains et supplia :
- Vous ne devez, vous ne pouvez mettre cet objet, sacré pour nous, en vente !

Il avait les larmes aux yeux, et ses membres supérieurs tremblaient. Son désarroi faisait peine à voir, mais je n'envisageai pas d'accéder à sa requête. Aussi je répliquai d'une voix ferme :
- Frère Emmanuel, j'avoue ne pas comprendre le sens de votre sollicitation, ni les motivations

profondes vous amenant à me proposer une offre inacceptable pour un professionnel tel que moi. Je vous suggère que nous en restions là !

- Monsieur de Sandner, je vous en conjure dites-nous votre prix !

- Je pense m'être fait entendre ! Ce manuscrit ne m'appartient pas ! Je vous demanderais de ne plus insister ! lui répondis-je en le poussant gentiment, mais fermement, vers la porte.

- Dieu vous garde ! rétorqua-t-il en se retrouvant penaud devant mon magasin.

Je baissai les rideaux de fer et m'assis dans un fauteuil de la boutique. Dans la rue, frère Emmanuel pareil à une statue demeurait figé. Je vis son regard embué me scrutant à travers la vitrine. Sa démarche me laissa perplexe. Pourquoi me sembla-t-il que dans sa dernière phrase pointait une nuance de menace ? A l'extérieur, mon client n'avait pas bougé d'un pouce. Malgré ma contrariété, je trouvai un aspect comique à cette situation. Pour un peu, je lui aurais offert un siège !

- En attendant de joindre Guillaume Schang, il s'impose de mettre cet ouvrage à l'abri, me suggéra une petite voix intérieure.

Je contemplai de nouveau mon visiteur. Décidément, il avait choisi l'option mime Marceau. Il me rappela ces artistes de rue que l'on pouvait observer sur le parvis de la cathédrale pendant la saison touristique. Des heures à tenir immobiles, rien qui remue, rien qui se meut ! On avait l'impression d'admirer une statue de marbre !

Aujourd'hui, mon importun me fit le même effet ! Je ne discernai pas les motivations de ce mystérieux frère Emmanuel et décidai de caser, cette contrariété dans un recoin de mon cerveau. Mes yeux commencèrent à cligner, je le vis comme à travers un nuage. Je laissai mon regard errer sur mes vitrines. Je constatai qu'il restait quelques traces de poussière, sur celle de gauche, dans le coin en bas à droite près de la presse à piston du XIXème... La presse à piston ? ? ?... La presse à piston ! ! !... Un cri d'allégresse jaillit de ma poitrine :

- Krize millione segelseiler ! Gardebimbo ! Dunderwetter ! Ussgekochti waäffelise ! Dolle ! Galopfreyer ! Unternährter gschpenschterschätte ! Bleederseneftpfläscherter mit ejelfett ! Dirmel ! Steckelbürjerlusbub ! Wurzelslutzer ! Simbel ! Felsehiselböjer ! Menschefresser ! Verkersattila ! Blattmacher ! Lenkrädcowboy ! Nundebuckel noch e mol ! Hosseschiesser ! Krütkopf ! Besserwisser ! *

Eurêka, voilà où je cacherai *l'Hortus Deliciarum* ! Calé sous l'étau dans la devanture, au vu et au su de tout le monde. J'avais trouvé où dissimuler ce trésor et fus très content de mon projet.

** La traduction vous sera aimablement offerte contre une enveloppe timbrée à votre nom.*

Je me levai, secouai la tête et me dirigeai vers mon bureau pour vérifier les mesures de l'incunable : elles ne poseraient pas de problèmes ! Mine de rien, le manuscrit n'avait rien à voir avec un livre de poche ! Cinquante-trois par trente-sept centimètres, deux cent cinquante-cinq feuilles de parchemin, trois cent quarante-quatre miniatures, reluire cuir, en porc sur ais de bois. Je maintiens que les idées les plus simples restent toujours les meilleures. *(Je me souvins qu'à l'époque de mon entrée en tabagisme j'employai un stratagème original pour camoufler mon paquet de cigarettes. J'évidai un ouvrage ancien et obtins ainsi une cache, à l'intérieur du volume, que je pris soin de ranger parmi d'autres livres du magasin).* Je disposais de quantités de vieilles reliures, traînant dans le débarras en attente de restauration, pour renouveler l'opération sans problème. Je me frottai les mains de contentement et jetai un coup d'œil à l'extérieur. Tel une statue de marbre, mon visiteur se tenait immobile devant ma devanture ! J'essayai de comprendre le sens de cette attitude pour le moins incongrue. Pas moyen d'aligner deux idées cohérentes. La présence de cet homme en faction m'incommodait.

J'hésitai entre deux options : la colère ou la résignation. J'optai pour la seconde et éteignis les lumières du bureau avant de sortir par la porte de derrière donnant sur une cour intérieure. Alors que j'allais la verrouiller, je constatai que dans la rue, mon *client* avait disparu. Mû par un réflexe inconscient, je me précipitai dehors. La grande silhouette emmitouflée dans une cape noire s'éloignait à grandes enjambées par la rue des Juifs. Je retournai dans la cour, enfourchai mon scooter et décidai de le filer. Par la rue du Parchemin, nous arrivâmes avenue de la Marseillaise, où il monta à bord d'un tram. Heureusement que j'avais pris mon engin ! Notre parcours nous mena, par l'avenue de l'Europe, puis la rue Boecklin, en direction de la Robertsau. A l'angle de la mairie de quartier et de l'église protestante, il s'engagea à pied rue Mélanie, du nom de cette célèbre comtesse qui, au début du XXème siècle, reçut en son château de Pourtalès nombre d'illustres visiteurs, de passage à Strasbourg.

A ce moment-là, un éclair traversa mon esprit. Sûr de l'endroit où se rendait mon soi-disant acheteur, je coupai le moulin du scooter et, en poussant avec peine cet engin non prévu pour cet usage, persévérai à suivre, à distance raisonnable, la haute silhouette à la cape noire. Bientôt, je fus en nage et hors d'haleine ! Çà et là un chien aboyait, et la circulation était insignifiante. Les constructions devenaient de plus en plus rares, et mon bonhomme continua sa progression d'un pas allègre. Je savais que la rue Mélanie se prolongeait à découvert avant d'atteindre la forêt de la Robertsau. Je résolus de jouer mon va-tout, remis le moteur en marche, dépassai mon quidam à pleine vitesse et me garai à hauteur de la propriété des Schangauer. Si mon intuition s'avérait bonne, il ne me restait plus qu'à attendre mon visiteur. Au bout d'environ un quart d'heure, sa haute silhouette massive se profila à l'entrée de la zone boisée. Je jubilai intérieurement lorsque je le vis pénétrer dans le parc du domaine par une petite porte dérobée. Ma joie ne dura guère ! Je contemplai, l'air indécis, la petite porte par laquelle s'était engouffré mon marcheur :

- Et maintenant tu décides quoi ? me questionnai-je embarrassé.

Le plus simple eût été de me rendre au château, de sonner et de demander des explications au maître de céans, Guillaume Schangauer. Le souvenir de notre dernière entrevue, expédié en un tour de main par un excité, me dissuada du bien-fondé d'une telle démarche. Je n'avais même pas eu le temps d'entamer une négociation quant à l'éventualité d'un achat, pour mon compte, du lot de livres ! Par ailleurs, m'introduire comme un voleur chez ce dernier ne me sembla pas très indiqué non plus. Mes tergiversations furent interrompues par le bruit de pas d'un groupe longeant la muraille avant de passer par la même porte que l'individu aux grandes enjambées. Ma décision était prise : je leur laissai une confortable avance et m'engageai hardiment à leur suite dans le chemin. Curieusement, la porte à l'allure délabrée tourna parfaitement, et sans le moindre grincement, sur ses gonds.

Une fois à l'intérieur du domaine, je constatai que je me trouvai à l'arrière du château, dont je pouvais voir, au loin, de rares fenêtres illuminées. Les sens en éveil, j'écoutai les sons aux alentours. Hormis les battements saccadés de mon cœur, les bruissements des feuilles, les cris de la gent ailée peuplant ce parc, aucun son suspect ne vint tempérer mon envie de jouer au détective. D'une foulée ferme et résolue, je me dirigeai vers le fond de la propriété. Pour l'avoir découvert dans ma jeunesse, je sus exactement où je me rendais. Du temps de mon père, j'avais eu l'occasion, à maintes reprises, de l'accompagner à la demeure des Schangauer. Les grandes personnes discutaient affaires et manifestement la présence d'un bambin turbulent n'était guère appréciée. Aussi avais-je eu tout loisir de me promener dans le jardin. C'est là qu'un jour, poussé par la curiosité, je trouvai, tout au bout du domaine, une ancienne chapelle en ruine, cachée par des arbres. Les oiseaux virevoltaient entre les montants des fenêtres abîmées. Le vent s'engouffrait à travers les ouvertures. Seules quelques statues amputées d'une partie de leurs membres semblaient monter la garde en ces lieux voués à la dégradation. Le cœur battant, je m'étais introduisit dans cet endroit, bravant les toiles d'araignées, me frayant un passage parmi les gravats et le mobilier vermoulu. Au fond de celui-ci une porte était entrouverte et je m'aventurai dans un escalier en colimaçon. En cet instant, j'étais persuadé que je m'enfonçais dans les entrailles de la Terre. Je ne vous raconte pas la réception dont me gratifia mon père à mon retour : j'étais crotté de la tête aux pieds. Aujourd'hui encore j'ai l'impression de ressentir les mêmes battements de cœur qu'à l'époque où je descendais l'escalier de pierre jusqu'à toucher le sol. Ce jour-là, je n'allai guère plus loin. Il faisait trop noir et j'avais peur !

Des années plus tard, je ne fus pas plus rassuré. J'étais sûr que cette entrée donnait accès à un souterrain et j'avais de fortes chances d'y retrouver mon bonhomme. Arrivé en bas, je m'engageai dans un tunnel humide où circulait un air pollué. J'avançai le dos courbé, en procédant à des haltes fréquentes et en tendant l'oreille. D'après le repère que j'avais pris en entrant dans ce souterrain, je fus certain de me diriger en direction du château. J'aurais dû me munir d'une boussole. Je pestai contre mon insouciance, qui m'entraînait à l'aventure, la fleur au fusil. A mesure que je progressais, le sol devenait plus praticable, et je pus me redresser. Quelques enjambées plus loin, j'accédai à une petite salle dans laquelle débouchaient trois couloirs. Deux des galeries étaient condamnées par d'imposantes portes en fer en interdisant l'accès. J'hésitais sur la marche à suivre lorsqu'un son sourd me cloua sur place. Dans un des corridors, je vis une lueur s'approcher du local où je me trouvais. Un bruit de pas, régulier et pesant, m'informa de l'arrivée imminente de quelqu'un. Je décidai de réintégrer le boyau d'où j'étais sorti et d'attendre. Au pire des cas, je pourrais tenter un sprint vers l'escalier de la chapelle !

Une colonne silencieuse d'hommes et de femmes avançait en file indienne dans les sous-sols du château. A leur tête marchait un personnage, le visage masqué, vêtu d'une tunique rouge, d'un mantelet noir orné d'un triangle doré, à l'intérieur duquel étaient brodées en rouge les lettres A et O. Derrière lui, mais à distance respectueuse, arrivaient quatre individus habillés de manière identique sauf que leur triangle était argenté. Suivait un long cortège de femmes dont les vêtements paraissaient transparents et noués à la taille par une cordelette de cuir. Ensuite venaient les adeptes, dont on pouvait déterminer l'ancienneté grâce à la couleur du triangle cousu sur leur tunique. Rouge, vert, bleu, jaune, blanc. Si l'instant avait été moins solennel et moins stressant, j'aurais éclaté de rire en pensant à une troupe de judokas. Ni l'endroit, ni le moment présent ne prêtaient à rire. Les galeries, éclairées uniquement par des torches, donnaient à cette file humaine un reflet cauchemardesque. Je me recroquevillai du mieux que je pus dans un recoin du souterrain et retins mon souffle. La procession me sembla interminable. Je comptai quarante-neuf membres. Les vingt derniers portaient tous un triangle blanc. Des novices. Comme au judo ! Je ne m'étais guère trompé ! Après le passage du dernier fidèle, j'attendis cinq minutes avant de m'engager dans le couloir à sa suite, me guidant d'après une psalmodie s'amplifiant au fur et à mesure que je progressais dans ce boyau humide. Je maudis ma curiosité, qui m'avait entraîné à suivre mon étrange client jusque dans ces entrailles où l'hostilité suintait de chaque pierre. J'atteignis une salle ogivale au centre de laquelle les hommes et les femmes se tenaient en cercle et poussaient à présent un cri rauque par lequel ils appelaient un *Grand Maître*. Tout à coup apparut derrière l'estrade le personnage vêtu d'une tunique rouge et d'un mantelet noir au triangle doré, le visage dissimulé par un masque blanc. Nul doute qu'il s'agissait là du chef de cette secte. Le silence s'installa, et l'arrivant prit la parole.

- Mes frères, mes sœurs, débuta l'officiant, un terrible malheur s'abat sur nous. Un de nos membres m'informe qu'un autre exemplaire de *l'Hortus Deliciarum* se trouve actuellement entre des mains profanes, ici même à Strasbourg.

Un *"Ohhhh ! ! !"* plaintif de tout le groupe, ponctua cette révélation.

- Mes frères, mes sœurs, enchaîna-t-il, nous ne pouvons tolérer cette avilissante profanation ! Notre communauté est le dépositaire de cet ouvrage... de ces ouvrages, depuis des siècles, il incombe à chacun d'entre nous de tout mettre en œuvre afin de pérenniser ce sacerdoce.

- Ordonne, nous exécuterons ! hurla, comme d'un seul homme, l'assemblée.
- Une première tentative s'est soldée par un échec, Frère Emmanuel a failli ! Nous allons employer d'autres moyens, lança avec force le supérieur de l'Ordre. Frères Clément et Henri se chargeront de ce travail. Que notre sœur Herrade leur vienne en aide !
- Nous sommes ses humbles serviteurs, répondirent en chœur les adeptes.

Le Grand Maître leva les bras, et le silence se fit. Frère Emmanuel s'approcha lentement de l'autel, s'agenouilla devant le magister, qui le sermonna :
- Frère Emmanuel, la mission que je vous ai confiée s'est terminée par un fiasco cuisant. Vous êtes indigne de la tunique noire que vous portez. Dorénavant, vous endosserez le froc des novices. Afin que chacun sache que vous êtes frappé d'opprobre et de honte, il vous est interdit d'y coudre notre triangle sacré.

Dans le calme de l'immense salle souterraine, on pouvait entendre les sanglots de Frère Emmanuel. Deux coreligionnaires lui arrachèrent sa tunique noire et lui jetèrent une aube au visage. Frère Emmanuel se redressa, enfila la tunique blanche et regagna une place, hors du cercle, à l'écart des autres.
- Herrade ! Herrade ! psalmodiait la foule.

Les femmes, en tenue transparente, se regroupèrent autour du guide spirituel, tandis que les autres fidèles s'agenouillèrent et récitèrent une prière. Dans la lueur d'une torche, il me sembla reconnaître Jacques, le frère de Christine ! Mais, l'apparition resta trop fugitive pour l'affirmer. Je n'eus pas le temps de réfléchir à cette surprise. Du fond de la crypte avançait un groupe de cinq personnes, dont une jeune fille entièrement nue. Les individus progressaient lentement vers une table inclinée au centre de la salle et derrière laquelle se tenait le Grand Maître. Les quatre gaillards accompagnant la gamine portaient un habit en cuir noir. Une cagoule de même couleur leur enserrait la tête. Arrivés au pied de la table, ils saisirent, chacun par un membre, la victime et l'y déposèrent en croix, jambes largement ouvertes. Puis ils se retirèrent. Alors, une assistante en tunique transparente s'approcha et couvrit le corps de l'adolescente avec des signes kabbalistiques, tandis que la foule psalmodiait des phrases incompréhensibles à mes oreilles néophytes. Le Grand Maître contourna l'autel, se coucha sur la jeune fille et la pénétra avec violence. Bientôt il fut remplacé par les quatre prêtres, chacun violant, à son tour, la malheureuse. Un début de nausée me prit, mais je me forçai à demeurer sur place. Tout à coup, le silence s'installa. Les individus cagoulés réapparurent du fond de la salle, portant cette fois une bête, un agneau me sembla-t-il. Au centre, sur la table où gisait la mineure, les femmes s'activaient. L'une d'entre elles, un fouet à la main, lui flagellait à intervalle régulier le sexe et les cuisses. Une autre promenait un couteau sur le corps, incisant parfois la peau. Les quatre officiants à la face cachée par une cagoule tenaient à présent l'offrande au-dessus de la jeune fille. Le Grand Maître s'approcha, et d'un coup sec égorgea l'animal, en extirpa les entrailles, puis le cœur, qu'il introduisit dans la bouche de la suppliciée. Un frisson glacial me parcourut l'échine et me convainquit de l'urgence pour moi de me retirer. Ce que j'exécutai dans la foulée. Arrivé au bas de l'escalier de la chapelle je ne pus réprimer une nausée. De grosses gouttes de sueur constellaient mon visage, et mes mains étaient prises d'un tremblement convulsif. Assis sur la première marche, je mis un long moment avant de retrouver mon calme. La scène dont j'avais été témoin dépassait en horreur tout ce que j'aurais pu imaginer. Comment de tels actes de barbarie pouvaient-ils se produire dans notre ville et en plein XXIème siècle ? Quelles étaient les motivations de ces hommes et de ces femmes participant à de semblables pratiques ? Les images défilaient dans ma tête, et un nouveau renvoi me déchira la gorge. L'atmosphère devenait de plus en plus nauséabonde dans ce trou ! J'avais besoin d'air frais, de lumière, de soleil, de gens *normaux*. Je me hâtai de fuir cet endroit maudit.

*

A l'aube, d’une petite pièce attenante à la grande salle, émanait à intervalle régulier un râle. Sur un lit en fer était couchée l’adolescente ayant subi le rituel de la novice suppliciée. De temps en temps, son corps était secoué de soubresauts. A part la couche, la cellule était meublée, d’un fauteuil, d’un portemanteau et d’une table garnie d’une bassine et un broc d’eau. Après la cérémonie, les quatre hommes cagoulés et vêtus de cuir la ramenèrent dans cette chambre et la jetèrent, sans ménagements, sur le grabat. Peu après des femmes vinrent, procédèrent à une toilette sommaire de la jeune fille et la rhabillèrent. Aucune d’entre elles n’éprouvait la moindre compassion pour ce corps juvénile, frêle et drogué. A force de côtoyer des jeunes délurées, qui pour une centaine d'euros se prêtaient aux pratiques les plus écœurantes, elles s’étaient forgé une solide carapace d’indifférence. Dans une autre pièce du souterrain, les quatre bourreaux, à présent habillés en costume civil, délibérèrent :
- Le Grand Maître exige l’élimination de la gamine. Un volontaire ? demanda avec une intonation agacée l’un des tortionnaires.
- Que l'auteur de la connerie d’enlever, en pleine rue, cette garce, s’en charge, suggéra un deuxième en se tournant vers un colosse au crâne rasé et aux oreilles décorées de piercings.

L’interpelé, comme frappé par la foudre,

pointa un doigt menaçant vers son accusateur et éructa :

- Connerie ? J'aurais voulu t'y voir, toi ! Il fallait une fille pour la cérémonie de cette nuit, oui ou non ? Tu t'imagines que j'ai eu le temps de fignoler ?

- Moi, ce que j'en dis ! répondit l'apostrophé.

- Justement, ne dis rien ! Je connais mon boulot, et tes allusions à la con, tu peux te les carrer où je pense !

- Silence ! intervint de manière autoritaire un quatrième individu, un barbu aux cheveux roux, dont les muscles mettaient en valeur les tatouages ornant ses bras. Steve réglera cette affaire au mieux, nous on se casse.

Les trois hommes quittèrent la pièce tandis que le dénommé Steve attrapa une bouteille de whisky, s'en enfila une bonne rasade derrière la cravate, puis clappa avec bruit.

- Connard, lâcha-t-il entre ses dents, alors que les autres étaient partis, un jour c'est ta peau que je m'offrirai ! Fort de cette résolution, il se dirigea, d'un pas ferme et résolu, vers la cellule où reposait la jeune fille. *(Il l'avait kidnappée la veille, à l'arrêt d'un bus scolaire, presque sous le nez de ses copains et copines de cours. Il avait abordé la première élève sortant de l'établissement et un peu isolée par rapport au reste du groupe. Il l'avait menacée : "Dans ma poche, je trimbale une lame. Si tu cries, je te plante. Monte dans la voiture !" L'adolescente, terrorisée, avait obtempéré. Dès qu'elle fut à bord du véhicule, il l'avait aspergée d'un spray paralysant avant de démarrer sans hâte ! La suite ne constituait qu'une formalité. Un peu de drogue, un peu d'alcool. Le tour était joué).*

Mais cette nuit, pas question de prendre des risques. La gamine n'était pas une *volontaire*. Ce n'est pas une liasse de billets qui la calmerait au cas où ! Aussi fallait-il qu'elle disparaisse ! Il fouilla sa besace, à la recherche de papiers d'identité, les trouva, y jeta un coup d'œil : Sabrina W… 17 ans. Il les brûla, ainsi que tous les objets présents dans le sac, à même la bassine posée sur la table. Sur le lit, la jeune fille continuait de gémir. Sans égards, il la chargea sur l'épaule et se dirigea, à grandes enjambées, vers la sortie du souterrain. Arrivé à sa tire, il déposa l'adolescente dans le coffre, la couvrit d'un plaid et démarra brusquement en direction de Reichstett. Moins d'une demi-heure plus tard, il s'engagea dans un chemin forestier cahoteux au nord de Strasbourg.

Steve gara son engin, prit le temps d'allumer une cigarette, vérifia son flingue et le glissa dans sa ceinture. Puis il sortit de la voiture, ouvrit le hayon, en extirpa, sans ménagements, la gamine toujours inconsciente et la déshabilla. En découvrant le corps dénudé portant les traces des dessins kabbalistiques, il proféra un juron.

- Les connes, éructa-t-il à nouveau, elles auraient au moins pu la laver !

De rage, il la jeta violemment à plat ventre sur le capot du véhicule, et la sodomisa avec brutalité. Le sadisme de la pénétration dans sa partie étroite, réveilla la jeune fille. Elle poussa un hurlement de douleur, vite interrompu par un coup de poing asséné par Steve. Il assouvit, à plusieurs reprises, ses pulsions, puis traîna l'adolescente à l'écart de la voie forestière et lui tira une balle dans la tête. Après s'être réajusté, il vérifia méticuleusement les lieux, récupéra son préservatif, son mégot de cigarette, de même que la douille de son arme, remonta dans son automobile et démarra.

Au loin, l'autoroute commençait à s'animer.

*

Je suppose que chaque région ou département français, possède son propre *triangle des Bermudes,* un endroit, un lieu où les forces cosmotelluriques s'additionnent, non en ondes revitalisantes, mais en vibrations maléfiques, un site maudit et le restant à jamais. Ainsi du trilatère que forment les trois villes de Reichstett, Lampertheim, Vendenheim et sa forêt au nord de Strasbourg. Environ une dizaine de cadavres retrouvés, depuis 1974, dans la même zone : de quoi laisser perplexe ! Pire encore, ces homicides n'ont jamais été totalement résolus, et de très lourdes présomptions d'exécutions rituelles subsistent jusqu'à nos jours. Lorsque l'information de la découverte d'un corps mutilé, dans les bois de Vendenheim, parvint sur le bureau du commandant Gilles, ce dernier ne put s'empêcher de lâcher un juron.

- Voilà que ça recommence ! dit-il en décrochant le téléphone.

Un quart d'heure plus tard, Gilles et son équipe se trouvèrent sur place. Normalement, il appartenait à la maréchaussée de traiter cette affaire. Gilles supputait que si les autorités l'envoyaient sur les lieux, lui et ses sbires, c'est que l'histoire ne se limitait pas à un crime banal. Il en eut confirmation en parcourant le procès-verbal succinct que lui tendit le maréchal des logis, chef de la brigade de gendarmerie de Lampertheim : “ *Le cadavre correspond à celui d'une jeune fille d'une vingtaine d'années, de corpulence mince, poitrine menue, cheveux blonds, taille 1m64, tuée il y a moins de douze heures d'une balle dans la tête. Le corps a été lardé d'une douzaine de coups de couteau à la poitrine, au bas-ventre et au bas des reins. Les coups de couteau n'étaient pas mortels. Ce qui frappe le plus, ce sont les signes kabbalistiques couvrant le corps de l'adolescente. On notera l'absence de tous vêtements et papiers d'identité.* ”

- Crime rituel ! constata le novice de l'équipe, un jeune imberbe, lisant le rapport par-dessus les

épaules de son supérieur. C'est signé, n'est-ce-pas, mon commandant ?
- Sans aucun doute ! approuva le gradé, en s'éloignant sous le regard dubitatif de son collègue.

Avant de remonter dans son véhicule, il donna des instructions à son groupe :
- Pour l'ensemble des médias, nous avons affaire à un maniaque sexuel. Pas un mot des dessins sur le corps.

Gilles décrocha son téléphone de voiture et se mit en relation avec le Procureur Loursin.
- Je compte sur vous, Gilles, pour étouffer cette affaire. Je ne veux entendre parler ni de meurtre rituel ni de secte ! Vous m'avez bien compris ?
- Tout à fait. Je m'en occupe personnellement, Monsieur le Procureur de la République.

*

Chapitre 7

La soirée de ce lundi était fort avancée, lorsque j'arrivai chez mes amis dans ce charmant village d'Avolsheim. J'éclatai de rire. Je venais de réaliser que le choix de résidence répond parfois à des pulsions inconscientes : le sobriquet associé aux habitants de cette bourgade est *d'Afelser mömel* (*les bourrus d'Avolsheim*). Ce sobriquet allait comme un gant à Charles, du moins les jours sans. D'où mon hilarité ! J'affectionnais ce petit village alsacien d'à peine sept cents âmes, avec en plein milieu des vignes et des champs le Dompeter, la plus vieille église d'Alsace. La plupart des Alsaciens connaissent cette belle église, dont le passé donne prétexte à mélanger l'histoire et la légende. La légende sous-entend que la fondation de cet édifice religieux serait due à Saint Materne, l'évangélisateur de la plaine rhénane. Ceci laisserait supposer que le Dompeter remonterait à l'époque des premiers apôtres. C'est tout à fait plausible, car il se situe avec certitude à l’emplacement d'une agglomération d’abord gallo-romaine et plus tard mérovingienne.

La maison alsacienne de Charles gardait tout son charme d’antan. Comme il aimait à le dire, elle était restée *dans son jus*. Le grand portail coulissant donnait accès à une cour intérieure pavée avec, à droite, les dépendances dont les box du bas servaient à présent de garages et, au fond, la grange, l’écurie, l’étable et la porcherie, témoins d'un passé agricole. A gauche, la demeure, à laquelle on accédait par un double escalier. En dessous de celui-ci se trouvait le seuil de la cave, desservie par quelques marches en pierres de taille. En haut de l'escalier, la porte d'entrée à deux battants superposés. *(Charles avait parcouru des kilomètres, à travers toute l’Alsace, pour en retrouver une)*. Au moment de prendre le heurtoir en main, je dus admettre qu’elle était magnifique. Je me souvins avec émotion des heures passées à la patiner, en prenant soin de laisser sécher chaque couche de peinture, avant de mettre la suivante ! Grâce à lui, j'ai gardé dans mon corps de ferme du XVIIIème, la couverture en vieilles tuiles, essentielle pour l’harmonie du décor :

- Sois ferme vis-à-vis du couvreur, m’avait-il dit à l’époque. Pour la facilité et la netteté de la mise en place, il te conseillera souvent des tuiles neuves.

Il vint m’ouvrir et nous nous embrassâmes.

- Michèle est montée se coucher, m’informa-t-il. Elle ne se sent pas trop bien en ce moment !

Intrigué, j'allai poser une question, mais il enchaîna :
- Non, ne t'inquiète pas, rien de grave, l'âge tout simplement !

Je le suivis dans la petite *stube* du rez-de-chaussée, endroit où s'entassait son importante collection d'alsatiques. Les rayonnages des murs croulaient sous les livres. Un buffet d'angle, une superbe encoignure en sapin polychrome, un divan, un fauteuil voltaire, un immense bureau ministre où s'entassaient les manuscrits, journaux, notes et autres papiers indispensables à Charles, et dans un coin, un poêle en fonte à tambours, constituaient l'ameublement de cette pièce au charme si particulier. Je lui avais fait part de ma découverte au téléphone ; aussi, après s'être calé dans son voltaire, aborda-t-il immédiatement le sujet :
- M'as-tu apporté les négatifs des photos que tu as prises ainsi que la lettre de Schangauer ?

Je lui tendis le rouleau ainsi que la missive. Il la parcourut rapidement puis la posa sur son bureau.
- J'étudierai les commentaires du professeur plus tard. Parons au plus urgent en ce qui te concerne, notamment cette secte. J'ai eu le temps de procéder à des recherches : tu as levé un sacré lièvre ! Ces… comment les as-tu nommés ?
- Les Herratiques, Charles. Des francs-maçons, me semble-t-il, d'après le triangle qu'ils portent sur leur tunique.

- Ah bon ! Tu ne crois pas que tu vas un peu vite en besogne ?
- C'est quand même le plus ancien et le plus connu des emblèmes maçonniques, que je sache !
- Si je te disais, pour tempérer ta fougue, que ce symbole, que d'emblée tu taxes de franc-maçonnique, existait déjà sept mille ans avant notre ère ?

Je restai bouche bée. Je me tortillai sur mon siège, impatient d'entendre la suite. A son habitude, Charles prenait son temps, savourant mon ignorance, avant de poursuivre :
- Nous en trouvons une trace dans la constitution du Brahmanisme en Inde. Le sceau du Brahmatma, le pape des brahmes, représente le fameux trilatère isocèle formant équerre avec, au sommet, les rayons de la lumière et, au-dessous, le mot sacré que personne n’a encore réussi à traduire. Cette bague affirme la puissance suprême du Brahmatma. Dans cette même constitution nous sont dévoilées les origines de tous les mystères ainsi que les particularités du culte catholique.
- Sans blague ? remarquai-je, bêtement.
- Oui, tout y est : baptême, communion, confirmation, confession, huile consacrée, tonsure, scapulaires, rituels, etc. Le triangle, par exemple, représente une symbolique de type trois. Pense au rôle central de ce chiffre pour les chrétiens. On le retrouve constamment dans les Evangiles : les trois

mages offrant l'or, l'encens, la myrrhe ; les trois fonctions du roi du monde : souverain, prêtre, prophète ; Jésus meurt à trois heures de l'après-midi, sur un calvaire où sont dressées trois croix, après que le coq eût chanté trois fois, que Pierre l'ait renié à trois reprises, et que Judas l'ait vendu pour trente deniers. Et, il ressuscite trois jours après sa mise au sépulcre !

- Où cela nous mène-t-il, quant à cette secte ?

- Uniquement à te rappeler que tu ne dois pas te contenter de la première impression, ni même de la seconde, mais toujours approfondir et chercher au-delà de ce que voit le commun des mortels. Les rites initiatiques servent à cela mon cher. Le pape brahmanique apprenait à l'initié : *" Souviens-toi qu'il n'y a qu'un seul Dieu, mais souviens-toi aussi que ce mystère ne doit pas être révélé au stupide vulgaire. "*

- Le vulgaire ? Moi, en l'occurrence ! L'ignare de service quoi !

Il secoua la tête, amusé.

- En clair, il n'y a qu'une élite qui connaissait la clé des mystères, remarquai-je acerbe.

Charles arbora un léger sourire et dit :

- Pourquoi *connaissait* ? Qui *connaît* tout simplement ! Pourquoi voudrais-tu qu'il en soit autrement ? Bien entendu, toute divulgation des secrets de l'initiation est punie de mort, ou de châtiments pires que la mort ! ajouta-t-il.

Je haussai les épaules.
- Pouvons-nous en revenir à nos moutons, ne vous en déplaise, mon cher Charles ? proposai-je pour masquer mon irritation.
- J'ai commencé à analyser tes documents. Admettons que *A PATER NOSTER O* peut être pris pour le Notre-Père, et les lettres A et O pour l'abréviation d'Alpha et d'Oméga, il reste le nombre, ou une suite de chiffres, 2,0,3,6.
- Certainement une date, affirmai-je.

Mon observation ne produisit aucun effet sur Charles. Les yeux mi-clos, il continua de méditer.
- Un message, un code, une clef ? proposai-je
- En général, ce genre de formule sert à ça, Lionel, constata-t-il malicieusement.
- Justement Charles, essayai-je de me justifier, cela me semble l'évidence même ! Un signe de reconnaissance pour cette secte maléfique.

Il pinça les lèvres, secoua la tête et enchaîna :
- Comme tu le sais sûrement, la Compagnie de Jésus a été fondée en 1540, à l'apogée de la Réforme protestante. Cette Compagnie se donna comme mission de combattre pour Dieu, *" militare Deo et perinde ac cadaver "*, c'est-à-dire d'obéir au pape comme des cadavres. A côté de la Compagnie naquirent des organismes ouverts aux laïcs, tout aussi décidés à en découdre avec les luthériens et les calvinistes que les jésuites eux-mêmes.

Charles, qui aimait ménager ses effets, bourra

une pipe, se racla la gorge, en déposa le résultat dans un grand mouchoir vichy et continua :
- Ainsi apparut chez nous, en Alsace, la congrégation de la Visitation. Au XVIème siècle, comme au XXème d'ailleurs, l'Eglise n'appréciait pas du tout qu'on marchât sur ses plates-bandes. Si bien que les congrégationnistes, pas plus bêtes que d'autres, se rassemblèrent en société secrète avec statuts, règles et rituels. Tant et si bien, qu'en 1773, quand le pape Clément décréta la dissolution de la Compagnie, les congrégations et autres sociétés secrètes, se trouvant bien en place, survécurent.

Il s'autorisa une nouvelle pause, me regarda droit dans les yeux, inspira profondément et me demanda d'un ton malicieux :
- Tu commences à comprendre ?

En général, quand il prenait cette intonation ironique, mais exempte de mépris, il ne me restait guère d'espoir. Aussi, au risque de passer pour un ignare, je répondis que non. Pour moi, ce soir on jouait *Nuit et brouillard* à guichet fermé.
- Sois gentil, susurra-t-il, descends au cellier chercher une bonne bouteille de Käferkopf et évite de la secouer.

La cave de Charles supportait aisément la comparaison avec celle de l'Auberge de l'Ill, par exemple, et encore, je dis ça uniquement pour faire plaisir aux célèbres frères Haeberlin ! Lorsque je revins avec la bouteille et deux verres aux pieds

torsadés, il était en train de feuilleter un ancien manuscrit une paire de gants blancs aux mains.
- Ce n'est pas par coquetterie, plaisanta-t-il, mais ces vieux grimoires contiennent parfois des moisissures toxiques ! Ouvre cette bouteille mon garçon, avec tout le respect lui étant dû, et ce noble liquide doré te libérera l'esprit.

Je ne me fis guère prier, la débouchai, remplis nos verres et savourai avec délice cet auguste cépage.
- Souviens-toi mon cher, commenta-t-il en admirant la couleur du jus de la treille à travers son verre :
" *Le vin est fort, le roi est plus fort, la femme est plus forte encore, mais la vérité vaincra tout."*

Pour le pratiquer depuis des années, je savais qu'il ne fallait pas le brusquer. Encore moins, quand il dégustait un de ses bons vins. Nous avions vidé la bouteille lorsqu'il reprit :
- Je crois que tu t'es fourré dans un sale pétrin, Lionel ! L'Ordre de Sainte-Herrade me semble, en effet, constituer une ramification issue de ces sociétés secrètes de 1773, une secte particulièrement virulente !
- Charles, intervins-je, Herrade de Landsberg vécut au XIIème siècle !

La réponse fusa :
- Ne t'impatiente pas Lionel ! Chaque chose en son temps. En 1771, m'apprit-il, les livres concernant, l'histoire de l'Alsace et le musée des antiquités, que

le grand historiographe Jean Daniel Schangauer *(il m'adressa un clin d'œil)* avait légués en 1765 à la ville, furent conservés dans le Chœur du Temple Neuf !

- Le Temple Neuf, l'ancienne église des Dominicains ! soulignai-je.

- Très bien, approuva-t-il ; tu constates les effets bénéfiques du Käferkopf ! Tu commences à saisir : Dominicains et Jésuites, chiens et chats ! Et déjà Schangauer ! Tu piges ?

- Sans vouloir jouer à Maigret, je dirai d'une manière simpliste, que si les Herratiques se sont donnés comme mission, à l'époque, de sauvegarder et de vénérer le manuscrit alsacien de Herrade de Landsberg, ils n'ont pas dû apprécier ce transfert au Temple Neuf, chez les Dominicains ! Pourquoi pas chez les Juifs !

Charles jubilait.

- Mon garçon, nous allons ouvrir une deuxième bouteille, tu l'as amplement méritée !

Je redescendis à la cave. Quelques gorgées plus tard, il enchaîna :

- Tu vois que les explications les plus simples restent toujours les meilleures. Dans les grandes lignes, tu as tout à fait compris le problème. Cela constituait un affront à l'encontre de cette secte issue de la Compagnie de Jésus. Avec le temps, ils ont certainement dévié de leur serment originel. Jusqu'à ne représenter aujourd'hui qu'un ramassis de fanatiques et d'exaltés, mais dangereux, Lionel ! Très dangereux ! Fais très attention à toi, cet ouvrage est maudit, il a déjà coûté maintes vies humaines.

Un frisson glacial me parcourut :

- Vous voulez me faire peur ou quoi ?

- Non Lionel, mais je devine qu'il y a encore autre chose de plus grave, lié à ce manuscrit. Tant que nous ne saurons pas quoi, tu demeureras en danger. J'en ai l'intime conviction. Je continuerai mes investigations, mais plus ce soir : je ne supporte plus le vin blanc comme dans le temps. Ah Lionel, si jeunesse savait et, surtout, si vieillesse pouvait ! Dis-moi, tu dors ici ?

- Je crois que cela s'impose.

- Alors dans les plumes, gamin ! conclut-il en bourrant une nouvelle pipe. Moi, je commence toujours ma nuit dans mon fauteuil.

Je l'embrassai, lui souhaitai bonne nuit et montai rejoindre la chambre d'ami. Avec toutes les pensées se bousculant dans ma tête, le sommeil risquait d'afficher du retard ! Cependant, grâce aux recherches de Charles, mon problème s'éclaircissait tout doucement. L'escalier en bois grinça sous mes pas, les gonds de la porte de la chambrette ne devaient plus se souvenir du goût du lubrifiant, depuis des lustres. Quant au lit à colonnes, il émit un gémissement plaintif lorsque j'y déposai mes soixante-dix kilos. Néanmoins, il me fut agréable d'ouïr ces bruits d'une autre époque ! La pièce était située juste au-dessus du bureau de Charles. Il me sembla entendre ce dernier marcher de long en large, tel un fauve en cage, une grande partie de la nuit. Parfois, le son atténué d'un juron venait mourir dans ma chambre. De mon côté, j'étais tant absorbé par *l'Hortus Deliciarum*, que je ne m'endormis qu'à une heure avancée de la nuit.

*

Au petit matin, une bonne odeur de café me chatouilla les narines. Chaudement installé sous la couette, j'écoutai la pendule Westminster de l'entrée. Elle sonnait huit heures. Je m'étirai voluptueusement et décidai de me lever. Je procédai à une rapide toilette dans le débarras adjacent, transformé en salle de bains, enfilai un nouveau tee-shirt, pris dans l'armoire polychrome. Michèle veillait à ce qu'il y ait toujours du linge propre à ma disposition, chez eux. Puis je me hâtai de descendre à la cuisine. Elle venait de servir le café. Je la serrai dans mes bras, m'enquis de sa santé.

- Ne t'inquiète pas : je suis un peu fatiguée ces derniers jours. Ces incessants changements climatiques me causent des soucis.

Une ancienne cuisinière, avec sa réserve d'eau, dégageait une agréable chaleur. Une grande table en chêne et deux bancs, un bahut, un vaisselier, un coffre à bois, une encoignure, composaient le

mobilier. L'atmosphère me rappela la cuisine de Mamie casserole dans notre maison familiale du boulevard Gambetta. J'en fis la remarque à Michèle.
- Et ton Papie jardin ? Tu t'en souviens ?
- Oui, très bien.

La vie est ainsi faite qu'à l'âge adulte, le cerveau a eu le temps de trier et de ne garder que les meilleurs souvenirs. La quiétude de la cuisine de Mamie casserole, l'éternelle bonne humeur de son mari, Papie jardin, font partie de ces merveilleux souvenirs. Grâce à ce dernier j'avais découvert les plaisirs du jardinage, l'influence de la lune sur le moment des plantations et des semailles. Fort de ses conseils, je cultivais mon petit potager personnel et mangeais avec fierté les salades que je réussissais à faire pousser. C'est lui aussi qui m'apprit à prendre soin des outils et à les ranger dans la cabane *au fond du jardin (merci Francis Cabrel)*. Pour moi, le petit-déjeuner constitue le repas le plus important de la journée. Je me dépêchai de passer à table. Michèle préparait un excellent café, auquel elle ajoutait une poignée de chicorée.
- Charles te prie de l'excuser. Il est parti très tôt ce matin. Il a jeté un coup d'œil dans ta chambre. Tu dormais profondément.
- Il vous a mise au courant de mes ennuis ? demandai-je en me resservant pour la troisième fois un bol de café odorant.
- Je l'ai à peine aperçu, on aurait cru qu'il avait le

diable aux trousses ! Il n'a même pas pris le temps de déjeuner !

Je lui résumai en quelques mots mes découvertes, lui décrivis l'*Hortus Deliciarum.* A l'énoncé de ce titre, elle sursauta.

- Encore ce maudit livre !
- Vous le connaissez ?
- Oui Lionel, j'en ai entendu parler. Je ne l'ai bien sûr jamais vu ou tenu entre mes mains, pourtant je sais que cet ouvrage est damné et qu'il n'apporte que des malheurs à ceux le détenant.
- C'est à peu près en substance ce que me dévoila Charles hier soir, dis-je avec une pointe d'amertume dans la voix.
- Voilà pourquoi il n'a pas dormi de la nuit et qu'il a filé aux aurores ! s'exclama-t-elle.

Michèle arborait un air triste et las. Son inquiétude se lisait sur son visage; néanmoins, pour rien au monde, elle ne l'aurait admis. Des années de vie commune avec Charles lui avaient donné une certaine sérénité. Elle me resservit un grand verre de jus d'orange frais et supplia :

- Il convient de te débarrasser de ce livre au plus vite, Lionel.
- M'enfin ! Il ne m'appartient pas ! Je le propose à la vente pour le compte de Guillaume Schangauer ! S'il persiste dans son intention de le vendre, car depuis quelques jours il demeure injoignable, cet animal ! Depuis sa fameuse rave partie, il pointe aux abonnés

absents !
- Le plus vite sera le mieux ! Je profite de ce que nous sommes seuls pour t'informer que, tous les trois, nous irons chez notre notaire prochainement. Nous tenons à mettre certaines choses au point, le plus rapidement possible.

Elle prononça cette phrase d'une traite, presque dans un souffle.
- Michèle, pourquoi me dites-vous cela ? Que se passe-t-il ? Est-ce que vous me cacheriez quelque chose au sujet de votre santé ? Quelque chose de grave ? demandai-je, tout à coup inquiet.
- Pas du tout ! Charles et moi arrivons à un âge où il parait souhaitable de prendre certaines mesures ! Nous en avons discuté, et je sais qu'il ne t'en a pas encore soufflé mot. Toujours cette pudeur masculine. Ah vous, les hommes !
- Michèle…

D'une voix douce, elle m'interrompit :
- Lionel, depuis des années nous te considérons comme notre fils. Nous souhaitons régler les questions relatives à notre patrimoine, de notre vivant. Il n'y a là rien de surprenant, et je voulais t'en parler depuis un certain temps déjà. J'en avais chargé Charles, mais je suis persuadé qu'il s'en est abstenu !

J'en eus les larmes aux yeux.
- Je n'aime pas qu'on évoque ces choses ! répondis-je après m'être mouché. J'ai tellement besoin de

vous deux, je ne veux pas vous perdre.

Michèle me serra fort dans ses bras, déposa un baiser sur mon front et soupira :

- Gros bêta, si tous les gens rédigeant un testament mouraient dans l'heure, les notaires feraient faillite ! Est-ce que tu restes à déjeuner ?

- Avec grand plaisir, Michèle, mais il est urgent que je me rapatrie ; je suis débordé de travail et j'ai un rendez-vous cet après-midi. De plus, je dois chercher mon laissez-passer, sinon je ne pourrai pas rentrer chez moi durant le week-end du sommet de l'OTAN. Dites à Charles qu’il me téléphone dès son retour et... merci pour tout.

Je pris congé. Elle m’accompagna sur le pas de la porte.

- Tu sais, Lionel, il ne faut pas ajouter des années à la vie, mais de la vie aux années. Allez, sauve-toi.

Je ne me sentis guère rassuré par de telles paroles. Je démarrai et quittai la cour sans me retourner. Vu l’heure, j'aurais largement le temps de passer rue Brûlée afin de récupérer les fameux badges, sésames indispensables lors du sommet de l'OTAN. Je repensai à Michèle : elle affichait une mine que je ne lui connaissais pas. Je persistai à la trouver très fatiguée. L’âge, avait dit Charles. Je commençai à croire que, par pudeur toujours, il me cachait la vérité quant à l’état de santé de son épouse.

*

Maman ! ! ! Voici de retour le temps des ghettos ! Si, comme moi, vous habitez autour de la cathédrale, voilà la pénible impression que nous laissera le sommet de l'OTAN du 3 et 4 avril 2009. Pas moins de quatre *filtres résidents* pour pénétrer à l'intérieur du périmètre délimité par le quai des Bateliers, la rue du Vieux-Marché aux Poissons, la rue des Hallebardes *(c'est chez moiiiiii...),* la rue des Juifs, la rue du Faisan et la rue des Sœurs. Là, nous nous trouvons en pleine zone rouge avec accès réservés uniquement aux piétons et aux vélos, pas de circulation automobile ni de stationnement n'y étant autorisé. Au guichet il y avait foule. Je pris mon mal en patience. La personne me précédant se présenta enfin au policier de la cellule OTAN. Vu l'importance de la place qu'il occupait derrière le bureau, je supputai qu'ils nous avaient envoyé un frère jumeau du sergent Garcia dans Zorro.

La vieille dame portait un chapeau comique avec des plumes et des fruits. Elle posa son cabas à ses pieds, se redressa péniblement en se tenant les reins et lui tendit son papier.

- Vous avez bien répondu à toutes les questions ?
- Foui, foui, assura-t-elle, avec un soupçon d'angoisse dans la voix.

Tandis que le sergent Garcia vérifia, d'un air suspicieux, le document de la mamie *(il est vrai qu'elle correspondait au profil type d'une terroriste !)*, un effluve désagréable de naphtaline

vint me chatouiller le nez.
- Monsieur le policier dit la petite vieille, l'Abrapa me livre le repas à midi. Comment feront-ils ?

Garcia prit une profonde inspiration, gonfla le torse, se rapprocha de la petite vieille et articula en détachant chaque mot :
- Madame, avez-vous lu la notice d'information qui vous a été distribuée ?
- Foui, foui, confirma-t-elle, avec une grosse pincée d'angoisse dans la voix.
- Alors, vous connaissez la réponse. Avancez grand-mère, ne bloquez pas la distribution des laissez-passer. Voici vos badges. Suivant !

Je commençais à bouillir intérieurement et trouvais l'attitude de ce policier outrageante. J'allais lui envoyer une remarque, lorsque la petite dame, de sa voix fluette, avec une cuillère à café d'angoisse dans la voix, observa :
- Pourquoi me donnez-vous un laissez-passer pour la voiture ? Je ne possède plus ce genre d'engin depuis fort longtemps ! Je vais sur mes quatre-vingt-dix ans, monsieur le représentant de la force publique.

Garcia vira du rouge au cramoisi.
- *Quoiiiiii ! ! !* éructa-t-il d'une voix de baryton ayant inséré, par mégarde, deux doigts dans une prise électrique. Mais alors pourquoi avez-vous coché la case *véhicule* ? demanda-t-il au bord de l'apoplexie.
- Jésus Marie Joseph, ce n'est pas moi qui ai rempli

le questionnaire ! répondit-elle, avec une louche d'angoisse dans la voix.

Garcia se cramponna au rebord du guichet. On pouvait voir ses jointures blanchir à vue d'œil. Un mince filet de bave coulait à la commissure de ses lèvres. La situation tournait au tragi-comique. Derrière moi, les noms d'oiseaux commençaient à fuser. L'émeute nous guettait ! La révolution se mettait en marche. Dans un instant, nous allions déplorer le premier mort de ce sommet de l'OTAN. Les yeux exorbités, Garcia reprit le document de sa cliente, le parcourut à nouveau avant de s'exclamer :

- Je constate que vous possédez un chien ! Vous aurez noté que le vendredi, à partir de dix-huit heures jusqu'au samedi midi, interdiction de le promener ! Sinon direction S.P.A. et piqûre !

- Mais non, je ne le savais pas ! Je ne le savais pas ! Mon loulou, mon loulou ! hoqueta la grand-mère, avec un chaudron plein d'angoisse dans la voix.

La situation fut sauvée par une jeune policière, débordante de compassion, qui entraîna la petite vieille tremblante dans un bureau annexe.

- N'ayez crainte madame, nous allons arranger ça ! lui dit-elle gentiment.

Déjà, la face rubiconde du sergent Garcia se tournait vers moi.

- Et vous ? Vous conduisez une voiture, je suppose ? Vous avez compris que vous devrez la laisser au garage ?

- Oui votre honneur, acquiesçai-je.
- Les statues de la cathédrale apprécieront ! Tout un week-end pour respirer à fond ! Vous vous rendez compte ? Trois jours sans pollution, c'est le pied, non ?

Je lui concédai ce point. Comme quoi, quand on regarde le bon côté des choses...
- Une question quand même, si vous permettez. Si j'oublie mon badge ?

Garcia m'observa de travers.
- Vous souffrez d'Alzeihmer à votre âge ?
- Pas que je sache ! ripostai-je, un peu agacé. Et si par hasard je le perds ?

Garcia, lui, perdit patience et me postillonna en pleine poire :
- Et si ma tante en avait, hein ? Vous voyez le monde attendant derrière vous ? Alors, circulez !

Dans mon dos effectivement la foule commençait à manifester son impatience. Je pris mes sauf-conduits et les insérai dans mon portefeuille en haussant les épaules. Ecœuré, je me dirigeai vers la sortie. Je n'avais pas atteint la porte que l'effroyable sergent Garcia m'apostropha :
- Eh vous là-bas ! Partez trois jours à la montagne, ça vous fera le plus grand bien !

Pour toute réponse, je lui répondis, sans me retourner, par un doigt d'honneur.

J'avais perdu pas mal de temps à la préfecture. Je récupérai ma voiture au parking Gutenberg, sans m'arrêter chez moi, et filai en direction de la vallée de la Bruche. J'avais rendez-vous en début d'après-midi. Ainsi, je pourrais rapidement déjeuner en cours de route.

*

La porte de la cellule se ferma avec fracas. Le cerbère de service me poussa dans l'antre sombre sans le moindre ménagement. Ma tête entra en contact avec un mur froid et humide, décidé à garder sa place ancestrale. J'évitai de la lui contester et m'écroulai à ses pieds. Combien de temps restai-je ainsi prostré, je ne saurais le dire ! Mon corps n'était plus qu'un immense champ de douleurs. Les deux voyous ayant procédé à mon interrogatoire n'avaient nul besoin de cours du soir sur l'art et la manière de cogner ! Des experts en la matière. Des sorbonnards du passage à tabac. Des saint-cyriens de la castagne. Des polytechniciens de la baston. Des prytanées du direct au foie. Des normaliens du coup de boule. Des séminaristes des baffes...

Lentement, mes yeux commencèrent à s'habituer à l'obscurité. La cellule où j'étais retenu prisonnier mesurait trois mètres sur quatre. Les murs suintaient l'humidité, une odeur fétide flottait dans l'air. Un léger trait de lumière s'infiltrait par une lucarne située à quatre, cinq mètres de hauteur. Je me hissai sur une espèce de bat-flanc garni de paille sentant la pisse de chat. Une table, deux chaises, un seau hygiénique, au couvercle rouillé, constituaient le reste de l'ameublement de ce bas-fond.

Un profond soupir s'exhala de ma poitrine. Je considérai ma situation comme pas reluisante du tout. Venu pour acheter un lot de livres, je m'étais retrouvé dans une ferme délabrée au fin fond de la vallée de la Bruche. Le chemin y menant était parsemé d'ornières, d'embûches de toutes sortes et sillonnait à travers un sombre sous-bois. Après plus d'un bon quart d'heure de gymkhana, je vis apparaître une petite bâtisse et ses dépendances, nichées dans une clairière. A mon arrivée, je fus accueilli par une grande femme aux cheveux roux, campée sur deux énormes jambes, les seins saillants sous une blouse transparente qui laissée deviner des dessous noirs soulignant sa pâleur marmoréenne.

- T'es le libraire ? m'apostropha-t-elle, en essayant, en vain, de ramener les pans de son tablier sur son opulente poitrine.

La voix était douce, grave, sensuelle, en contraste total avec le physique de la personne se tenant devant moi. C'est le son de cette voix qui m'avait séduit au téléphone et fait accepter ce rendez-vous. Son timbre avait éveillé en moi un désir qui ne demanderait qu'à être assouvi. Je répondis par l'affirmative, regrettant immédiatement ma précipitation. J'aurais dû trouver une excuse et repartir illico. Mais je l'avoue, j'étais fasciné par

cette walkyrie impudique qui se dressait dans l'encadrement de la porte.
- Viens ! dit-elle en s'effaçant.

Je profitai de l'étroit espace restant entre elle et le montant de la porte, pour entrer dans la maison. Je pénétrai dans une pièce obscure ressemblant à une cuisine. Je distinguai vaguement une table en bois brut où somnolait un gros chat noir ; des chaises à dossier ajourées, garnies de coussins crasseux ; un fauteuil-club en cuir ; un sofa dont le tissu élimé était sur le point de rendre définitivement l'âme ; un évier au-dessus duquel pendait une batterie de casseroles en cuivre et une cheminée où était suspendue une marmite dont s'exhalait une odeur équivoque.
- Assieds-toi ! m'ordonna la femme.

Sa voix ! Un régal pour les spermatozoïdes. J'avais envie de lui suggérer de la mettre en comprimé pour remplacer le Viagra. Résultat garanti et totalement naturel. Un produit bio, quoi !
- Que veux-tu boire ? demanda-t-elle, alors qu'elle déposait sur la table deux godets, à la propreté plus que douteuse.
- Ecoutez…
- Tiens ! m'interrompit-elle en y versant un liquide jaunâtre.

Elle prit le sien, en admira la couleur à travers le verre transparent et l'ingurgita d'un trait. Je trempai les lèvres dans le mien, et à ma grande

surprise le goût ne me déplut pas. Rassuré, j'avalai cul sec une lampée que je recrachai immédiatement. J'avais la gorge en feu, des larmes coulaient de mes yeux, tandis que je suffoquais lamentablement. Entre deux hoquets rapides, je me renseignai sur la nature du breuvage :
- C'est quoi ? De l'acide chlorhydrique ? Du silicochloroforme ? De la nitroglycérine ? Un cocktail Molotov ? De l'hypochlorite ? Du T.N.T. ? Du chloropricin ? Du c3h5(no)3 ?

J'étais plié en deux sur ma chaise. Elle éclata de rire. Même son rire était beau, ce qui me requinqua un tant soit peu.
- Potion magique, mon cher ! Fruits et racines de la montagne macérés dans de l'alcool avec un bon gros rat bien dodu. Je te ressers ? demanda-t-elle avec une pointe d'ironie dans la voix.
- Sans façon ! arrivai-je à articuler dans un souffle.

Elle s'installa dans un fauteuil, en face de moi.
- Parlons affaires, dit-elle en passant goulûment sa langue sur ses lèvres rouges.
- Je suis venu pour ça, répliquai-je !
- Tant mieux, nous allons nous entendre.
- Vous avez un lot de livres anciens à me proposer ?
- Pas vraiment. Toi, tu détiens un bouquin pour moi. L'Hortus Deli… Délica… Bref, tu sais lequel !
- Quoi ? Vous déraillez ! m'exclamai-je en me levant d'un bond de mon siège.
- Castor ! Pollux ! Ici ! ordonna-t-elle.

Dans un grincement digne d'un film d'épouvante, une porte tourna sur ses gonds, livrant passage à deux énergumènes d'environ deux mètres de haut. De prime à bord, on pouvait les prendre pour des jumeaux. Chemises à carreaux, style bûcheron, ouvertes sur des tee-shirts sales, pantalons bruns en velours retenus par de grosses bretelles en cuir, rangers aux pieds, une longue barbe, un peu comme les guitaristes du groupe de rock américain ZZ Top, des mains ressemblant à deux épaisses côtes de bœuf, et un regard mauvais, mais alors mauvais de chez mauvais !

- Mes fils ! précisa-t-elle.

Je restai sans voix, tandis que les deux rejetons prirent place de part et d'autre de ma chaise. L'évocation du nom du célèbre manuscrit ne me laissa rien présager de bon. L'arrivée des deux colosses me donna froid dans le dos. Je sentis des gouttes de sueur perler à mon front. Je maudis le jour où j'acceptai ce manuscrit en dépôt !

- T'as une belle gueule, tu sais ! me flatta-t-elle, ça me ferait de la peine que mes fistons l'abîment. Parlons peu, mais parlons bien. Des gens très importants nous ont chargés de récupérer ce fameux livre. Aussi, tu nous le remets illico presto, là maintenant, tout de suite et sans discuter ! Ensuite, nous passerons à des choses plus agréables. On s'est compris ?

- Ecoutez, ce manuscrit ne m'appartient pas, vous

devriez le savoir ! hurlai-je
- Joue au mariole, et je t'en ferai passer l'envie, crois-moi, éructa l'un des fils.

L'autre reposa la bouteille de dynamite sur la table. Il venait d'en boire une solide gorgée sans ciller le moins du monde. Il lâcha un rot rappelant celui d'un siphon en souffrance, puis fit craquer, l'une après l'autre, ses jointures.
- T'as pigé ce que ma mother attend de toi ? me demanda l'un des deux géants en abattant l'une de ses paluches sur mon épaule.

Je n'eus pas l'occasion de répondre : les coups se mirent à pleuvoir. De temps en temps, il me semblait entendre une question :
- Où as-tu caché ce bouquin ?
- Où sont les clefs de ta voiture ?
- Tu vas parler, connard !

Un seau d'eau glacé me ranima, et le visage de la walkyrie, déformé par la haine, aboya :
- Tu ne sortiras pas d'ici avant que nous ayons récupéré ce livre ! C'est clair pour toi ?

Une brusque contraction de mon diaphragme lui envoya en pleine figure les résidus de mon repas. En retour, elle m'administra une gifle magistrale. Un brouillard londonien m'enveloppa, et je partis à dame.

*

La porte de ma cellule s'ouvrit, livrant passage à ma geôlière. Elle avait remplacé sa blouse transparente, par une robe à fleurs largement décolletée mettant en valeur ses formes aguichantes. De mon matelas, je sentis l'effluve d'une fragrance, lourde et capiteuse, me flatter les narines. Ses cheveux semblaient encore plus roux que la veille. Dans ses mains, elle tenait une carafe d'eau et un morceau de pain.

- Alors, tu as réfléchi ? s'enquit-elle, de sa voix mielleuse.

- Je ne peux pas vous remettre ce que je ne possède pas, répondis-je.

- Imbécile ! lança-t-elle en déposant violemment le carafon et le quignon sur la table.

Elle vint me rejoindre sur ma paillasse, posa une main sur ma jambe. Son parfum me subjugua, la chaleur de sa paume à travers le tissu de mon pantalon me troubla.

- Donne-moi ce que je te demande, et passons à des choses plus agréables, dit-elle en rapprochant sa bouche de la mienne.

- Je ne peux pas, bégayai-je, en approchant mes lèvres des siennes.

D'un mouvement brusque, elle se leva et dans un geste d'une extrême sensualité, lissa sa robe. Elle glissa cinq doigts manucurés dans ses magnifiques cheveux, poussa un profond soupir, me contempla de haut en bas et dit :

- Nous disposons du temps nécessaire pour te faire changer d'avis !
- Essayez de comprendre, suppliai-je, ce manuscrit appartient à mon commanditaire et, vu sa valeur, je l'ai déposé à la banque. Il n'y a que moi qui puisse le récupérer. Même si je vous signais, là, sur-le-champ, une procuration, mon banquier refuserait de se défaire de ce dépôt, c'est le règlement.

Une moue de dépit creusa son visage. Mon argumentation, fit tilt. J'avançai, stratégiquement, un pion supplémentaire en proposant :
- Ecoutez ! Je ne sais pas qui vous paie pour me séquestrer, mais je peux vous offrir plus d'argent. Libérez-moi, et je ne serai pas un ingrat.

Une gifle de camionneuse me propulsa à travers la pièce, et j'entrai, pour la deuxième fois, en contact avec le mur froid et humide toujours décidé à garder sa place ancestrale. Une fois encore, je ne la lui revendiquai point ! Plongé dans un nuage vaporeux, j'entendis la porte de la cellule claquer derrière moi.

*

Chapitre 8

Un bruit d'armes à feu me tira de ma torpeur.
- Tiens ! Les deux hard-rockers se défoulent sur des cartons ! me dis-je.

A la réflexion, il me sembla cependant entendre une fusillade plutôt nourrie. Pas vraiment Fort Alamo, mais cela y ressemblait un peu quand même ! Mon cœur se mit à battre plus fort dans ma poitrine, et un fol espoir me titilla brusquement le cervelet : on avait retrouvé ma trace ! La cavalerie arrivait pour me libérer ! Je hurlai de toutes mes forces :
- Au secours ! Par ici ! Au secours !

Je n'avais plus de voix lorsque la porte de ma geôle s'ouvrit et qu'apparut mon fidèle Fernand, accompagné de son chien Patte. Je m'écroulai sur ma paillasse.
- Oh ! Boss, ça va ? s'inquiéta-t-il en se précipitant vers moi, tandis que Patte bondit sur le lit et me fit la fête à grands coups de langue râpeuse.

- C’est grâce à lui que tu m’as localisé ? l’interrogeai-je, en repoussant gentiment son berger allemand, qui me léchait la figure avec la même frénésie que s’il dégustait une glace Hägendas, parfum rhum raisin.

Il éclata de rire :

- Vous confondez avec le Rex du feuilleton patron ! La seule chose que Patte trouve sans difficulté, c’est sa gamelle. Non, félicitez plutôt votre pote garagiste, c'est à lui que vous devez notre présence ici. Il est temps de mettre les voiles je vous expliquerai tout, sur le chemin du retour.

Dans la cuisine, trois corps étaient allongés sur le sol.

- Ils sont morts ? m'informai-je inquiet, en me tournant vers Fernand.

- Endormis, et pour un bon moment ! Je vous présente mes cousins, ajouta-t-il en me désignant quatre gitans.

Ces derniers, armés jusqu’aux dents, étaient assis à la table et buvaient des rasades de cet infâme breuvage qui m’avait incendié le gosier.

- Merci messieurs, je vous dois une fière chandelle, les remerciai-je en leur serrant cordialement la main, à tour de rôle.

- On se casse ! intervint Fernand. J’accompagne le patron dans sa voiture, lança-t-il à l’adresse des membres de sa famille, en jetant un trousseau de clefs sur la table.

- Nous allons encore siffler une ou deux bouteilles ; y a pas à dire, ils maîtrisent la manière de distiller, ces gugusses, lui rétorqua l'un des cousins.

Je suivis Fernand jusqu'à mon break et me laissai tomber sur le siège passager. Il installa son chien sur la banquette arrière, préalablement protégée par un plaid, se glissa au volant et démarra. Vers Schirmeck, je rompis le silence, qu'il avait respecté, et demandai :

- Alors, tu racontes ?

- Votre absence se prolongeant, et comme vous ne répondiez pas au téléphone, ni à madame Christine, ni à votre ami Charles, ni à moi, nous recherchâmes votre break.

- La Mercedes ? le coupai-je.

- Ben oui ! Elle est munie d'une puce antivol ! Vous ne le saviez pas ?

- Ben non ! admis-je penaud.

- A condition que l'usine Mercedes veuille bien en communiquer les coordonnées, on peut repérer le véhicule. Grâce à l'intervention de votre pote Lucien, concessionnaire de la firme, nous avons obtenu le code et avons pu localiser votre voiture sur un GPS. Comme je craignais un coup de Trafalgar, je suggérai à mes cousins de m'accompagner. La suite, vous la connaissez ! Ces bandits nous obligèrent à faire parler la poudre, et la femme n'était pas la moins virulente. Mais quand j'ai entendu vos appels j'ai vite mis le holà à cette algarade.

- Merci mon ami, toujours fidèle au poste.
- C'est sûr, patron !
- Jamais tu ne perdras cette habitude de m'appeler patron ! le houspillai-je gentiment.

Fernand éclata de rire. Un rire franc, sain, venu du fond du cœur. Je me détendis. Mon aventure malheureuse s'estompa dans mon souvenir. La Mercedes avala en souplesse le bitume de l'autoroute et au loin apparurent les lumières de la capitale alsacienne. Une douce torpeur commença à m'envahir, une irrésistible envie de m'accorder une pause, de m'inscrire aux abonnés absents. Je réalisai que j'avais échappé à quelque chose de terrible, mais je n'arrivais pas à mettre de l'ordre dans mes pensées.

- Je vous dépose au domaine ou à l'appart ? questionna-t-il.
- A l'appartement, Fernand. J'ai besoin de passer une journée dans la salle de bains pour me sentir revivre.
- Dites, ils vous voulaient quoi, les montagnards ? demanda-t-il.
- Demain ; je te raconterai tout, demain ; dans l'immédiat je suis out.

Tandis que mon break avalait des portions de route bitumée, conduit avec *magistra* par mon ami, Fernand, je réglai le dossier de mon siège en position couchette et je m'endormis.

*

Malgré mon aventure vosgienne, je me réveillai de bonne heure et de bonne humeur. La veille au soir, j'avais rapidement pris une douche, avant de me coucher. Je sautai hors du lit, programmai la cafetière et retournai immédiatement à la salle de bains. Confortablement allongé dans ma baignoire, je donnai un coup de fil à Fernand pour lui résumer la situation.

- Je te félicite pour ton esprit d'initiative, ajoutai-je en substance.

- Pas de quoi, patron ! Que décidez-vous ?

Sa question me prit au dépourvu.

- Je n'en sais rien ! Je viens juste d'émerger, Fernand. Attends que mes idées se remettent en place !

J'allais raccrocher lorsqu'une image me revint en mémoire.

- As-tu des nouvelles de tes cousins ?

- Pas encore, mais je peux les joindre si vous voulez.

- Non, non ! répondis-je prestement, et je mis fin à la communication.

Il me sembla que ma voix trahissait le trouble que j'éprouvais, car à l'instant précis je pensais à la poitrine opulente de la walkyrie vosgienne ! Je chassai rapidement cette vision de ma tête et avalai un petit-déjeuner consistant. Deux heures plus tard, je descendais dans ma boutique. J'étais requinqué à fond. A peine eus-je poussé la porte, que mon enthousiasme fondit comme neige au soleil. Sur le sol, le courrier apporté par le facteur s'accumulait : factures, publicités, commandes ou demandes de renseignements. Je ramassai le tout et déposai le tas sur ma table de travail. Une rapide conférence au sommet avec moi-même me suggéra qu'il n'y avait pas le feu au lac et que je pouvais remettre au lendemain ce que j'aurais dû traiter aujourd'hui. Je me posai avec délice dans mon fauteuil et me laissai envahir par un sentiment de quiétude. Je l'avais échappé belle, je me retrouvais indemne dans mon univers familier. J'étais ému de revoir ma boutique, mes livres, mon bureau. Dans la vitrine le manuscrit, objet de toutes les convoitises, était toujours à sa place, bloqué dans la presse à piston. La matinée s'écoula dans une molle torpeur. Lorsque ma pendule XVIIIème sonna midi, je décidai de lever le camp. Je bigophonai à mon pote restaurateur pour réserver un couvert.

D'un pas allègre, je passai devant la cathédrale. Puis par la rue du Maroquin, où je jetai un coup d'œil furtif sur les terrasses *(occupant la moitié de la voie et inoccupées pour la majorité d'entre elles)*, arrivai, après un petit virage à droite, à l'un de mes restaurants préférés :

"Emplacement publicitaire libre".

Un brouhaha intense régnait dans le local. Les serveuses se frayaient un chemin entre les tables, les bras chargés d'assiettes débordantes de victuailles. La salle était bondée. La clientèle, des habitués pour la plupart, avalait un menu du jour en une demi-heure chrono, montre en main. Rançon de nos fameuses trente-cinq heures ! Je commandai un onglet aux échalotes. En attendant mon plat, je me remémorai la soirée, chez Charles et Michèle, précédant mon enfermement dans cette ferme vosgienne.

- Quelque chose ne va pas ? s'enquit Martine, la patronne.

- Non, pas de problème, je suis un peu dans les nuages aujourd'hui, lui répondis-je avec un timide sourire.

Tu parles, j'étais carrément perdu en pensées dans une nébuleuse stratosphérique cumulosienne. Dans l'assiette au prestigieux décor Obernai, mon déjeuner refroidissait. Derrière son bar, le chef me gratifia d'une moue réprobatrice. Martine avait dû le mettre au courant de mon manque d'appétit ! Présentement, une seule question me taraudait l'esprit : qui avait commandité ma séquestration ? Et pourquoi n'avais-je pas encore appelé Christine ? Je demandai un autre café et me laissai aller contre le dos de la banquette. Le restaurant était vide depuis longtemps lorsque la main amicale de Bernard me secoua.

- Vous avez piqué un somme ! me dit-il gentiment.

Un regard sur la pendule m'apprit qu'il était presque quinze heures. Je remerciai Bernard pour son obligeance, réglai mon addition, ramassai mes affaires et sortis. Las, ensuqué, je retournai à ma bouquinerie. Vaille que vaille, je me remis au boulot. Priorité : le courrier. Machinalement, comme un automate, je glissai le coupe-papier le long des enveloppes. Rapidement, s'amoncelèrent devant moi des petits tas : hyper urgent, très urgent, pas urgent, corbeille. Je regardai les gens déambulant dans ma rue. Heureusement, personne ne poussa la porte de ma boutique. Je ne suis pas sûr que j'eusse eu la force de bien accueillir un éventuel client. M'étais-je assoupi une fois de plus ? Les appels stridents de mon bigophone me firent sursauter : Charles venait aux nouvelles. Je passai plus d'une heure avec lui au téléphone. Il me donna quelques informations à propos de ses recherches. Je lui résumai mon aventure vosgienne, en omettant toutefois les détails concernant la walkyrie ! Au-dehors, la nuit était tombée lorsque je décidai de fermer mon magasin.

*

D'un pas lent, je montai chez moi. J'étais fourbu, fatigué et fâché par l'issue de mon escapade dans les Vosges. La journée m'avait semblé interminable. Je n'aspirais qu'à me plonger dans mon lit et faire le tour du cadran. Au fur et à mesure que je gravissais l'escalier, une fragrance connue me flatta les narines.

- La walkyrie !

En me hissant péniblement le long de la rampe en bois, je prononçai ce nom avec un goût de regret dans la bouche. Les sens en alerte, je poussai doucement le battant de ma porte d'entrée et me dirigeai à pas feutrés vers ma chambre à coucher.

Lentement j'ouvris la porte.

- N'allumez pas ! dit une voix douce, grave et délicieusement sensuelle.

Ainsi, mon odorat ne m'avait pas abusé. J'avais bien identifié le parfum lourd et capiteux de ma tortionnaire vosgienne.

- Comment êtes-vous entrée ? Comment avez-vous eu mon adresse ? Que faites-vous chez moi ?

- Votre carte d'identité, une copie de votre clef et une envie inextinguible que vous seul pouvez apaiser ! répondit-elle d'un ton amusé.

Dans la clarté de la nuit s'infiltrant entre les persiennes et diffusée par un clair de lune complice, je la vis se lever de mon lit. Elle dégrafa sa robe, qui chuta à terre, fit glisser le long de son corps une combinaison ornée de dentelles, puis sortit de sa culotte, l'une après l'autre, ses jambes longues et pleines au galbe parfait. Elle ne portait plus qu'un porte-jarretelles retenant ses bas de soie noirs et un soutien-gorge de même couleur. Elle me prit la main, recula jusqu'à ma couche, où elle se laissa tomber sur le dos, les cuisses largement ouvertes. Dans la pénombre, je vis sur son minois comme des traces de souffrance. Comme quoi l'amour n'est pas seulement une partie de volupté comme le pensent d'aucuns, mais comme l'affirment certains *une petite mort,* un bonheur tragique. Plusieurs fois, au cours de la nuit, son corps se tendit comme un arc, puis ses cris s'atténuèrent, et le calme revint dans ma chambre. Couché à côté d'elle, je contemplai ses charmes . Je fis glisser un de ses seins hors du soutien-gorge et promenai un doigt sur le mamelon.

- Qui t'a demandé de me séquestrer dans ta ferme ?
- Tu crois vraiment que c'est le moment de poser des questions ? répondit-elle en m'enlaçant étroitement entre ses fortes cuisses.
- Je ne connais même pas ton prénom !
- Moins tu en sauras et mieux ça vaudra ! assura-t-elle en s'asseyant à califourchon sur moi.

L'aube commençait à percer entre les claires-voies des persiennes lorsque nous nous désunîmes. Ma walkyrie *(dont j'ignorais toujours l'identité)* se leva brusquement. La faible lumière du matin estompait ses courbes et me proposait le modèle d'un grand peintre du XIXème siècle. Elle remit de l'ordre dans sa tenue, se pencha pour récupérer ses affaires, *(ce qui, au passage, me permit d'admirer une nouvelle fois sa croupe parfaite)* et se dirigea vers la salle de bain. Au moment de passer la porte, elle se retourna et m'offrit la vue de son anatomie sous différents angles.

- C'est incroyable, constata-t-elle, combien le désir me laisse peu de répit en ta présence.

Elle fit volte-face et sortit de la pièce. Avec un peu de persuasion, j'espérais découvrir le nom du commanditaire de mon enlèvement. Le bruit du jet d'eau produisit un doux murmure à mon oreille. Je m'imaginai la sculpturale walkyrie se prélassant sous la douche. Je fourrai sous ma tête, l'un sur l'autre, deux oreillers et rabattis le drap sur mon visage pour y respirer l'effluve que le corps de ma partenaire y avait subtilement imprégné... Et je m'endormis. A mon réveil, il faisait grand jour. Dehors, la rue commençait à s'animer avec son cortège de sons habituels : coups de klaxon rageurs provenant des voitures bloquées par les camionnettes, garées emmi la voie, en attente de déchargement ; commerçants s'apostrophant depuis leur pas de porte ; cyclistes intrépides slalomant entre les badauds en les gratifiant au passage de noms d'oiseaux... Péniblement, je mis un pied hors du lit. Sur la table de nuit, il y avait un mot écrit à la hâte : *" Merci de tout mon corps pour cette très belle nuit. Ne cherche pas à me revoir. Fais attention à toi. Les méchants qui en veulent à ton bouquin ne sont pas des enfants de chœur ! Ils sont bien décidés à arriver à leurs fins. Garde-toi aussi de ton entourage ! Bisous partout sur ton corps. Barbara."* Ainsi, elle s'appelait Barbara. J'aimai ce prénom. Je relus le poulet de la poulette.

*

A l'hôtel-restaurant *le Relais du Landseck* la fébrilité atteignait à son paroxysme. Nous étions jeudi, et le ballet incessant des livreurs semblait ne plus vouloir s'arrêter. Le camion de la brasserie fut remplacé par la camionnette du boulanger, puis vint le boucher suivi par le maraîcher, qui céda la place à la blanchisseuse. La fin de semaine s'annonçait très chargée. A la cuisine, les ordres sonnaient clairs et brefs. Chacun connaissait son rôle et l'exécutait avec brio. Véritable chef d'orchestre, Pierre le chef cuisinier, menait son monde avec maestria. Ne parle-t-on pas de piano dans une cuisine ou encore de batterie de cuisine ?

De tout temps, l'Alsace a été une province où l'on aime manger et boire. Et ce ne sont pas les envahisseurs *(Celtes, Romains, Huns, Teutons, Germains, Suédois, Ostrogoths, Wisigoths et autres Saligot(h)s)* qui me contrediront ! L'Alsace est une région riche, un vrai jardin comme le souligna Louis XIV lors de son arrivée en nos terres. Elle possède tout ce qu'il faut pour vivre en autarcie : une agriculture florissante, un élevage conséquent, des chasses giboyeuses, des pêches préservées, et un vignoble aux cépages divers et variés, où chaque vin a sa spécificité. Un sylvaner pour un déjeuner léger, rapide ; un riesling ou un pinot pour une table plus garnie, un muscat pour le foie gras ; avec le fromage de Munster, un délicat gewurztraminer, qui pourra déborder sur le dessert. Le repas, invariablement, se terminera par un *café avec* ! Un café accompagné d'une eau-de-vie allant du marc de gewurz au kirsch, en passant par la framboise, la poire *(à ne pas confondre avec le poiré, réservé au plat du jour de la semaine),* la mirabelle, la mûre, tous ces fruits constituant la fierté de nos vergers.

Ce week-end, débutaient au *Relais du Landseck* les soirées spéciales dont, pour ouvrir le bal, le fameux *Baeckeoffe* qui signifie littéralement : four du boulanger. L'explication de l'origine de ce nom est fort simple : autrefois, le lundi était jour de grande lessive pour la ménagère. Pas avec la lessive qui lave plus blanc que blanc, non, au lavoir du village dans l'eau glacée de la rivière ! Evidemment, cela lui laissait peu de temps pour cuisiner. Aussi résolvait-elle le problème, en portant sa terrine garnie, initialement, de viande de porc et de pommes de terre chez le boulanger. Là, son repas cuisait lentement dans le foyer encore chaud de celui-ci. A midi, au retour du lavoir, il lui suffisait de récupérer sa terrine, prête à être dégustée.

Dans la cuisine ressemblant à une ruche en effervescence, les aides cuisinières s'affairaient. Épluchage de pommes de terre, carottes, poireaux, ails et oignons, préparation du bouquet garni, persil, thym, laurier. Dans un autre coin, les apprentis découpaient les échines de porc, les épaules de mouton et les poitrines de bœuf. Ailleurs, on préparait les terrines auxquelles on ajouterait, avant de les sceller à la pâte à pain, un pied ou une queue de porc. Les cavistes réapprovisionnaient le stock d'un excellent riesling servant à mariner le *Baeckeoffe* et qu'on proposerait en accompagnement à table. Dans leur laboratoire, les pâtissiers étaient occupés par la confection des variétés de pains, cuisant dans les fours à tartes flambées et auxquels succéderaient les terrines de *Baeckeoffe*. N'oublions pas que l'Alsacien est économe, bien organisé. Avec les fruits de son jardin, il confectionne différentes tartes : tartes aux myrtilles, à la rhubarbe, aux quetsches ou aux mirabelles. Streuselküeche *(tarte fleurie)*, bienenstich *(le succulent nid d'abeilles)*, ainsi que le délicieux *kougelhopf*, apprécié au petit-déjeuner ou avec le café de seize heures, les fameux *kaffe-kranzelé,* ces goûters dégustés en commun autour d'une table et agrémentés de café.

Dans son bureau, Christine parcourut une fois de plus la liste des réservations. Outre la petite salle affectée à un banquet de chasseurs, les deux salles du premier étage étaient entièrement occupées les samedis et dimanches soirs. La grande salle disposait encore de quelques tables de libre. Quant à l'hôtel, il affichait complet depuis mars en raison du sommet de l'OTAN début avril. Elle décrocha le téléphone intérieur et appela son chef cuisinier :

- Pierre ? Dès que vous aurez un moment, j'aimerais faire le point avec vous pour ce week-end… Vers dix-sept heures ? Très bien, à tout à l'heure.

Elle raccrocha, referma son cahier de réservation. Ses yeux rencontrèrent la photographie trônant en évidence sur son bureau. On pouvait les voir tous les deux, Lionel et elle, posant amoureusement dans le parc, près du pont enjambant le ruisseau traversant la propriété. Une pensée émue lui vint, suivie d'une pointe d'inquiétude. Depuis trois jours, elle était sans nouvelles de Lionel, lui qui téléphonait au moins une fois par jour. Elle hésitait à se rendre à Strasbourg, par manque de temps, et surtout, parce qu'il n'était guère dans leurs manières, à tous deux, de se surveiller. Dans leur couple, la confiance totale était de mise. Rassurée aussi par le fait que, s'il avait été victime d'un accident, ou d'un quelconque événement grave, son frère, le Procureur de la République Loursin, n'aurait pas manqué de la mettre au courant sans tarder. Aussi fut-elle agacée par un sentiment bizarre lui perturbant l'esprit. Elle n'eut pas le loisir d'approfondir sa pensée, le téléphone intérieur la réclamait :

- Isabelle ?... Oui, j'arrive. Au fait Isabelle, Monsieur aurait-il appelé ce matin par hasard ? ... Non ?... Bon très bien, je descends de suite.

Christine étira ses longues jambes, se leva, passa une main joliment manucurée dans ses cheveux et, dans un geste gracieux, lissa sa jupe.

- Allons, pas de mauvaises idées, mon amour est un doux rêveur, et c'est ainsi que je l'aime, se dit-elle en se dirigeant vers la réception de l'hôtel.

Pris chacun par la passion de leur métier ils s'étaient habitués à leur mode de vie. Ils habitaient leur domicile respectif : elle, une suite dans l'aile ouest de son établissement, lui, un appartement au-dessus de sa bouquinerie en ville, ou son ancien corps de ferme en pleine forêt, du côté d'Obernai.

*

A l'instar de tous les jours à neuf heures précises, Samira poussa la porte de la boutique. Comme tous les matins, elle avait disposé sur son plateau un pot de café noir, un jus de pamplemousse et deux croissants fourrés aux amandes.
- *Sobh bekheir,* lança-t-elle joyeusement depuis l'entrée.

Pareillement à tous les matins, un grognement répondit à son bonjour enjoué. Elle ne s'en formalisa guère, connaissant l'ours hantant cet antre. Elle posa la commande sur un coin du bureau et jeta un œil intrigué à Lionel. Lui, d'habitude tiré à quatre épingles, lui semblait négligé ce matin. Les cheveux en bataille, pas de cravate, une chemise fripée, le pantalon tire-bouchonné. Une femme remarque instantanément ces détails chez un homme, surtout chez un homme qu'elle aime ! Tous les matins quand elle franchissait la porte du magasin, son cœur battait plus fort, parfois même la tasse tremblait sur le plateau.

- Tout va bien, Monsieur de Sandner, risqua-t-elle ?
- Hum, hum… marmonnai-je. Bonjour Samira, ajoutai-je d'une voix fatiguée. Oui pas de problème, disons que je sors d'une nuit chargée... et je prends beaucoup de retard avec ce lot de livres que je viens de rentrer, rectifiai-je vivement.

La jeune fille fit mine de ne pas avoir entendu et regarda autour d'elle. Dans un coin du bureau, elle aperçut quatre grandes caisses en bois, qu'elle devina remplies de livres. Elle fit un geste pour soulever le couvercle de l'une d'entre elles lorsqu'un cri la cloua sur place.
- Non ! Ne touchez à rien !

Surprise, et un peu froissée, elle tourna les talons et quitta la boutique en claquant la porte. Je restai pétrifié, confus et honteux de ma réaction. J'eus envie de courir après elle et de m'excuser. Mais était-ce ma fierté, ma lâcheté, mon éducation bourgeoise ou tout simplement un reste de bon sens, qui me paralysa ? Toujours est-il que je ne bougeai pas de mon siège. Depuis bientôt six mois maintenant, qu'elle venait chaque jour m'apporter le petit déjeuner, j'avais remarqué son trouble quand nous nous trouvions seuls.
- Espèce de vieux con, me sermonnai-je, elle n'a pas vingt ans, et tu en afficheras bientôt le double au compteur !

Pour me donner bonne conscience, je me promis d'aller déjeuner au salon de thé où travaillait

Samira et de lui présenter des excuses. Le restant de la matinée se passa en coups de fil, recherche sur Internet et, bizarrement ou heureusement, vu l'absence de Madame Bruckner, pas un client ne poussa la porte de la boutique. Aussi fus-je étonné, lorsque je jetai un coup d'œil à la pendule, de constater que l'après-midi était bien entamé et que je n'avais encore rien mangé. Fidèle à ma promesse du matin, je fermai la bouquinerie et me dirigeai d'un pas allègre vers le salon de thé Reime. Excité à l'idée de revoir Samira, je sifflotai en m'engageant sous les arcades pour me rendre place Kléber. Le fait d'avoir, ce matin, admiré les cuisses dorées *(dévoilées par une minijupe qu'agrémentait un petit tablier blanc à dentelles, un corsage de même couleur tendu par une poitrine juvénile et ferme dont j'apercevais les deux mamelons en relief sur le tissu)*, ne devait pas être étranger à mon humeur badine. Le petit cul de Samira et le claquement de ses talons sur le sol de la boutique y contribuèrent certainement aussi ! Je sentis qu'il ne faudrait pas me pousser beaucoup pour que je succombasse à ses charmes.

- Monsieur de Sandner ! lança jovialement Madame Reime, la patronne, alors que j'entrai dans le salon de thé. Voilà bien longtemps que vous ne nous avez honorés d'une visite ! minauda cette belle blonde plantureuse.

Juchée derrière sa caisse, on ne voyait d'elle

que son buste altier et les rondeurs dont la nature l'avait généreusement pourvue. Un visage agréable, discrètement maquillé, de magnifiques yeux bleus, des cheveux blonds bouclés avec des reflets argentés, un inaltérable sourire aux lèvres, telle était Madame Reime. Je remarquai la naissance du double menton, caractéristique des vraies blondes, leur donnant un éternel air de poupée de porcelaine. Elle me tendit une main manucurée à la perfection, aux ongles rouge vif, et dont, quatre doigts sur cinq, étaient parés d'une bague, dont les vingt-quatre carats d'or et la pureté des diamants, dépassaient de loin le montant de vos économies. Je parle de votre épargne d'avant le krach boursier de fin 2008 !

Un rien fébrile, je demandai si, malgré l'heure tardive, je pouvais encore déjeuner.

- Bien sûr, Monsieur de Sandner.

Je passai commande d'une salade océane et d'un quart d'eau minérale Celtic de Niederbronn-les-Bains, perle des Vosges du Nord... *(ou Evian, Badoit, Contrex, Wattwiller, Perrier, Vals, Hépar, Vittel, Vichy Célestins, Carola... comme je ne touche pas, pour l'instant, de royalties !).*

J'avais beau parcourir des yeux, en long, en large et en travers, l'établissement, je ne vis pas Samira. Manifestement, elle avait quitté son service, et je n'osai poser la question à la serveuse apportant ma collation. J'aimais l'ambiance feutrée de l'endroit. Il avait gardé cette atmosphère typique Art

déco que j'affectionnais. Mon frugal repas terminé, je m'adossai, avec volupté, contre le dossier du fauteuil club. Je commandai un express. Peu à peu, le salon de thé se vida. Je me demandai comment j'allais m'y prendre pour solliciter des nouvelles de Samira, lorsque Madame Reime vint à mon secours.
- Vous boirez bien un café avec moi ? susurra-t-elle en déposant un plateau garni de deux tasses sur la table.
- Avec plaisir. Surtout en votre compagnie, ne puis-je m'empêcher de la flatter.

Madame Reime rougit légèrement et, pour cacher son trouble, se lança dans une critique de la politique commerciale de la ville de Strasbourg.
- Vous vous rendez compte, monsieur de Sandner, des clientes m'ont dit que, pour les habitants du périmètre du Wacken, c'était l'horreur. Ils ont installé des baraques Algéco en forme de cabanes à frites, avec trois chapiteaux, format stand à merguez. Le tout dégage un air comique de petit château avec de grandes vitres. De plus, ils ont oublié l'hygiaphone ! Résultat : l'on ne comprend pas ce que l'employé vous demande ! Ajoutez que Pierre *(Pierre Bardet, président des Vitrines de Strasbourg)* nous communiqua tardivement les informations concernant les heures d'ouverture. En tenant compte du manque à gagner généré par cette situation, des problèmes de gestion du personnel, on s'étonnera moins que nous soyons sur les nerfs ! Pour calmer le

jeu à la mairie, on nous répond que cet évènement mettra Strasbourg sous les feux de la rampe ! Vous pensez ! Il y a qu'à voir cette désorganisation à une semaine de Pâques ! Toujours ce regrettable manque de concertation !

Absorbé par mes pensées, le regard en errance dans son décolleté, je ne saisis au passage que quelques allusions aux difficultés de stationnement, taxes, impôts et prochain sommet de l'OTAN. Quand elle me demanda :

- Avez-vous eu des ennuis avec Samira ce matin, monsieur de Sandner ?

(je repris contact avec le moment présent.)

- Avec qui ?

La patronne fut-elle dupe ? Elle planta ses yeux bleus au fond des miens et répéta :

- Samira, ma serveuse, qui vous apporte le petit-déjeuner tous les matins !

J'avais l'impression que perçait une pointe de regrets dans sa voix. De regrets ? Ou d'envie ?

- Samira ? lançai-je, un peu trop fort. Oui, Samira bien sûr. En fait... Comment dire ? J'ai été un peu brusque avec elle tantôt.

- Ah bon ! s'étonna Madame Reime en portant une main à sa poitrine.

- Ne vous inquiétez pas ! la rassurai-je en me saisissant de son autre main. Rien de grave, je ne manquerai pas de lui présenter des excuses.

- Bien sûr, bien sûr ! approuva-t-elle.

Sa main dans la mienne était douce et chaude. Je la serrai un peu plus fort. Elle la retira en rougissant et enchaîna :
- Ce matin, à son retour de chez vous, elle avait un comportement si agité que je l'ai priée de quitter le service. Vous comprenez : jusqu'ici je n'ai jamais eu à me plaindre d'elle, mais là ! Son attitude m'a tellement surprise, choquée, outrée devrais-je dire, que j'envisage de m'en séparer.

Un *Ohhh !!!* d'indignation jaillit de ma gorge.
- Si, Monsieur de Sandner ! Elle tenait des propos totalement incohérents, et d'une telle violence, que je me suis demandée si elle n'était pas droguée. Avec ces gens-là, on ne sait jamais, ajouta-t-elle avec un hochement de tête dubitatif !

Indigné par cette répartie, je me levai brutalement, d'un revers de la main jetai un billet sur la table et lançai d'un ton glacial :
- Madame Reime, la colère vous égare !

Furieux, je quittai le salon, la laissant plantée là, la bouche ouverte de stupeur, les bras ballants. Ce n'est qu'une fois de retour dans ma boutique que j'arrivai à calmer les tremblements de rage qui s'étaient emparés de moi.

*

Je fermai mon ordinateur portable. Depuis mon retour du salon de thé, je demeurai incapable de me concentrer sur mes recherches. Inlassablement, l'image de Samira venait m'obséder. Je la revis dans sa minijupe noire, le tablier blanc serré autour de la taille. Sa jeunesse, sa jovialité, sa spontanéité et sa beauté ne me laissaient guère indifférent, je le savais bien. Ses *soh bekheir* me mettaient du baume au cœur ! Il me sembla tout à fait inconcevable d'en être dorénavant privé. De plus, qu'elle puisse perdre son emploi par ma faute me parut totalement intolérable ! Une brèche était ouverte. J'avais essayé, en vain, de me voiler la face. Combien de fois, après le départ de Samira, avais-je pris plaisir à humer l'effluve ténu de son parfum imprégnant l'espace de mon bureau ? Combien de fois avais-je observé, amusé, les prétextes qu'elle inventait pour s'attarder dans le magasin ? Ou, quand j'étais occupé avec madame Bruckner dans la boutique, je remarquais sa manière de feuilleter un livre, puis un autre, en attendant que je sois disponible ! Si bien qu'un jour madame Bruckner, à qui rien n'échappait et d'habitude si discrète, me dit :

- Cette jeune personne est amoureuse de vous, Lionel.

Pourquoi avais-je ce jour-là senti le rouge me monter au visage ? Pourquoi avais-je prétexté un rendez-vous urgent pour m'éclipser ? Pourquoi ne fut-elle pas dupe ? Pourquoi me sermonna-t-elle gentiment du doigt ? Et puis zut, il était grand temps de me remettre au boulot. J'avais un catalogue à rédiger, une vente à préparer et de préférence avant deux semaines. Ni l'imprimeur, encore moins Madame Bruckner, ne me pardonneraient un retard préjudiciable.

*

Madame Maoui n'en crut pas ses oreilles lorsqu'elle rentra des courses en entendant sa fille, Samira, crier comme une démente dans sa chambre. Depuis longtemps déjà elle avait dû s'habituer à ce langage qu'on appelle *jeune.* Là franchement, elle dépassait les bornes, et surtout le début de sa phrase l'interpella !

- Je l'aime, oh je l'aime si fort ! Comment ose-t-il me traiter ainsi ? hurlait sa fille.

Je l'aime ? Samira, sa petite Sam amoureuse ? Voilà autre chose ! Madame Maoui sentit son cœur battre plus fort. Bien sûr, c'était inéluctable, mais si vite ! et elle ne s'était aperçue de rien ! Tremblante, elle poussa la porte de la chambre de son enfant. Cette dernière, recroquevillée sur le lit, était secouée de frissons.

- Sam, ma chérie, mais qu'as-tu ?

Samira se redressa, se réfugia dans les bras de sa mère, et entre deux sanglots lui dit :

- Oh maman, si tu savais ! Tout le mal que l'on me

fait ! Je suis tellement malheureuse, je veux mourir.
- Sam, Sam ma petite princesse, mais qu'est-ce que tu racontes ? Tu as perdu la tête, ma fille, ou quoi ! Un joli petit cœur comme toi, dont tous les garçons du quartier sont amoureux, tu parles de mourir ! Mourir ? A ton âge ! Explique-toi, Sam, sinon je vais devenir folle !
- Je l'aime maman, je l'aime de tout mon être, de tout mon corps. Je veux être à lui, je souhaite des enfants avec lui, et lui, il ne me remarque même pas, pire il me crie dessus !
- De qui parles-tu ma fille ? questionna la mère inquiète.
- De lui, Mima, de l'amour de ma vie. Je veux qu'il soit le premier, je veux lui être fidèle, je rêve d'être sa femme, je désire tant qu'il m'aime. J'ai envie qu'il me prenne dans ses bras, je veux respirer son odeur, j'espère m'endormir à ses côtés chaque soir de ma vie, je le veux, lui, et personne d'autre.

Samira, hors d'elle, d'un geste brusque repoussa sa mère. Cette dernière recula d'un pas, tandis que sa fille enchaîna :
- Je le veux, maman, lui, et pas un autre. Il est exceptionnel, il est tel que je l'ai rêvé.
- Ma fille, je n'entends rien à tes paroles ! Toi, que les garçons du quartier surnomment *la vierge farouche*, tu te mets dans un état pareil pour un homme ? Non je ne comprends pas ! Toi ma princesse promise à un grand mariage…

- Non ! Non ! Je l'épouserai, lui, et personne d'autre !

Mima, qui n'avait jamais vu sa fille dans un tel état, tapa violemment du pied et redemanda :

- Mais qui lui ? Sam, qui t'a manqué de respect ? Dis-le-moi !

- Pas maintenant. Laisse-moi, ajouta-t-elle en poussant sa mère hors de sa chambre.

Mima se tordit les mains et sortit de la pièce, le cœur battant. Comment allait-elle annoncer ce drame à son époux ? Il avait placé tant d'espoir dans l'avenir de leurs enfants, tant échafaudé de projets concernant sa famille. Tout un univers s'écroulait. Mima ressentit la pénible impression que son époux n'y survivrait pas. A son tour, elle s'effondra en sanglots. Le bruit de la porte d'entrée qu'on refermait avec fracas la fit éclater en pleurs. Quelque chose venait de se briser dans son être, et elle sut que plus rien ne serait plus jamais pareil. Lorsque son mari rentra, il trouva sa femme prostrée dans un siège, les yeux rougis. Quand elle l'informa de la situation, il s'assit dans un fauteuil en face de son épouse. La nuit était tombée depuis longtemps, ni l'un, ni l'autre n'avait prononcé le moindre mot. Tard dans la soirée, après un profond soupir, il serra un peu plus fort les poignets de sa chère épouse et dit :

- Heureusement, il nous reste un fils. A partir d'aujourd'hui, je ne connais plus que lui. Je ne veux

plus jamais entendre un autre nom dans cette maison. A trois, nous assumerons la honte touchant notre famille. Le temps de régler différentes affaires, et nous retournerons au pays… En Iran, chez nous, là où nous possédons encore quelque honneur !
- Farid !
- Non Mima, il n'y a pas à discuter. Ma décision est prise. J'avais pensé que nous pourrions vivre dans ce pays en respectant nos valeurs. Je me suis trompé et me sens terriblement responsable de cet échec.

Elle regarda son époux, affalé dans le fauteuil, les épaules voûtées. Il lui sembla qu'il venait de vieillir de dix ans en une nuit.
- Veux-tu que je prépare du thé ? proposa-t-elle, d'un air las.

Elle n'obtint aucune réponse. Son regard se porta sur le buffet du salon, encombré de photos des jours heureux. Dans sa poitrine un étau oppressa son cœur. Ah, les enfants ! Petits, petits soucis ; grands, grands soucis ! Elle se tourna vers son mari. Elle pouvait lire sur son visage les sombres pensées le torturant. Tendrement, elle vint se blottir dans ses bras.

Bientôt leurs larmes respectives s'entremêlèrent en un ruisseau salé qui, ils le savaient tous les deux, ne se tarirait pas de si tôt.

*

Chapitre 9

Rue du Général Rapp je trouvai une place, pile devant l'immeuble de Charles et Michèle. J'adore cette maison *Jugendstil*, avec ses magnifiques vitraux le long de l'escalier, un chef-d'œuvre à eux seuls. Charles m'avait laissé un message sur le répondeur :

- Si tu as le temps, viens nous voir, nous étudierons ensemble les ultimes prophéties. Nous ne supportons plus l'atmosphère régnant à Strasbourg ces jours-ci. Cette paranoïa nous remémore trop de mauvais souvenirs, à Michèle et à moi. Nous partons dans deux jours pour Avolsheim et ne reviendrons qu'après les fêtes de Pâques.

Je le rappelai dans la foulée pour lui annoncer mon arrivée dans l'après-midi.

- Je te donnerai quelques clefs pour les dernières devises de la Prophétie de Malachie, conclut-il pour me mettre l'eau à la bouche.

Les événements des jours précédents

éclipsèrent, dans mon esprit, ces devises.

Il était quatorze heures trente, lorsque je me garai rue du Général Rapp. Un vent froid chatouilla mes oreilles. Après une légère percée, pour marquer le jour du printemps, l'anticyclone avait fait demi-tour, s'était barré à l'Ouest et avait laissé la porte ouverte aux masses d'air glacial descendant du Nord. Comme toujours, Michèle vint m'accueillir. Je lui trouvai bien meilleure mine qu'à la ferme. Elle m'accompagna dans le bureau de Charles. Une lumière diffuse pénétrait dans la pièce, en ce début d'après-midi. Ce dernier disparaissait derrière un monceau de papiers, de revues, de journaux et de livres entassés, en équilibre instable, voisinant sur sa table de travail avec quantité d'objets hétéroclites. Instantanément, je pensais à cette phrase de Fénelon : *" L'ordre est ce qu'il y a de plus rare dans les opérations de l'esprit "*.

Contrairement à celle de la ferme, ici la pièce était spacieuse, avec des bibliothèques bourrées d'ouvrages reliés, d'autres brochés. De part et d'autre d'un magnifique poêle ancien en faïence jaune ocre, d'époque Louis XV, deux sofas encadraient une large table basse où s'empilaient : épreuves de manuscrits, dossiers, périodiques, illustrés, ainsi qu'une montagne de courriers; et, presque au centre, en face d'une grande fenêtre, trônait le Mazarin de Charles. *(La première fois que Michèle me dit : " Il est resté scotché au Mazarin toute la nuit ! ", je demeurai bouche bée. Gentiment, il était venu à mon secours : "Le bureau Lionel, le bureau." Faites-moi confiance, depuis je reconnais un Mazarin !)*

- Assieds-toi, me lança-t-il. Je termine une lettre et je suis à toi.

Michèle s'éclipsa après nous avoir demandé si du café et une tranche de kougelhopf nous siéraient.

- Avec plaisir, répondis-je, tandis que Charles émit un grognement sourd que nous interprétâmes, Michèle et moi, comme un oui agacé.

Je m'installai dans mon canapé préféré et feuilletai le plan du nouveau manuscrit qu'il consacrait à Mozart. Je relevai quelques titres de chapitre par-ci par-là :

- Mozart, un fervent catholique attiré par le mystère et le rituel ? La possibilité légale, en Autriche, du temps de Mozart, d'être à la fois catholique et franc-maçon. La musique maçonnique du compositeur : " *La Flûte enchantée* ", et des notes concernant cet opéra. Zarastro, le mage dirigeant les épreuves initiatiques, n'est autre que Cagliostro. La correspondance entre le couple supérieur, celui des initiés Tamino et Pamina, et le couple symbolisant le mariage courant, le couple sympathique des deux oiseleurs Papageno et Papagena. La dernière cantate, désignée sous le numéro K 623, composée pour la consécration d'un nouveau temple maçonnique en novembre 1791. Mozart et la loge " *Bénévolence* ".

L'interdiction par Karl Theodor en 1784 des *I**** et de toutes les sociétés secrètes en Bavière et dans le Palatinat.

Des *I**** ! Dubitatif, j'interrompis la lecture du plan du manuscrit et interrogeai Charles, toujours plongé dans son activité épistolaire :

- Que signifie *I**** ?
- Cherche, me répondit-il, un sourire malicieux au coin des lèvres.
- Ah bon ! rétorquai-je contrarié.
- Si tu n'as pas envie de te creuser les méninges, attends la sortie en librairie, ajouta-t-il.
- Je vous trouve bien cinglant en ce moment ! répliquai-je, acerbe.

Il ne releva pas et continua son travail de correspondance. Mon attente dura une bonne demi-heure, pendant laquelle j'évitai de poser une autre question. Tout à coup, il se leva et arpenta la pièce en lisant un extrait de la lettre qu'il était en train de rédiger : “ *Toute religion, même fausse, se compose de trois parties bien distinctes : le dogme, la morale et le culte ; elle propose des vérités à croire, c'est le dogme ; elle impose des devoirs à remplir, c'est la morale ; et enfin elle ordonne des cérémonies, des pratiques extérieures destinées à honorer la divinité et à mériter ses faveurs, c'est le culte. Hélas ! quand la religion s'en va, la superstition la remplace ; quand on ne croit plus à Dieu, on croit au diable.* ”

Puis il posa sa missive sur son bureau, se

tourna vers moi et enchaîna :
- Tu te souviens de ce que je te confiai dernièrement ? Le véritable trait de génie de l'auteur, ou des auteurs, c'est d'avoir conclu les prophéties par l'annonce de la venue de l'Antéchrist. A leur époque, il*(s)* ne prenait*(aient)* pas beaucoup de risques. Tu penses, le XXIème siècle ! Cela lui laissait une sacrée marge de manœuvre. Seulement, voilà, nous atteignons la dernière ligne droite, l'ère du Verseau. L'achèvement du compte chronologique malachien arrive à son terme !

Il observa une pause. Comme à son habitude, il bourra lentement une pipe. Ses gestes ressemblaient à un rituel : une pincée après l'autre, avec, entre chaque, un tassement. Habitué à des conférences devant des centaines de personnes, il savait qu'un temps d'assimilation demeurait nécessaire. Même quand nous discutions en aparté, il ne pouvait se défaire de cette manie !
- Pour moi, enchaîna Charles, les véritables enjeux restent politiques, je persiste et signe. Un trafic d'influence, oui d'influence ! Que ce soit les adversaires de la papauté, les milieux réformés, voire les milieux catholiques contestataires, hostiles à la suprématie de l'Eglise, autant de clients potentiels pour ces oracles, et leurs interprétations ! Dans les précieux cahiers de Schangauer, viennent encore six papes avant Pierre le Romain.
- Je me souviens très bien de ce passage. Je l'ai

étudié à plusieurs reprises, confirmai-je.

Bien entendu, l'analyse du professeur s'était arrêtée à Pie XI, qui décédera en 1939. Je récapitulai ensuite, pour Charles et pour moi, à partir des notes que j'avais prises, les successions ultérieures avec les commentaires :

- *Le pasteur angélique.* Pie XII. (1939-1958). Il justifie sa devise par une piété incandescente, mystique et une allure éthérée, diaphane, détachée des réalités terrestres.

- *Le pasteur nautonier.* Jean XXIII. (1958-1963). Il fut le patriarche de Venise, la ville des navigateurs. Il fut, tel un pasteur, à la source de la grande étape du Concile Vatican II.

- *La fleur des fleurs.* Paul VI. (1963-1978). Le lys, surnommé, la fleur des fleurs, est présent sur ses armes (formées de trois lys).

- *De la moitié de la lune.* Jean-Paul Ier. (du 26 août au 28 septembre 1978). Elu lors de la demi-lune, Jean-Paul Ier mourut trente-trois jours plus tard lors de la demi-lune suivante.

- Je vois que tu appliques le même plan que le professeur, m'interrompit-il. En soi, l'idée n'est pas mauvaise, mais il permet nombre d'interprétations différentes, Lionel !

- Bien sûr, Charles. Je devais choisir une ligne de travail, j'ai adopté celle de Schangauer !

- Ne te laisse pas embabouiner, mon grand, me

conseilla Michèle, qui, au même moment, apportait un plateau avec du café et du kougelhopf.

J'éclatai de rire, son mari aussi, et nous nous accordâmes une pause café. Après quelques tasses, Charles reprit :

- Ne vous en déplaise, ma chère, dit-il, en regardant affectueusement sa femme, je ne cherche pas à cajoler notre jeune ami. Simplement, en ce qui concerne le pontificat très court de Jean-Paul Ier, on peut donner une deuxième explication. En effet, il est élu lors de la demi-lune, et mourut lors de la demi-lune suivante, trente-trois jours plus tard. Est-ce qu'il faut mettre en parallèle cette prophétie et celle de la Salette *" Rome perdra la Foi. L'Eglise sera éclipsée "*, et la rapprocher de la suivante : *De labore solis* de Jean-Paul II, je ne saurais l'affirmer...

- Messieurs, je vais vous laisser, l'interrompit Michèle en sortant. J'ai des bagages à préparer, et tels que je vous vois partis dans vos élucubrations, vous y passerez la nuit.

Discrètement elle se retira. Charles lui envoya un baiser et m'invita à continuer. Je poursuivis mon exposé :

- *Du labeur au soleil, (De labore solis)*, du labeur au soleil de Jean-Paul II. (1978-2005). Il est né le jour d'une éclipse solaire et fut enterré le jour d'une éclipse solaire. Ce souverain pontife, voyageur infatigable, visita tous les continents, et, pape polonais, vint de l'Est, tout comme le soleil ! Et

voici la dernière, celle de Benoît XVI :
- *De la gloire de l'olive.* Benoit XVI. (2005-). Là, l'affaire se corse. En effet, les branches d'olivier représentent le symbole des Olivétains, une branche de l'ordre de saint Benoît. Or, il ne s'agit en aucune façon du symbole des bénédictions en général, et le cardinal Ratzinger n'a aucun lien avec les Olivétains. L'olivier, qui incarne aussi le symbole de la paix. Cependant, ses déclarations récentes, en ce qui concerne le sida, mirent le feu aux poudres ! Peut-être faut-il plus de recul pour définir le pontificat de Benoit XVI.
- Je le pense, j'en suis même certain, approuva Charles.
- Voici pour les devises. Comme vous le savez, la prophétie se termine ainsi : *" Dans la dernière persécution de la Sainte Église romaine, siégera Pierre Romain, qui paîtra ses brebis au milieu de nombreuses tribulations. Ces tribulations passées, la ville aux sept collines sera détruite, et le juge redoutable jugera son peuple ".* Donc, nous voilà à l'aube de la venue de Pierre le Romain, successeur de Benoît XVI et dernier pape, avant l'Antéchrist ! Voire d'un cataclysme mondial ?

Je me tournai vers Charles. Il affichait un air dubitatif, contrarié. J'essayai de me justifier :
- C'est une analyse dans le style de ce qu'aurait pu écrire le professeur, pas mon avis personnel, plaidai-je. Il n'empêche que ça me fiche le bourdon, ajoutai-

je. S’il y a une once de vrai dans ces devises, l'issue fatale arrive à grands pas ! Non ?

Il éclata d’un grand rire tonitruant. Michèle entrouvrit la porte pour se renseigner.

- Ce n’est rien, bafouilla-t-il entre deux éclats, Lionel croit à une fin du monde imminente !

- Ah bon ! s’exclama-t-elle amusée, et elle referma la porte.

J’étais estomaqué par tant de mauvaise foi !

- Je n’ai pas dit ça !

- Non, me répondit Charles, mais tu le laisses sous-entendre.

- Je ne sous-entends rien du tout, je vous donne le compte rendu précis de mes recherches !

- Une fois de plus, mon cher ami, je suis obligé de te reprocher de ne pas pousser ton analyse à fond. Lionel, il ne suffit pas de s’asseoir à son bureau et d’espérer que la connaissance et la vérité s’imposent à toi. Ces deux trésors se gagnent, il convient de s’en montrer digne ! A toi d’aller vers eux, de les chercher, car ils ne viendront pas à toi, juste pour te faire plaisir. Le savoir s’acquiert au prix d’une ardeur assidue. Il ne sera octroyé qu’à ceux fournissant l’effort, constant et régulier, de le mériter. Ceux-là, on les nommera les initiés.

- Mais... intervins-je.

- Attends, me coupa Charles. Sache que les systèmes et les écoles peuvent indiquer les méthodes et les voies, cependant, aucun système, aucune école n'accompliront, à ta place, la tâche qui t'incombe. Un épanouissement personnel, une croissance intérieure, un changement d'être dépendent du travail réalisé sur soi. Ainsi, dans le cas présent, tu te contentes de la transcription du texte. As-tu pensé à jeter un coup d'œil sur l'écrit latin ?

Je convins que non.

- Je m'en doutais Lionel. Moi aussi, j'ai entamé des recherches. La traduction que tu donnes de *in psecutione extrema*, est celle de Messinghan en 1624, qui remplace l'original par un éloquent *persecutione extrema*. Souviens toi, dans la prophétie il est stipulé : *" Dans la persécution de la Sainte Église "*. Je suggère que nous gardions le texte de l'édition de 1595 de Wyon, celle avec laquelle travailla le professeur. Là, on s'aperçoit que les exégètes modernes estiment que le mot *psecutione,* mot qui n'existe pas et, est dû à une erreur du copiste, ne doit pas être lu comme *persecutione*, mais comme *prosecutione (dans la suite des temps...)*. Tu comprends, Lionel ? Il y a deux lectures possibles : la première la *lection facilior* et la deuxième la *lection difficilior.* Or, tout latiniste sait qu'à l'usage, la deuxième interprétation a, souvent, le plus de chance d'être juste. Un auteur tel que Messinghan ne pouvait ignorer ce fait, sauf bien entendu, à vouloir fabriquer une mystification de grande envergure.

Devant mon air incrédule, Charles s'offrit une

nouvelle pause. Lentement, il se versa une tasse de café, puis une pour moi, prit le temps de déguster le liquide corsé, s'installa confortablement dans son fauteuil avant de reprendre :
- Lionel, *prosecutione,* dans la suite des temps, et non *persecutione* ! Cela signifie que, si Pierre le Romain est le dernier pape après Benoît XVI, il ne sera pas forcément son successeur immédiat. D'autres papes pourront s'intercaler entre ces deux souverains pontifes.
- Eh ben ça alors ! m'exclamai-je.
- Bien, je suppose que tu as saisi. On pourra interposer autant de noms que nécessaire. Si le cœur t'en dit, libre à toi de prolonger les prophéties de Malachie jusqu'à l'an trois mille si tu le souhaites ! Une simple mystification propagandiste, qui a enfiévré de nombreux esprits ! Plus sérieusement, moi, à ta place je ne remettrais pas ce livre en circulation, pas dans l'immédiat du moins.
- Je prends du retard, et mon catalogue est loin d'être prêt. N'ayez aucune crainte, je m'arrangerai avec Guillaume, le rassurai-je.
- Tant mieux ! approuva-t-il. Il y a actuellement assez de remous au sein du Vatican, inutile d'en rajouter.

*

Semaine morne. Plus de nouvelles de Barbara, ni de Samira. Je n'ai pas envie de voir Christine en ce moment. En raison du capharnaüm que nous subissons avec le sommet de l'OTAN, la plupart des magasins, des restaurants et des rues demeurent vides, bonjour l'angoisse. Charles et Michèle se sont éloignés à Avolsheim. Au téléphone, il me confia, désabusé :

- Si je m'écoutais, je partirais dans les Alpes, au sommet du Mont Blanc par exemple, tant qu'à en choisir un, autant opter pour celui-là. Mais tu me connais : " *Extra Alsatian non est vita. Et si est vita non est vita.* " *(Hors de l'Alsace il n'y a pas de vie, et si vie il y a ce n'est pas la vie. Dicton latin)*.

- Dites-moi, Charles, vous nous la joueriez pas style Konrad Puller de Hohenbourg, notre célèbre chevalier troubadour du Moyen Age ? plaisantai-je.

- " *Cestuy là* " qui servit à la cour de Rodolphe de Habsbourg et ajouta à la plainte d'amour celle de la nostalgie de son pays natal, l'Alsace ? s'amusa-t-il.

- " *Cestuy là* " même, confirmai-je. Vous vous souvenez des inoubliables vers : " *Wil einam gen Elsäzenlant, Der sol der lieben tuon bekant, Daz ich mich senen...* " ?

- " *Si quelqu'un se rend en terre d'Alsace, qu'il fasse savoir à ma bien-aimée, que je me languis d'elle...* ", traduisit-il, avec une pointe de mélancolie dans la voix, et il raccrocha.

Plus aucun signe de vie non plus de la secte

des Herratiques ! Tant mieux, ils ne me manquaient pas ! Je me retrouvai pareil aux bêtes et aux nuisibles ! Non je ne plaisante pas. Le préfet de la région Alsace, préfet du Bas-Rhin, Jean-Marc Rebière, *“ considérant la nécessité de prendre toutes les mesures de sécurité publique que la tenue du 60ème sommet de l'OTAN impose ”*, décida, dès mardi, d'interdire, et je le cite : *... tout acte de chasse ou de destruction des animaux classés nuisibles, sur l'ensemble du département, les 3 et 4 avril. ”*. Aussi nous sommes, eux et moi, tranquilles pendant ces deux jours au moins, les nombreux contrôles, n'encourageant pas la circulation de gens douteux. Dans la journée, je suis fréquemment contrôlé trois à quatre fois. Un peu beaucoup, à mon avis ! Pour tuer le temps, j'aligne quelques chiffres.

Une trentaine de chefs d'État, dont une délégation d'environ un millier de personnes pour le président américain. Dites donc, il dispose d'une personne pour lui mettre une chaussette, une pour la deuxième chaussette, une pour le slip, une pour le tee-shirt, une pour la chemise, une pour le pantalon, une pour la veste, une pour verser le café, une pour sucrer le caoua, une pour touiller, une pour beurrer la biscotte, etc. Si j'additionne le tout, et en tenant compte qu'à madame il faut facilement le double, j'arrive effectivement à un millier. Potus et Flotus n'ont pas fini de nous surprendre. (*Dans le programme distribué par le service de presse de la*

Maison Blanche aux journalistes américains accompagnant le couple présidentiel, le président Obama et son épouse sont désignés par les acronymes Potus et Flotus. La signification ? Potus = President Of The United States ; Flotus = First Lady Of The United States.)

On nous promet deux jours d'enfer avec, en prime, la venue de Black Blocks, groupes spécialement entraînés pour s'infiltrer dans les manifestations et pousser aux dégradations. Un coup d'œil sur Internet, et vous avez compris de quoi ces casseurs s'avèrent capables ! Rien à voir avec des boy-scouts, loin de là, ils sont briefés et exercés. Ils organisent des stages de désobéissance civile, répétition grandeur nature d'actions directes non violentes. Une équipe médicale et un bataillon d'avocats *(la legal team)* sont déjà mobilisés. Les conseils fusent : *" Apprends à reconnaître les différents types de flics... Écris-toi sur le bras le numéro de la legal team... Évite de prendre ton téléphone plein de contacts – merci pour les camarades... "*. La consigne finale est passée sur Internet : *" risque légal faible, risque de garde à vue haut. "* Au temps, OTAN, autant, oh temps, ô tant, suspend ton vol ! M'enfin, bon bref ! la lettre de Roland Ries *(maire P.S. de Strasbourg)* m'assure que, malgré les mesures de sécurité draconiennes ce sommet représente une grande chance pour Strasbourg.

- *“ J'approuve totalement les mesures de sécurité exceptionnelles mises en place à cette occasion, et notamment, celles concernant la protection de certains sites, et la restriction de circulation dans les zones dites rouges et oranges. Ces dispositions sont indispensables... ”,* dit-il en exergue.

Comme tout un chacun, je me laissai gagner par la paranoïa ambiante et relus mes contrats d’assurance, de la première à la dernière page, même les petites lignes, celles qu’on ne lit d'ordinaire qu'après un sinistre !

*

L’après-midi se traînait mollement. Sur la pendule, les aiguilles participaient aux olympiades des courses d’escargots. A part les habituels uniformes bleus, il n’y avait plus grand monde dans la rue. Histoire de me changer les idées, je décidai de me rendre au bureau de poste. Je tournai à l'angle de la maison Kammerzell lorsqu’un sifflement aigu me riva sur place. Là-bas, devant les entrées de la cathédrale, un hélicoptère exécutait un vol stationnaire. Derrière lui, légèrement masqué par le nuage de poussière qu’il générait, un mur de véhicules de la gendarmerie et des C.R.S. stationnait en avant de l'immeuble des P.T.T. A côté de moi, les agents de la force publique nous interdirent l’accès au parvis de la cathédrale. Ils commentaient, avec un accent chantant du midi, les spécialités de la Maison Kammerzell. S'ils avaient levé un tant soit peu les yeux, ils auraient découvert le splendide orchestre sculpté dans les poutres de la façade de l'établissement : le violon, le luth, le trombone, la flûte traversière, la guimbarde, l'orgue, le tambour, etc.

Tout à coup, un nuage poussiéreux cloua le bec à tout le monde ! Sur la place, l'hélicoptère venait de lancer ses pales à fond et s'élevait lentement dans les airs. Près de moi, une dame d'un certain âge dut choisir, entre retenir sa jupe qui commençait à se soulever, ou son chapeau. Elle opta pour la jupe, le chapeau s'envola. Quelques-unes de ses consœurs, rencontrant le même problème vestimentaire, agirent de même. Puis, elle se retourna pour offrir son dos au tourbillon grisâtre nous assaillant, imitée aussitôt par l'ensemble des badauds. Après le départ de l'engin, chacun s'épousseta de son mieux. Les C.R.S. en s'administrant réciproquement de vigoureuses claques sur les vêtements, déclenchèrent une nouvelle nuée de poussière. Moi, en cherchant dans ma poche un paquet de Kleenex et en m'essuyant avec un mouchoir, qui vira rapidement au gris. Ecœuré, je tournai les talons et regagnai ma bouquinerie. Contrarié, je décidai de me donner congé et m'accordai un après-midi de lecture. Vers dix-neuf heures trente, je fermai mon magasin et montai chez moi. J'avais espéré, en vain, un appel de Samira.

Quarante-huit heures plus tôt.

Le jeudi soir, de violentes échauffourées se déroulèrent dans le faubourg du Neudorf, prémisses d'un samedi d'affrontements. Vendredi matin, je me rendis au château des Rohan, pour voir arriver les présidents Sarkozy et Obama. Pas de chance, bien que résident de la zone rouge, hors de question d'y accéder. Je m'étais muni de ma carte d'identité, de mon badge.... mais pas de celle de l'UMP ! Comment aurais-je pu ? Je n'en possède pas, ni de droite, ni de gauche ! J'avais complètement zappé que seuls cinq cents militants de ce parti, triés sur le volet, étaient conviés à la fête ! Dans mon quartier, la cathédrale, les rues demeuraient vides. Strasbourg était devenu une ville morte. Il conviendrait de dire que ce sont les zones sécurisées, rouge et orange, qui restaient désertes. Je comptai environ une douzaine d'uniformes autour de moi. Impossible pour le moindre touriste de franchir ces barrages. Déjà pour nous, résidents, ce ne fut pas une sinécure ! Avec les laissez-passer, nous dûmes nous rendre à un check point, et tant pis si entre-temps les autorités l'avaient déplacé ou avaient aménagé un autre point de contrôle. L'un après l'autre, les commerces fermèrent. Ceux persistant à ouvrir s'offrirent les services d'un menuisier pour protéger leurs vitrines. La psychose gagna les différentes corporations, et en même temps, les vidéos diffusées sur Internet ne rassurèrent personne. La confrontation gagna le quartier de la Ganzau et s'étendit jusque dans la forêt du Neuhof.

*

Moi, j'avais un peu travaillé le matin, des badauds tuant le temps plus que des amateurs de livres ! Le caviste de la rue des Orfèvres râla : chiffre d'affaires égal à zéro. La gérante du magasin de cosmétique n'eut pas envie de rire non plus ! Tu penses : trente euros en caisse ! Téléphone. Je décrochai. A l'autre bout du fil, Charles vociférait :
- Tu les as vus ? demanda-t-il bille en tête. Lionel, as-tu remarqué tous ces C.R.S. nichés presque jusque dans les gargouilles de notre belle cathédrale ?

Je lui résumai la situation.
- Oui, ils ont investi l'édifice avec l'équipement complet du casque aux armes !
- Honte sur nous ! Honte à ceux cautionnant de pareilles profanations ! On nous rebat les oreilles avec tous les symboles que représente ce sommet, as-tu noté comment on appelle la voiture d'Obama ? " *The Beast* ", la Bête, Lionel, la Bête ! J'entends d'ici les journalistes en faire des gorges chaudes !

Réfléchis bien à ça !

Charles écumait de rage.

- Je te rappelle demain, ce soir Michèle et moi allons manger une tarte flambée en pensant à toi.

- Vous présenterez mes amitiés à Michèle, mais votre *flammküche* ne concurrencera pas le déjeuner préparé pour ces dames par Emile Jung *(cuisinier de renom et ancien patron du restaurant "Le Crocodile" à Strasbourg).*

Je le savais fin gourmet, aussi lui énumérai-je le menu :

- Asperges vertes, noix de Saint Jacques, blanc de pintade d'Alsace...

Il raccrocha.

- Tu viens boire un expresso ? s'enquit ma voisine hispanique, Elena, depuis l'entrée.

- J'arrive, répondis-je ravi.

En quelques enjambées, je la rejoignis dans son magasin sentant bon les divers arômes de café.

- Tout à l'heure, place du Marché-Gayot, il y a une fête. Tu m'accompagneras ? glissa-t-elle, mutine.

C'est une ravissante petite brune, son joli visage dévoile de charmants traits espagnols, sa poitrine se laisse deviner sous un chemisier rouge artistiquement dégrafé et provocateur. Toujours souriante, jamais un mot plus haut que l'autre. Grande travailleuse, je connais les sacrifices qu'elle a concédés pour ouvrir son commerce.

- *" C'est le prix de ma liberté ! "*, me confia-t-elle

dernièrement, avec un accent de fierté dans la voix.

Elle possède de magnifiques yeux noisette dans lesquels on entrevoit toute la joie de vivre du monde. Aussi étais-je étonné de l'entendre s'énerver.

- Oh ! Lionel moi, j'irai, j'ai besoin de me changer les idées. Ces contrôles incessants, ce slalom entre les barrières commencent à devenir épuisants. Et ces affrontements au Neuhof... non, mais tu te rends compte, Lionel, nous apprenons par la presse et la télévision ce qui se passe à quelques kilomètres de chez nous, alors que nous, nous sommes enfermés, encerclés, barricadés !

- Eh oui ! On n'aurait pas dû dire aux habitants du Neuhof-Stockfeld qu'il n'y avait pas de risques ! Tu as vu les photos dans les Dernières Nouvelles d'Alsace ? Ils *(les anti-OTAN)*, ont érigé un barrage en récupérant des objets sur le chantier d'une maison. Ils ont pénétré et dérobé, dans plusieurs jardins de la rue, ce qui leur tombait sous la main, du mobilier, des chaises, des bancs, tout ce qui pouvait leur servir pour alimenter un brasier !

Elena ébaucha un geste d'impuissance et se dirigea vers sa machine à café.

- Un autre ? proposa-t-elle.

Troublé par nos commentaires, j'acquiesçai machinalement d'un signe de tête.

*

Au pont du Rhin, la pharmacie, la seule du quartier, l'office de tourisme, l'hôtel Ibis, l'ancien et vétuste poste de douane flambent. Cagoulés et armés de barres de fer des militants Black Blocks y ont mis le feu puis ils ont défoncé la porte de l'église et écrit sur le toit de la chapelle cette phrase de Victor Hugo : " *La religion n'est autre chose que l'ombre portée de l'univers sur l'intelligence humaine.* "

L'école, quant à elle, demeura indemne grâce aux habitantes du faubourg, faisant barrage de leurs corps. Samedi, deuxième jour du sommet de l'OTAN, d'immenses fumées noires s'élèvent dans le ciel strasbourgeois. Tout au long de l'après-midi, la situation restera très tendue. Dans la matinée, les forces de l'ordre empêchèrent plusieurs centaines de manifestants de rejoindre le point de rassemblement du cortège. Raison officielle : la cérémonie du Port-du-Rhin avait pris du retard. Dès treize heures, les premiers heurts avec les représentants de l'autorité publique débutèrent.

Nous étions quelques-uns, commerçants pour la plupart, à siroter un verre sur la terrasse devant la cathédrale. Derrière nous, elle était bien entourée. Une bonne douzaine de véhicules bleu et blanc montaient la garde. Nous nous retrouvions une dizaine à table et chacun y alla de son commentaire. Le sentiment se dégageant était un sentiment d'écœurement, vis-à-vis des saccages et de l'attitude de la police. A l'unanimité tous trouvèrent ces

débordements inacceptables !
- Je ne comprends pas pourquoi on laisse manifester des gens encagoulés avec des barres de fer à la main ! constata une mignonne blonde.
- Que l'on défile, d'accord ! approuva un petit gros profitant des premiers rayons de soleil pour faire prendre l'air à sa chemise à fleurs. Mais pas en cassant ! poursuivit-il, en ingurgitant d'une gorgée magistrale la moitié de sa pinte de bière. Vous vous rendez compte que nous avons évité le pire ici, au centre-ville ?

Une autre blondinette, les cheveux bouclés, le maquillage parfait, jupe Chanel gris souris sur chemisier rouge, collier de perles en sautoir, jambes gainées de nylon, escarpins rouges aux pieds, affirma :
- Le centre sans voitures, moi j'aime. Je préfère caresser les chevaux de la garde républicaine...
- Pour les livraisons, je commande un attelage ? demanda ironiquement le restaurateur qui avait entendu la réflexion de la blonde. Tout ça, c'est du flan, ajouta-t-il. Lors des réunions de notre corporation, les représentants de la ville nous encouragèrent à jouer le jeu pour donner une image séduisante de Strasbourg. Résultats ? Hormis de rares et peu rentables *cantines* pour les bleus, la majorité d'entre nous, restaurateurs, comptent zéro dans la caisse. A part assurer le rôle de dame-pipi pour les forces de l'ordre et les pompiers, ils n'ont

guère aperçu grand monde.
- Pas de voyous non plus ! souligna la charmante jeune fille aux cheveux couleur des blés avec un sourire digne d'une page de pub. Il paraît qu'il en arrive d'Allemagne et des pays de l'Est, par voitures, camions et wagons entiers.
- Un millier de casseurs ! Vous avez vu de quoi ils sont capables ? Il ne faut pas mettre tous les manifestants dans le même sac, d'accord ! Si les autres débarquent à dix mille, d'après ce que j'ai compris, ils pourraient nettoyer chez eux ! Non ? reprit le petit gros en se tortillant sur sa chaise.
- J'ai entendu dire que le déjeuner de Nicolas et Carla au Kammerzell a été annulé ! Au moins, cette note de frais ne sera pas à payer, remarquai-je en riant !
- Banquer ? s'insurgea, acerbe, le restaurateur. Qui va raquer ? Comme toujours toi, moi, vous, nous, les contribuables ! C'est inadmissible !
- Leur tralala de zones n'est, de toute façon, pas au point ! lança Jean-François le boulanger qui avait subi, à maintes reprises, l'ire des forces de l'autorité.
- Combien de fois, ai-je eu du mal à passer les postes de contrôle ! A croire que ma tête ne leur revenait pas ! ajouta-t-il.
- Vous avez vu Yves, le type qui vend des instruments de musique ? demandai-je. Lui, il a trouvé le mot juste. Sur sa vitrine, il a inscrit en très grosses lettres noires : *“ OTAN fermer le magasin. ”*

Hilarité générale, suivie de l'appel de la serveuse pour commander une autre tournée.

- Je ne pensais pas qu'il viendrait si peu de monde en ville ! s'étonna Marie-Hélène la pâtissière. On pourra me dire ce qu'on veut, mais le centre était tellement difficile d'accès et le climat si angoissant que les gens sont restés chez eux.

- Qui a reçu un journaliste dans son magasin ? reprit Jean-François. Ou un quelconque membre d'une des délégations ? La ville, l'Etat nous supplièrent d'ouvrir nos boutiques en nous faisant miroiter un nombre considérable de chalands ! Résultat, une cité abandonnée, morte, et un chiffre d'affaires égal à zéro. Nous sommes les dindons de cette farce grotesque, de bout en bout !

- Moi, je trouve que toutes ces devantures obstruées par des planches ou ces vitrines masquées par des rideaux donnent une image glauque de notre belle capitale européenne ! s'emporta l'autre blonde.

- Ce qui est intolérable, c'est cette infiltration dans la manifestation par ces groupuscules venant pour casser et mettre le feu, s'indigna Georges, patron d'un commerce de vêtements.

- Certainement, mais il y a aussi des choses positives, constatai-je.

Plusieurs visages incrédules se tournèrent vers moi, arborant un air sceptique.

- Réfléchissez ! Strasbourg sans voitures, la mise en place de tout ce barnum, les rues désertes laissées

aux chats, un peu comme lors de l'exode de 1940, un événement à expérimenter, non ? Les uniformes...
- Hé, Lionel ! m'interrompit Georges. Aurais-tu déjà oublié le bruit des hélicoptères survolant la ville de jour comme de nuit, ou les sirènes des véhicules de police confondant nos artères avec le circuit de Monaco ? Quant à 1940, il me semble que tu ne l'as pas vécu, ou alors dans les spermatozoïdes de ton papa ! Moi, oui, et crois-moi il n'y a pas de comparaison possible ! Et puis tiens, puisqu'ils ont tellement la pétoche, pourquoi n'organiseraient-ils par leur sommet de merde dans une base militaire ? Hein ? Pourquoi ? Pas assez confortable pour les derches sensibles de ces messieurs dames ? Allez, ces gens-là nous méprisent et se fichent de nous comme de leur première chemise !

Ayant dit, il chopa une chopine de bière, la déglutit d'un trait, et ponctua la fin de sa tirade par un rot sonore.

- Et nos salariés ? Tu y penses ? car pour toi c'est simple, tu n'en as pas ! Mais nous, Lionel ? m'apostropha le petit gros.

L'humain reste un drôle d'animal. Un mouton ! Il suffit qu'un des siens ouvre une brèche pour que les autres s'y engouffrent allègrement. En l'espace de quelques minutes, les commentaires acerbes fusèrent de toute part !

- Pourquoi, les bleus ont-il mis plus d'une heure avant d'intervenir au Port-du-Rhin ?

- Parce que les ordres ne leur parvinrent pas plus tôt ! s'insurgea Georges qui venait de siffler deux chopines de mousse, coup sur coup. M'enfin, vous êtes crédules ou quoi ? Il y a des uniformes partout pendant ce sommet, jusque dans la campagne strasbourgeoise, les chemins de terre autour de l'aéroport ; et là où il se passe du grabuge, ils sont absents ! Allez, on a délibérément sacrifié ce quartier déshérité sans aucun état d'âme. Depuis des années, le bâtiment de la douane devait être démoli, et par manque de crédits cette opération demeurait en attente. Maintenant, la question ne se pose plus !
- Tu insinues que...
- J'insinue que dale ! rétorqua sèchement Georges. Je dis que la police laissa une heure aux Black Blocks pour exécuter le sale boulot, et qu'on pria les soldats du feu de se retirer !
- Qui donna l'ordre aux pompiers de battre en retraite en abandonnant un hôtel en flammes derrière eux ? s'enquit Elena.
- Demande à la préfecture, peut-être te répondront-ils ! lança Georges.
- Peut-être ! concéda-t-elle. Mais tu ne peux pas affirmer ces choses sans raison. Je suis sûre qu'ils rechercheront les coupables.
- Moi, j'aurais distribué des badges à tous les manifestants ! proposa la blonde.

Pas celle avec la jupe Chanel, l'autre. Un peu gênée, elle ajouta :

- Ben oui ! A nous aussi, on nous a remis des laissez-passer sur présentation de notre identité. Ils pourraient appliquer ce système pour tous ceux voulant défiler en paix ! Ainsi, on éviterait de mettre tout le monde dans le même sac !

Neuf têtes aux regards médusés se tournèrent vers elle. Personne ne se fendit d'une remarque, quelques-uns pouffèrent en silence, d'autres se mordirent discrètement les lèvres ; seul Georges haussa, ostensiblement, les épaules.

- Regardez ! s'exclama Elena.

Au bout de la rue, des ouvriers municipaux commencèrent à débarrasser les barrières. Des vivats et des applaudissements s'élevèrent de quelques tables. Il était dix-sept heures ; l'état de siège levé, la vie pouvait reprendre son cours normal. Enfin presque. Port-du-Rhin, la manifestation continuait. Les nouvelles sur les ondes ne rassurèrent guère. Des milliers de personnes furent prises au piège dans un cortège de plus en plus désorganisé, encerclé, manifestants et *(ou)* casseurs. Je remarquai que beaucoup d'individus écoutaient la radio sur des transistors ou des Ipods. La plupart des participants, estimant que leur sécurité n'était plus assurée au sein du défilé, essayèrent d'en sortir. Peine perdue, la crainte des autorités que de petits groupes se reformassent au centre-ville interdisait tout espoir d'échappatoire. Quelques familles, celles de l'immeuble voisin de l'hôtel Ibis, seront relogées par la ville. Le maire les consola et reconnut : “ *Votre colère est légitime. On va essayer de comprendre ce qui s'est passé.* ”

La nuit commençait à tomber lorsque nous quittâmes la terrasse du restaurant. Au courant de la soirée, je décidai de me mettre au vert. J'en informai Elena :

- Je resterai fermé jusqu'à jeudi, dis-je. En cas d'urgence, tu me passes un coup de fil ?
- Bien sûr. Tu sais que tu peux compter sur moi, me répondit-elle avec un sourire enjôleur.

Nous arrivâmes, main dans la main, devant nos magasins respectifs. Un léger effleurement de la chevelure d'Elena, une bise un peu appuyée et je montai me coucher.

Seul !

*

Chapitre 10

Je rentrai dès mercredi matin. Aucune nouvelle de Samira. Par contre, d'Elena oui ! Elle m'informa que des individus *bizarres* venaient, de temps en temps, voir si mon magasin était ouvert. Plusieurs fois, depuis lundi, elle remarqua deux grands gaillards, de noir vêtu, arpenter la rue et par moments, s'arrêter en face de ma bouquinerie.

Charles aussi téléphona pour me dire qu'il participerait à la manifestation des habitants du Port-du-Rhin. Ils défileront pour protester contre le comportement des forces de l'ordre, qu'ils accusent de les avoir laissés tomber. Moi aussi je m'y rendrai, en compagnie d'Elena et de quelques amis de notre rue.

- Quatorze heures à l'école du quartier ? proposa Charles.

- D'accord, à mercredi, lui répondis-je.

C'est finalement devant l'emplacement de la pharmacie que les gens : parents, enfants, personnes âgées se rassemblèrent. En tête du cortège, marchait une rangée de blouses blanches : les employés de l'officine, maintenant en chômage technique. Au sein de la manif, *(environ deux cents manifestants)* les commentaires allaient bon train. Certains ressassaient inlassablement le film du 4 avril, comme pour arriver à l'exorciser. Le slogan du jour : *" Port-du-Rhin en colère ! "*.

- Les cagoulés ? Des voyous ! Des lâches ! Des petits malins aussi, ne vous y trompez pas. Samedi dernier, à la fin de la manifestation, ils brûlèrent leurs habits noirs et rejoignirent les contestataires pacifistes pour se fondre dans la masse, démontrant par la même un fonctionnement organisé et bien rodé, une mise au point digne de commandos.

Derrière moi, un participant se plaignit qu'on ne pouvait même pas exiger la démission du préfet.

- Celui-là, il savait comment la situation évoluerait ! s'insurgea-t-il. Il devança son renvoi en demandant sa mutation dès le mois de mars ! Il (*le préfet)* continue d'affirmer que les forces de l'ordre étaient parfaitement proportionnées aux événements !

- Il n'était certainement pas présent au Port-du-Rhin, lui, samedi, enchaîna acerbe un autre manifestant.

- *" Du reste, le fait que le sommet se soit déroulé et qu'il n'y ait pas eu de problème dans Strasbourg le prouve. ",* dira Michèle Alliot-Marie, ministre de l'Intérieur, s'adressant au gouvernement, depuis l'Assemblée nationale mardi 7 avril.

Personne ne l'a instruite, cette brave dame, que Neudorf et Port-du-Rhin ne constituent pas des communes limitrophes de Strasbourg, mais bien des quartiers de la ville ?

- Et nos enfants qui assistèrent à toute cette violence, qui pense à nos enfants ? Comment leur expliquer cette sauvagerie ? hurla une mère de famille.

Peut-être l'une de celles ayant fait barrage de leur corps aux casseurs devant l'école.

- Combien de temps vont-ils mettre pour nous rendre les lieux débarrassés des stigmates de ces journées de honte ? demanda un monsieur âgé en costume de velours brun, avec un drapeau multicolore posé sur les épaules.

Certains propos pouvaient paraître excessifs, mais le sentiment dominant restait celui d'une profonde tristesse. Au loin, j'aperçus Charles accompagné d'un groupe d'amis. Je lui fis un signe de la main. Je fus surpris par le petit nombre de participants présents ce jour ! Une poignée, comparativement à samedi dernier. Comme quoi, le vieil adage, *"Chacun pour-soi et Dieu pour tous ! "*, a encore de beaux jours devant lui. Lentement, le cortège progressa vers la Place de l'Etoile, via la route du Rhin, puis vers le Centre administratif, rejoint vers la fin du parcours par le maire de Strasbourg. Il expliqua aux manifestants son intention de présenter au Président de la République une première ébauche de facture, et il espérait que l'Etat mettrait la main à la poche. Il ajouta en substance : *" Dans le cadre des réparations dues à votre quartier et des projets qui sont les nôtres pour en faire un deuxième quartier européen de Strasbourg, l'Etat devra intervenir fortement. "*

Une salve d'applaudissements accueillit cette déclaration. Il était peut-être un peu tôt pour se lancer dans des promesses, non ? Pour ma part, j'en avais assez vu et entendu. Je proposai à Elena de boire un café au bistrot du coin.

- *" Tu cafe no me importa ! Dame mucho mas cariño, una noche caliente es lo que quierro ! "*.

- Que dis-tu ? demandai-je en me tournant vers ma voisine.

- Que j'ai faim ! répondit-elle avec un éclatant sourire aux lèvres, en glissant son bras sous le mien et en m'entraînant vers le restaurant de la Bourse.

*

Ma boutique est rarement ouverte le samedi et uniquement sur rendez-vous. Comme on dit dans le milieu du commerce, il sied d'afficher *pignon sur rue ;* de disposer d'un bureau et d'un endroit où ranger les papiers concernant l'administratif, charge incombant en presque totalité à ma secrétaire, Madame Louise Bruckner. Vieille fille dévouée, elle n'a pas été formée à l'école des trente-cinq heures. Du matin neuf heures au soir dix-neuf heures, du mardi au vendredi, cette collaboratrice, efficace et cultivée, assure par sa présence indéfectible la bonne marche de mon magasin. Il n'est pas rare qu'un nouveau client, lorsque je le reçois dans mon bureau, lance :

- Comme je disais à votre maman !

Invariablement, je souris, mais me garde bien de le détromper ! C'est vrai qu'elle représente une seconde mère pour moi. Depuis de longues années, elle gère mon quotidien : mon pressing, mon réfrigérateur, mon comptable, mes impôts, de même que mon agenda. Si je sors et que le temps tourne à l'orage, elle m'incitera de sa voix douce et mélodieuse :

- Lionel, vous devriez prendre un parapluie, il va pleuvoir tantôt.

Depuis bientôt dix ans que ça dure, la pluie respecta toujours le rendez-vous annoncé par Madame Bruckner. Quand je pense que dans cinq ans environ elle validera ses droits à la retraite, j'ai le spleen ! En cette fin de samedi après-midi *(il était plus de dix-sept heures)*, les ruelles du centre-ville commencèrent à se vider. Je décidai de m'arrêter à la boutique avant de monter chez moi pour me changer. Depuis une semaine, je cherchai Samira un peu partout en ville. En vain ! J'ouvris la grille protégeant la porte d'entrée. De chaque côté de celle-ci, de puissants rideaux métalliques assuraient la protection des devantures.

Mes vitrines abritent peu de livres. D'une part, parce que je préfère un étalage sobre et, d'autre part, parce que les livres sont très sensibles à la lumière. De part et d'autre, dans chacune d'elles, pas plus de trois ou quatre volumes, choisis avec le plus grand soin ; une écritoire de monastère avec son encrier et sa plume d'oie ; de l'autre côté la presse à piston du XIXème, servant actuellement de coffre-fort à *l'Hortus Deliciarum*. Je me contentai de pousser le battant derrière moi et me dirigeai dans l'obscurité vers mon bureau situé au fond du local. Je l'avais presque atteint, lorsque la porte d'entrée se rouvrit avec fracas. Le temps d'apercevoir deux silhouettes, toutes de noir vêtues, et je reçus un coup de poing dans la figure qui m'assomma aussi sec. Avant de m'écrouler, je vis les étoiles de la Voie lactée défiler devant moi en cinémascope. Une giclée d'eau en pleine poire me remit les idées en place. Deux types, réplique de frère Emmanuel, étaient penchés sur moi. Décidément, ils devaient bénéficier d'un prix de gros auprès d'un tailleur écoulant son stock de toile teintée noire. En plus, ils commençaient à confondre ma boutique avec une salle de musculation. Dans un mouvement de rébellion, j'essayai de me redresser. Mal m'en prit : un shoot dans le ventre me cloua au sol. Un deuxième coup de pied dans les côtes me coupa le souffle. Un de mes agresseurs me saisit par les cheveux et, en tirant de toutes ses forces, me força à me lever.

- Alors, monsieur de Sandner, vous semblez ne pas vouloir comprendre !
- Je crois qu'il va falloir lui causer sur un autre ton ! ajouta son complice, tandis qu'il renversait les étagères de livres avec un plaisir manifeste et un sourire sadique aux coins des lèvres.
- Ecoutez-moi, avant de tout saccager…

Je ne pus terminer ma phrase. Une claque assénée avec force m'envoya effectuer un tour complet sur moi-même.
- Oh ! Je pose les questions, tu réponds ! Capito ?

Je hochai la tête. Le deuxième malfrat continua tranquillement à balancer les livres sur le sol. Pourvu qu'ils ne mettent pas le feu pensai-je. Mon tortionnaire me chopa par le col, serra au point que l'air me manqua très vite.
- Sandner, rends-nous ce manuscrit ! Maintenant ! Tout de suite !

Je ne pus réagir j'étais en train d'étouffer. Son collègue dut le remarquer :
- Si tu l'asphyxies, il ne parlera pas !

C'est Nietzsche qui a dit : *" Il faut vivre dangereusement ! "* Si par hasard l'envie lui prenait d'échanger nos places, lui, qui a tant écrit sur la volonté de puissance, j'accepterais avec plaisir ! Pan ! Une baffe sonnante et pas trébuchante pour un sou me ramena au débat présent !
- Il n'esgourde même pas mes questions, le rigolo ! s'indigna l'un des bandits.

- Je te garantis qu'il va filer doux sinon ça va être sa fête. Viens le tenir.

Ayant les mains libres, le premier malfrat en profita pour m'expédier un crochet à l'estomac tandis que le deuxième m'enserrait les bras. Je suffoquais et commençais à voir des étoiles tournant en farandole autour de ma tête. Mes agresseurs portaient la même tunique avec capuche que mon précédent visiteur, si bien que dans l'obscurité de ma boutique il me fut impossible de distinguer leurs traits.

- Ecoutez, leur dis-je en reprenant mon souffle, j'ai mis le manuscrit en lieu sûr. Même si vous passez le week-end à me tabasser, je ne pourrai vous le remettre.

- Nous avons affaire à un plaisantin ! éructa l'un des malfaiteurs.

- Non , non pas du tout ! m'exclamai-je, entrevoyant d'autres sévices. Pire, que par malchance, ils tombent sur ma cachette. Vous connaissez comme moi la valeur de cet ouvrage ! Raisonnablement, je ne pouvais pas le garder ici au magasin, beaucoup trop dangereux...

- Vous nous prenez pour des cons, Sandner ?

- Je vous jure que non, réfléchissez, j'ai dépassé l'âge de jouer aux cow-boys et aux Indiens ! Ce manuscrit est trop important pour le laisser traîner sur une étagère. Aussi, de suite après le passage de votre collègue, frère Emmanuel, je me suis empressé

de le confier à ma banque.
- Comme nous sommes samedi, l'établissement restera fermé jusqu'à lundi ! souligna l'un des malfrats, et l'autre enchaîna :
- Tu nous prends vraiment pour des glands, espèce de connard !

Pourquoi fanfaronnai-je à ce moment-là ? Toujours ma manie de ne pas voir le tragique des situations.
- Pas du tout, répondis-je, avec le pont de Pâques, la banque n'ouvrira pas avant mardi !

Une nouvelle pluie de coups s'abattit sur moi, et je sombrai dans le néant.

*

Il était encore tôt en cette matinée pascale, l'allée de la Robertsau était quasiment déserte. Frères Clément et Henri garèrent leur véhicule devant l'hôtel particulier du Grand Maître. Le premier rapport qu'ils délivrèrent au téléphone, vu la réaction de leur interlocuteur, ne leur laissait rien présager de bon. Leur mission se soldait par un fiasco total, et ils durent se rendre à l'évidence : cet enfoiré avait bien déposé le manuscrit dans son coffre. Ils avaient trouvé un reçu répertoriant le dépôt d'un ouvrage. Par acquit de conscience ils avaient continué les recherches dans la boutique. Elles s'étaient avérées négatives.

A peine eurent-ils atteint le perron de l'immeuble que la porte d'entrée s'ouvrit sur la mine contrariée de sœur Marie-Ange. Elle les introduisit immédiatement dans le bureau du Grand Maître. Ce dernier, assis derrière sa table de travail, affichait la tête des mauvais jours. Sans autre forme de préambule, il tendit la main et dit :

- Montrez-moi ce reçu !

Frère Clément lui remit le récépissé. Le poing du Grand Maître s'abattit avec violence sur le bureau, un rictus acerbe lui barrait le visage.

- Je connais le directeur de cette agence. Je veux en avoir le cœur net ! ajouta-t-il en s'emparant de son téléphone.

Au bout de plusieurs sonneries, on décrocha.

- Cher ami, bonjour. Je suis conscient de l'heure matinale, mais il est impératif que vous me rendiez un service.

Il lui expliqua en deux mots le pourquoi de sa démarche et répéta d'un ton cassant :

- Oui, j'exige que vous alliiez maintenant à votre banque et que vous vérifiiez le dépôt de Sandner. J'attends votre appel dans l'heure ! … Merci, mon cher. Mes hommages à madame.

Il raccrocha d'un geste rageur. Discrètement, il appuya sur un bouton de sonnette. Aussitôt, la porte s'ouvrit, et sœur Marie-Ange lui apporta un petit déjeuner. Frère Clément et frère Henri n'avaient pas bougé d'un pouce. *(Un peu tard, dans la soirée de samedi, ils s'étaient rendu compte qu'ils avaient oublié de fouiller l'appartement du bouquiniste.)* D'un commun accord, ils décidèrent de taire ce fait au Grand Maître. Ce dernier se servait pour la troisième fois un toast beurré avec de la confiture d'orange amère, lorsque le téléphone troubla le silence pesant installé dans le bureau. Il prit soin de s'essuyer la bouche avec un coin de sa serviette, puis rinça les doigts dans une coupelle d'eau citronnée, but une gorgée de thé, et décrocha.

- Vous êtes sûr ? … Bien… Pourquoi un reçu ? … Ah oui ! Le coffre de la banque !… Je sais qu'il faut deux clefs pour y accéder !... Et bien sûr, vous ne disposez que d'une … Je vous remercie, cher ami. Mes amitiés à madame.

Il raccrocha et se resservit une tasse de thé. Tout en touillant sa boisson, il réfléchit aux propos du banquier. Il était presque certain que Sandner avait effectivement déposé *l'Hortus Deliciarum* à sa banque, et qu'il ne pourrait le récupérer qu'après le pont des jours fériés. Le livre de consigne mentionnait bien le dépôt d'un manuscrit dans le coffre-fort de l'établissement bancaire. Il convenait de s'armer de patience ! D'un signe de la main, il congédia ses sbires. Alors qu'ils se dirigeaient, l'air penaud, vers la sortie, la voix grave du Grand Maître les rappela :

- J'exige une surveillance constante de ce... de ce... de ce malotru ! Vingt-quatre heures sur vingt-quatre, est-ce clair ? Je ne tolérerai plus d'échec !

Frères Clément et Henri hochèrent la tête et sortirent.

*

Un cri dont les décibels pouvaient entrer en compétition avec un Airbus 380 au décollage me fit reprendre conscience. J'ouvris un œil, puis un deuxième. Tout était trouble, diffus autour de moi. J'entendis une voix familière crier :

- Monsieur de Sandner, que vous est-il arrivé ?

J'essayai de me lever, sans résultat. Je sentis une main me soutenir la nuque, et me trouvai le nez entre deux magnifiques petits seins bien fermes.

- Vous saignez, se lamentait Samira. Qui vous a maltraité ainsi ? J'appelle la police.

Je la saisis par la taille afin de l'empêcher de bouger et de mettre son idée à exécution. Abandonnant à regret la chaleur de ses seins, j'éructai d'une voix tellement rauque que je fus obligé de me racler la gorge :

- Non, pas la police, surtout pas ! Donnez-moi un coup de main pour me remettre d'aplomb, je vous expliquerai.

J'avoue que je ne fis aucun effort pour aider la jeune fille à me relever, aussi l'inévitable se produisit : nous nous retrouvâmes allongés sur le sol ! Je n'avais pas desserré mon étreinte et, comme

par hasard, nos lèvres se trouvèrent face à face. Le baiser qui suivit éclata en un véritable feu d'artifice dans ma tête. Au bout d'un long, très long moment, je murmurai à son oreille :
- Tu m'as manqué ! Je t'ai cherchée partout !

Je sentis le petit corps fragile de Samira frémir contre le mien. Je ne sais combien de temps nous restâmes étendus sur le plancher de ma boutique, sans un mot, sans un geste. Le temps suspendit son vol, et pour ma part, il pouvait continuer la grève et y ajouter les grandes et les petites vacances ainsi que toutes les RTT en rabe ! Les premières lueurs du jour filtraient à travers mes vitrines lorsque je me réveillai. De la rue me parvint le bruit feutré de cette journée dominicale. Je constatai que le rideau de fer de la porte d'entrée, et des deux devantures, étaient baissés. Samira avait glissé un coussin sous ma tête et s'était installée tant bien que mal dans le fauteuil de mon bureau. Je fus attendri de la voir ainsi, avec ses longs cheveux noirs, dont quelques mèches étaient nattées à la rasta. Son visage triangulaire, aux pommettes hautes, avait un joli teint hâlé et s'agrémentait de deux magnifiques fossettes dès qu'elle souriait. Son tee-shirt largement échancré mettait en valeur ses seins menus. Son pantalon baggi et ses baskets rouges, par contre, ne me plaisaient pas du tout ! J'essayai de me lever, ne put m'empêcher de gémir. Instantanément, Samira s'éveilla et bondit hors de son siège.

- Monsieur de Sandner, attendez, je vais vous aider, s'écria-t-elle en se précipitant vers moi les bras tendus.

Péniblement, avec son concours, je parvins à me redresser. J'avais mal partout, nonobstant j'étais heureux. Je serrai la jeune fille contre moi et sentis son souffle chaud sur ma poitrine. Ses bras m'enlacèrent avec délicatesse et, encore une fois, il me sembla que nous étions seuls au monde. Je cherchai ses lèvres et l'embrassai avec fougue. Je me conduisis comme un ado, j'en eus bien conscience, mais pour rien au monde je n'aurais changé quoi que ce soit à ce moment d'intense bonheur.

- Samira, soupirai-je, montons chez moi soigner mes blessures…

- Vous devriez vous rendre à l'hôpital faire des radios, Monsieur de Sandner, suggéra-t-elle.

J'éclatai de rire, ce qui m'arracha un nouveau cri de douleur. J'ajoutai :

- Je me prénomme Lionel !

- Je sais qui vous êtes ! dit-elle avec un air de gamine farouche.

- Aide-moi Samira, grommelai-je en lui tendant la main.

- Vous… Tu n'es pas raisonnable, corrigea-t-elle, en me prenant le bras.

*

Dans les vieux quartiers de Strasbourg, les logements sont rarement très grands, aussi j'agrandis les miens en en réunissant deux en un. Je fis aménager l'un des appartements en cuisine, salon, bibliothèque, et l'autre en chambre à coucher, dressing, salle de bains. Je pris particulièrement soin de la qualité de l'isolation et du double vitrage, indispensable quand on habite le centre-ville. Bien qu'entièrement refait à neuf, je veillai à conserver un cachet à mon intérieur, en respectant les antiques poutres, les boiseries, le parquet en chêne. Sacrifiant à la mode, j'optai pour une domotique tout électrique, programmable par ordinateur, tout en préservant dans le salon et la chambre à coucher les cheminées. Je m'entourai d'objets hétéroclites, qui me plaisaient ou pour lesquels j'avais eu un coup de cœur. Dans l'entrée, d'anciens jouets en tôle, dont une motrice *crocodile Märklin* des chemins de fer suisses, cadeau de mon grand-père et valant actuellement une véritable fortune. Des voitures miniatures *Dinky Toys,* avec leur emballage d'origine, cadeaux de ma marraine, voisinaient avec des statues et statuettes en bronze et en ivoire, héritage de mes parents. Au mur, des toiles de maître et des gravures, de tous les styles, me rappelaient leur passion. Dans ma chambre à coucher, j'avais gardé le mobilier de mon enfance. Lit, armoire, secrétaire et sièges *Lalique*. De part et d'autre de ma couche, deux grandes lampes aux glycines en verre multicolore *Gallé* diffusaient une lumière d'une nuance claire et douce comme celle du pastel.

La jeune fille m'aida à me déshabiller en poussant par moments de petits cris de surprise. Il est vrai que ma peau commençait à prendre des teintes jaunes, bleues et rouges ! Les huiles essentielles parfumant mon bain, et la présence de Samira, me prodiguèrent une intense sensation de bien-être. Elle rayonnait de beauté. Ses yeux en amande lançaient mille feux et sa bouche maquillée de rouge invitait à la sensualité. Tandis qu'elle me pressait délicatement une éponge sur le corps, une lueur de colère traversa son regard.

- Qui a bien pu vous arranger ainsi ?
- Une bande de fanatiques, répondis-je en grimaçant, et ils n'y sont pas allés avec le dos de la cuillère, ces enfants de salauds !
- Vous…
- Tu, Samira, tu...
- Ne devrais-tu pas prévenir la police ?
- Pas pour le moment Samira, il faut que j'analyse tout ce pataquès. Maintenant que tu es là, je n'ai nulle envie de perdre ma journée au commissariat. Je vois d'ici les questions, les rapports à taper ; non, pas ça, pas aujourd'hui, un jour férié, en plus. Non, non ! Je reste près de toi.

Elle me remercia d'un tendre baiser. Je l'attirai dans le bain. Tandis que je la débarrassais de ses vêtements, je parcourus des lèvres chaque parcelle de son anatomie. Nos respirations devinrent de plus en plus fortes. J'admirai sa poitrine juvénile dont le bout des seins durcissait à chaque passage de ma langue. J'insinuai ma main entre ses jambes. Elle sursauta, émit une timide plainte et murmura haletante :

- Mon chéri, je suis vierge. Je me donne à toi. Je veux être tout à toi ! Prends-moi !

Nous fîmes l'amour tout en douceur, avec une extrême tendresse. Après, avec enthousiasme. Par la suite, avec frénésie ! Ensuite, sans retenue ! ! Puis avec fougue ! ! ! Et pour finir... rideau ! ! ! !

*

Il était plus de dix-neuf heures lorsque j'arrivai au relais du Landseck. A la réception, Isabelle discutait avec un groupe de Japonais. Guy, le portier de nuit, m'adressa un petit signe :

- Bonsoir, monsieur de Sandner. Madame vous attend chez elle.

Je négligeai l'ascenseur et montai les escaliers quatre à quatre. Je poussai la porte de l'appartement de Christine et fus ému par les effluves de son parfum. Le bruit de la douche me renseigna sur les activités présentes de la locataire. Fatigué, je me laissai tomber sur son lit et essayai de voir clair en moi. Le manuscrit, son message, mes agresseurs, Samira... et Christine !

Christine était très belle ; grande, élancée, de longues jambes pouvant défier à n'importe quel moment celles d'Adriana Karembeu, une superbe crinière rousse et des seins fermes et haut placés. Elle affichait la beauté épanouie des femmes mûres. Elle portait la quarantaine comme un saint-cyrien porte son shako : avec panache. Je m'étais habitué à son corps, à ses lèvres, à son rire, à ses manies. J'aimais sa culture, sa classe, sa manière de s'habiller, sa manière de vivre. Quand elle sortit de la salle de bain vêtue d'un ensemble en dentelle et fleurs multicolores, soutien-gorge, culotte, porte-jarretelles et bas de chez *Chantal Thomas*, je sentis une boule me nouer la gorge. Elle était sublime ! Me voyant affalé sur son lit, elle me demanda avec une moue contrariée :

- Chéri, tu te souviens que nous nous rendons à l'opéra ce soir ?

Mon air surpris la renseigna mieux qu'une réponse.

- Si, il a oublié ! *"Roméo et Juliette"* à l'Opéra du Rhin ! Ce soir ! Oh trésor ! C'est incroyable, mais où as-tu la tête ces derniers temps ? Dépêche-toi d'aller te préparer.

Je me levai et m'exécutai. Comment pouvais-je avouer à cette femme magnifique, que je fréquentais depuis bientôt dix ans, que toutes mes pensées se focalisaient sur une jeune fille, de vingt ans sa cadette !

Lorsque je sortis de la salle de bains, j'étais déterminé : quoiqu'il m'en coûtât, il convenait de mettre les choses à plat. Je n'en pouvais plus de mentir et je lui devais une explication. Elle portait une superbe robe noire à manches ballons et décolleté en V. Je pris une profonde inspiration et me dirigeai vers Christine. Au même moment, mon téléphone portable sonna. Intrigué, je décrochai.

- Monsieur de Sandner ? s'informa une voix inconnue. J'espère que le deuxième message vous suffira. Le troisième s'adressera à votre petite amie, et enfoncez-vous ça dans la tête, il n'y aura pas de quatrième avertissement. On s'est bien compris ? Je vous donne jusqu'à samedi, dernier délai, pour nous remettre l'ouvrage que vous savez. Vous saisissez où est votre intérêt et... celui de votre compagne ?

J'articulai un " *Oui, je...* ". L'autre avait déjà raccroché. Je restai planté au milieu du salon, les yeux fixés sur mon téléphone.

- Chéri, que se passe-t-il ? demanda Christine inquiète.

Le moment du grand déballage était venu. Je lui racontai tout : le coup de fil de Guillaume Schangauer, les manuscrits, *l'Hortus Deliciarum*, l'acheteur bizarre, les deux malfrats, les menaces, les recherches de Charles, le saccage de la bouquinerie et… l'aide de Samira. Je ne m'attendais pas à une scène de jalousie, ce n'est pas son genre ; néanmoins sa voix ferme, celle que j'appelais sa voix *businesswoman* me fit l'effet d'une douche froide.

- Eh bien, mon cher, je constate que vous vous êtes mis dans de sales draps !

Pourquoi, eus-je l'impression que cette allusion visait Samira ? Elle enchaîna :

- Qu'avez-vous décidé ?

Comme si je le savais ! Cette question, je me la posais depuis des jours ! Alors là, comme ça, à chaud donner une réponse ! N'exagérons pas ! D'un ton acerbe je répondis :

- Je n'en sais rien ! Nous pensons, Charles et moi, qu'il s'agit d'une secte, et qu'ils veulent récupérer cet ouvrage à n'importe quel prix !

- Lionel, lança Christine avec une intonation excédée, je me fiche de vos manuscrits, de vos livres, je me fiche de votre Charles, je vous demande qu'elle est votre décision concernant cette gamine !

- Arrête de me vouvoyer Christine, tu me parles ainsi lorsque tu es irritée.

Répartie bien maladroite, j'en convins, et qui mit instantanément le feu aux poudres.

- Ah parce que tu crois que je n'ai pas de raisons d'être en colère ! Je découvre tes frasques et tes mensonges, et tu estimes sincèrement que je n'ai pas de raisons de me mettre en colère ! martela-t-elle. Lionel, est ce qu'un jour tu vas grandir ? Est-ce qu'un jour tu pourras envisager de te conduire en adulte ? Un adulte, as-tu seulement une idée de ce qu'est un adulte ?

J'évitai de répondre et attendis la fin de son explosion de rage.

- Depuis des jours je suis sans nouvelles de toi, j'apprends, pêle-mêle, ton agression, ton refus d'entreprendre les démarches nécessaires auprès des autorités, ton implication dans une histoire de secte ou de je ne sais quoi, et en prime, tu m'annonces que... qu'une...

- Samira ! Christine.

- Samira, si tu veux ! hurla-t-elle. Une traînée, une salope, une gamine, pas même une femme, jouant à la sainte nitouche, volant au secours de Monsieur…

- Chris ! intervins-je

- Non ! Rien, je ne veux plus rien entendre ! Je suis extrêmement déçue, Lionel. Je croyais que nous partagions une confiance totale, l'un envers l'autre, et je découvre qu'il n'en est rien. Laissez-moi maintenant.

- M'enfin Chris !

- Je vous prie de ne pas insister !

- Mais...

- Dehors ! ! !

Un mouvement d'humeur me fit prendre la porte, que je claquai au risque qu'elle sorte de ses gonds, elle aussi. En descendant, contrarié, les escaliers, je commençai seulement à réaliser la peine que je causais à Christine ! L'idée de faire demi-tour et de me jeter à ses pieds m'effleura une fraction de seconde, mais je la connaissais trop bien pour savoir qu'elle n'était pas femme à pardonner si facilement. D'ailleurs, je n'étais pas sûr d'avoir envie qu'elle me pardonnât ! Lorsqu'il me vit arriver dans le hall, Guy le portier, ouvrit la bouche de stupéfaction.

- Madame ne part pas avec vous ? s'inquiéta-t-il.

- Non, elle ne sortira pas ce soir. Bonsoir Guy.

Une fois au volant de ma Mercedes je me rendis compte que je portais mon habit de soirée. La pendule du tableau de bord indiquait vingt-trois heures dix. A l'Opéra, la rupture de Roméo et Juliette devait être consommée ! Il me semblait que notre relation prenait la même voie. Sur l'écran de mon téléphone de voiture, un numéro en absence était affiché. Mon cœur se mit à battre plus fort : il correspondait au portable de Samira. Je composai les dix chiffres, alors que je quittais le parking du relais du Landseck. Elle décrocha de suite.

- Azizam, où es-tu ? demanda-t-elle d'une voix plaintive. Je suis devant chez toi, depuis plus de deux heures, et je m'inquiète.

- Chérie, tu as la clef, m'étonnai-je, pourquoi ne montes-tu pas ?

- Parce que je n'ose pas ! Et puis il y ta concierge ! répondit-elle penaude.

Un juron m'échappa.

- Ne me crie pas dessus, implora-t-elle suppliante.

- Excuse-moi mon trésor, rectifiai-je, monte, j'arrive dans quelques instants.

- *Man bé to fekr mikonam (mon chéri, je pense à toi)*, viens vite ! ajouta-t-elle.

J'écrasai le champignon de la voiture, empruntai un sens interdit et, dans la foulée, brûlai un feu rouge ! Je cumulai les conneries ! Ne dit-on pas que la passion rend aveugle ? Parfois aussi, elle rend idiot ! Dix minutes plus tard, je garai mon véhicule dans son box du parking Gutenberg, et me dirigeai vers mon domicile, le cœur battant.

*

Après le petit déjeuner, pris au lit, nous refîmes l'amour intensément. Lors de leur nuit de noces, dans la nuit du 12 au 13 octobre 1822, Victor Hugo et sa femme Adèle s'aimèrent neuf fois.

Nous, de même... *(? ! ? !)* Si, si !

Je n'arrivais pas à me rassasier de Samira. J'adorais sa peau hâlée, sa bouche gourmande, ses petits seins fermes, sa toison crépue... J'appréciais sa manière de bouger, son odeur, ses plaintes allant crescendo jusqu'à atteindre le paroxysme du plaisir. La matinée était fort avancée quand elle se rendit à la salle de bains. Je m'étirai voluptueusement entre les draps, savourant le calme de cette matinée, le corps et les sens apaisés.

Au moment où elle sortit de la salle de bain, au bout d'une heure quand même, empêtrée dans un de mes peignoirs, elle constata :

- Chéri ! Je n'ai rien à me mettre !

J'éclatai de rire. Toutes, pareilles ! Je suppose que la gent féminine possède dans son A.D.N. un gène supplémentaire se nommant *vêtements* ! Quelles que soient les circonstances, une femme n'oubliera jamais son apparence !

- Mon trésor, c'est un jour férié aujourd'hui, ça m'étonnerait que tu trouves une boutique ouverte ! la chahutai-je.

- Ah zut alors ! Mais il faut que je me change ! répliqua-t-elle d'un ton mutin. Je vais chercher quelques affaires chez moi, si tu es d'accord ?

- Tu es chez toi ici, mon amour ! Installe-toi à ton aise, lui confirmai-je en la prenant dans mes bras et en la pressant sur mon cœur.

Elle me repoussa gentiment et, en me regardant avec de gros yeux, me confia :

- Oh ça, ce n'est sûrement pas l'avis de ta gardienne !

Ma concierge ? Une personne tout à fait charmante et compétente, gérant mon immeuble du temps de mon père déjà. Certainement un malentendu, tantôt je ferai les présentations.

- Samira, à présent, tu fais partie intégrante de ma vie, tu peux, tu dois te considérer comme la maîtresse des lieux, lui dis-je.

Elle explosa de joie :

- Vrai ? Tu veux bien de moi, Azizam ?

- C'est mon vœu le plus cher. Je t'accompagne, je ne

supporterai plus la moindre séparation ! ajoutai-je en la serrant très fort.

Je dus faire un effort pour la relâcher et me diriger vers la salle de bain.

- Accorde-moi une demi-heure pour me préparer, sollicitai-je.

Dans ma tête, les images tournoyaient en une farandole joyeuse. J'avais le cœur en fête. J'avais l'impression de revivre, voire de renaître, de sortir d'une interminable somnolence, rythmée de quotidien et d'habitudes. Il me sembla, tout à coup, instantanément, redécouvrir mes cinq sens. D'abord, il y eut la vue quand, admirant la beauté juvénile de la jeune fille dans son plus simple appareil, je m'élevai vers un nirvana de désirs. Ensuite le son de sa voix, me murmurant des mots dans un iranien mélodieux *(et totalement incompréhensible pour moi)*, réveilla mon ouïe. Puis vint l'odorat, lorsque je humai avec délectation les fragrances de son corps. Le toucher, alors que mes doigts parcouraient les monts et les vallées de son anatomie, et enfin le goût tandis que je buvais avec délices ses larmes de félicité ou que je dévorais avidement sa bouche. Avec Samira je goûtai, comme une toute première fois, dans leurs plénitudes, toutes les délices des sens.

*

Notre première, petite, dispute d'amoureux, concerna le moyen de locomotion. Elle décida que nous irions en tram. Je ne pus m'empêcher d'éclater de rire :
- Samira ! Je ne suis plus monté dans un tramway depuis des lustres ! C'est bien la peine de disposer de plusieurs voitures et même d'un scooter pour mes déplacements urbains, et devoir se résoudre à emprunter des transports en commun puants ! Laisse-moi commander un taxi au moins.

Si j'avais supputé un seul instant que ma tirade impressionnerait ma compagne, je l'aurais eu *in the baba*. Sa réponse me cloua le bec :
- Moi, dit-elle, je ne possède qu'un vélo, de temps en temps je prends le tram, mais j'ai des tonnes et des tonnes d'amour pour toi !

Nous utilisâmes les services de la C.T.S. *(La Compagnie des Transports Strasbourgeois)* ! Nous nous rendîmes place de l'Homme de Fer. Elle acheta les tickets, les composta, et nous montâmes dans le tramway en direction de Hoenheim. Il n'y avait, en ce matin de jour férié, pas grand monde à bord. Samira et moi, nous nous tenions enlacés dans le fond de la rame. C'est place de Pierre que l'incident se produisit, lorsqu'une bande de jeunes loubards investit le tram et, dès qu'ils nous aperçurent, commença à nous apostropher et à nous gratifier de remarques pour le moins désobligeantes, tout en gesticulant et en braillant à tue-tête dans le wagon.

Les rares passagers de la rame se contentaient, soit de regarder le paysage, soit de faire semblant de lire leur journal ! Je trouve inadmissible qu'une horde de vauriens imberbes confondent un transport en commun avec une salle de gym ! Je trouve tout aussi intolérable que certains voyageurs, dont quelques-uns dans la force de l'âge, aient une telle attitude passive ! J'avais été choqué par la célèbre phrase de Sarkozy : *" Nous allons nettoyer au karcher ! "*

Aujourd'hui, j'aurais aimé en prendre un dans chaque main... un Kouchner (*hein ? pardon ?*)... un karcher, voyons ! Le comportement hostile de quasiment tout le groupe ne me semblait pas de bon augure. Je n'étais pas du tout disposé à faire le coup de poing avec cette bande d'excités, encore moins à tolérer la moindre agression. La situation devenait tendue et, je l'avoue, je n'en menais pas large. De plus, à l'arrêt Wacken, trois autres jeunes montèrent dans la rame. J'anticipai la conclusion sinistre de notre premier voyage en tramway ! D'autant plus que les trois nouveaux venus se dirigeaient droit sur nous. Samira se leva, fit la bise à chacun des trois et me présenta. Nous nous serrâmes les pognes. Instantanément, comme par miracle, le calme réapparut dans le tram. Le reste du trajet se passa sans incident. Nous descendîmes à la station Raisin d'Or. Je contemplai le quartier, composé de pavillons avec pelouse et garage, et demandai à Samira :

- Tu préfères que je t'attende ici ?

Une lueur de soulagement dans ses magnifiques yeux marron me confirma que je devinais juste. Elle souhaitait affronter sa famille seule.

- Va ! Je patienterai le temps nécessaire, lui dis-je.

Tandis qu'elle se hâtait vers la rue du Château de Hohlandsberg, je méditai le mot *tolérance*. Vingt minutes plus tard, elle était de retour, un petit bagage à la main, les yeux rougis.

- Sam ? m'informai-je, inquiet.
- Ce n'est rien, répondit-elle en reniflant, emmène-moi loin d'ici, Azizam.

Je hélai un taxi remontant fort opportunément l'avenue. Il nous déposa place Gutenberg. Le centre-ville commençait à s'animer. De retour à mon appartement, je lui proposai de s'installer à sa guise. Sur le répondeur m'attendait un message de Charles. Il voulait que je vienne chez lui le plus vite possible. La pendule affichait dix-huit heures et des poussières, et je n'avais pas vraiment envie de ressortir, ni de laisser Samira seule. Cependant, Charles ne téléphonait jamais sans raison. Je pris le combiné et composai son numéro. Il décrocha immédiatement :

- Bonjour, Lionel. Viens tout de suite.

Et il raccrocha. Je regardai mon appareil avec stupeur. Qu'il n'aime pas discourir longuement au téléphone, je le savais. Là, il battait des records. Je compris qu'une excuse de ma part ne serait pas bien accueillie. Bon gré mal gré, j'obtempérai. Dans la chambre, j'entendais Samira ranger ses affaires. Je la rejoignis. Penchée sur son sac, elle offrait à ma vue une croupe parfaite. Je la saisis par-derrière et la serrai fort contre moi.

- Je dois ressortir, murmurai-je à son oreille.

D'un mouvement brusque, elle se retourna et répondit :

- Oh non ! Je me faisais une telle joie de passer la soirée avec toi.

- Juste une petite heure, chérie, et je serai de retour, je le promets !

- Parole ?

- Oui trésor ! Juré, craché. Profites-en pour t'installer, tu es chez toi ici.

Elle me sauta au cou et un long baiser scella cet accord. Déséquilibrés, nous roulâmes sur la moquette, et c'est avec peine que je m'arrachai des bras de Samira. Je pris les clefs de mon véhicule et gagnai rapidement le parking Gutenberg. J'appréciai la couleur argentée de ma Mercedes. Dans le box adjacent au mien, était garée exactement sa sœur jumelle. Voltaire écrit dans sa correspondance : *"Les beaux esprits se rencontrent !"*

Les belles voitures parfois aussi ! J'enclenchai la vitesse automatique et quittai le parc de stationnement par la sortie des abonnés. Arrivé sur les quais, je lâchai un juron ! J'avais oublié mon téléphone portable ! Tant pis, mais je n'avais nulle envie de me mettre en retard, bien qu'en ce jour férié, la circulation demeurât fluide. Dix minutes plus tard, je rejoignis l'autoroute, direction le petit village d'Avolsheim, où Charles et Michèle séjournaient, à présent, de plus en plus souvent, ne supportant plus, à leur âge, le bruit des incessants travaux défigurant régulièrement la ville. Pire, au fur et à mesure des changements, ils y perdaient leurs repères, au point de devenir des étrangers dans leur propre cité ! Il est vrai qu'en l'espace de quelques années Strasbourg avait beaucoup changé. Moi, qui depuis mon plus jeune âge arpentais le centre-ville, je trouvais insupportable la succession de boutiques franchisées qui l'envahissaient, au détriment de commerce de proximité tenu par des gens du cru, connaissant la clientèle depuis des lustres, parfois sur plusieurs générations, et capables de s'exprimer et de comprendre notre dialecte alsacien. Dans le poème *Le Cygne,* tiré du recueil *“ les Fleurs du Mal”,* Charles Baudelaire écrit : *“ Le vieux Paris (le vieux Strasbourg ?) n'est plus, la forme d'une ville change plus vite, hélas ! que le cœur d'un mortel. ”*

J'en étais là de mes réflexions lorsque j'arrivai devant la demeure de mes amis. Charles m'attendait sur le trottoir. Je n'eus guère le temps de me garer que déjà il s'installait dans mon véhicule.

- Allons au château, me dit-il.

- A la Robertsau ? m'exclamai-je. Pourquoi ? Pour y

faire quoi à cette heure-ci ?
- Parce qu'il existe un deuxième manuscrit, et qu'il y a des chances qu'il soit caché dans le souterrain, dans cette fameuse salle dont tu m'as parlé. Maintenant oui, tout de suite, car il ne faut point remettre au lendemain ce qu'on peut entreprendre le jour même, en ce qui nous concerne, plutôt la nuit ! Satisfait, votre honneur ?
- A quoi bon discuter avec vous, Charles, répondis-je, contrarié dans mes projets. De toute façon, vous avez toujours réponse à tout !

*

Chapitre 11

Avenue de la Robertsau, en face du siège de la secte, une grosse berline noire immatriculée à Zurich, en Suisse, se gara sur le terre-plein central, exceptionnellement peu chargé en ce jour férié. Le chauffeur ouvrit les portières, et trois individus en pardessus sombres s'en extirpèrent. D'un pas rapide, ils se dirigèrent vers l'entrée de l'immeuble cossu, où résidait le Grand Maître de l'Ordre des Herratiques. Sœur Marie-Ange, bien que fort surprise, les introduisit immédiatement dans le bureau de son coryphée. Celui-ci se leva d'un bond et se précipita, la main tendue vers les arrivants.

- Messieurs ! Quelle surprise de vous voir ici ! Prenez place, je vous prie.

Débarrassés de leurs pardessus par la sœur, les trois hommes s'installèrent dans de confortables fauteuils près de la porte-fenêtre donnant sur la pelouse. Déjà elle revenait avec un plateau chargé de rafraîchissements. D'un regard le Grand Maître la congédia. *(Il assurerait le service personnellement).* Pas un mot n'avait été échangé. L'un des trois individus, un petit rondouillard, le crâne dégarni, chaussé de lunettes à double foyer, prit la parole. D'une voix dure, il débuta :

- Arnaud, si nous avons entrepris ce déplacement, c'est parce que les instances supérieures ont eu vent de vos agissements à Strasbourg, et qu'elles en sont fortement contrariées, c'est peu de le dire !

Interloqué, l'interpellé fit mine de se lever. Un geste péremptoire de son interlocuteur l'en dissuada.

- Arnaud, les agitations de ces derniers jours indisposent grandement des gens haut placés. Ils voient d'un très mauvais œil les comptes-rendus alarmants nous parvenant à votre sujet.

Dans son fauteuil, le Grand Maître s'agita nerveusement. De grosses gouttes de sueur perlaient à son front.

- Expliquez-nous en détail l'histoire de cet incunable, dont votre Ordre demeure le dépositaire et qui tout à coup fait parler de lui, *(enchaîna le deuxième visiteur, celui lui faisant face).*

Le Grand Maître développa un rapport complet des événements récents. La mise en vente de la bibliothèque Schangauer ; l'entrée en scène du libraire Sandner ; les tentatives pour se réapproprier l'ouvrage de sœur Herrade ; les différents échecs. Et... les raisons pour lesquelles il était indispensable de le récupérer.

- Arnaud, votre souci de rentrer en possession de ce manuscrit s'avère tout à fait louable. Cependant, je me permets de vous rappeler que le principe même d'une société secrète réside dans le fait de le rester. Or, les erreurs commises par vous ces derniers jours compromettent cette règle. D'ici peu, toute cette affaire s'étalera à la une des journaux et ça, nous ne pouvons, ni ne voulons le tolérer !
- Souvenez-vous d'un précédent fâcheux ! Ne nous obligez pas à entreprendre de semblables épurations qu'il y a dix ans, dit le troisième homme en pointant un doigt menaçant vers le Grand Maître.

Ce dernier se recroquevilla dans son fauteuil. L'allusion semblait on ne peut plus claire. Dans un éclair, il vit des chalets enflammés, des corps carbonisés étendus dans l'herbe, la présence des médias. Il pensa à toute la publicité et les commentaires publiés à l'époque, les allégations malsaines fusant de partout, les mises en cause, voire la mise en accusation pour certains, et non des moindres. Comme s'il suivait le cheminement de la pensée du Grand Maître, le plus menu des trois reprit d'une voix désagréable :
- Arnaud, que depuis des décennies vos petites sociétés occultes se livrent à des simulacres de magie noire, que vous vous distribuiez des tuniques lors de séance d'intronisation sur fond de walkyries en fureur nous indiffère. Que de temps en temps, vous molestiez des *vierges consentantes* pour

aiguiser la libido de vos frères et sœurs nous laisse indifférents ! Même vos rituels avec gladiateurs, chevaliers et templiers nous feraient plutôt sourire. Mais vous, Arnaud, qui occupez une fonction à responsabilités, vous ne pouvez prendre le risque de compromettre des intérêts, de loin plus importants que le sacerdoce sacro-saint que vos ancêtres confièrent à votre Ordre.

Il saisit parfaitement l'allusion ayant emprunté le même parcours que certains puissants, installés aux postes clés de nombreux gouvernements. Combien de financiers, d'agents secrets, de généraux, d'hommes politiques, de gens de la mafia, avait-il côtoyées au cours de ces soirées d'initiation, où on leur enseignait la mystagogie de rites inconnus, la lecture de textes ésotériques, les tenues et les grades. Investis, pensaient-ils, d'une mission divine, ils s'instauraient les garants de la survie de l'humanité. Aussi pouvaient-ils tout se permettre et donner une légitimité à leurs entreprises criminelles. Tout, à la seule condition de demeurer dans l'ombre, et surtout de ne pas mettre en péril le principal nerf de la guerre : l'argent. Il se sentit de plus en plus mal à l'aise. Si trois importants responsables helvètes se déplaçaient personnellement à Strasbourg, l'affaire s'avérait sérieuse et ne resterait sûrement pas sans conséquence ! Il tentait d'échafauder un scénario cohérent lorsque le visiteur élégant reprit la parole :

- Dans votre rapport, vous omettez l'intervention de

Charles de Maîstres, l'ami de Sandner !

Assommé par ce qu'il venait d'apprendre, il eut du mal à saisir l'importance de la chose. Il ne trouva pas d'explication valable.

- Cette personne est intouchable, vous comprenez, Arnaud ? enchaîna son vis-à-vis. Intouchable ! C'est un Illuminé de très haut grade. Tâchez de ne pas l'oublier et veuillez le traiter en conséquence et avec tous les égards dus à son rang, martela son interlocuteur avec vigueur.

- De Maîstres ? demanda-t-il incrédule.

- Charles de Maîstres, tout à fait, vous avez bien entendu ! Trentième degré dans l'ordre de la franc-maçonnerie ! rétorqua le petit au nez orné de deux culs de bouteille montés sur une armature et qu'on appelle communément des lunettes.

Le Grand Maître sembla atterré par ces révélations ! Son regard inquiet alla de l'un à l'autre de ses visiteurs. Vainement, il chercha une réponse, une justification. N'en trouva aucune. Il poussa un profond soupir et écarta les mains en signe d'impuissance. Dans un ensemble parfait, les trois hommes se levèrent, et sans une attention pour leur hôte, sortirent du bureau.

Il resta effondré dans son siège. Les pensées les plus sombres s'entrechoquaient dans son esprit. Il connaissait la loi pour l'avoir appliquée maintes fois. Celui qui a fauté, qui a trahi le secret, doit disparaître. Telle était la règle intangible, et il considéra les menaces des responsables suisses directes et réelles. Le téléphone sonna. D'un air las, le Grand Maître s'extirpa de son fauteuil, se dirigea vers sa table de travail et décrocha :

- Nous suivons Sandner et son ami. Ils ont pénétré dans le château. Devons-nous procéder à leur élimination ? s'informa frère Henri.

- Surtout pas ! hurla-t-il dans le combiné. Aucune violence physique ! Essayez, dans la mesure du possible, de les bloquer sur place, sans plus. Aucune agression, vous ne les touchez pas ! Compris ?

- Tout à fait ! répondit frère Henri, et il raccrocha.

Se tournant vers frère Clément, il lui fit part des consignes reçues :

- Les ordres stipulent de les retenir, en douceur, dans la crypte ; après, le big boss avisera. Est-ce clair pour toi ?

Son interlocuteur opina du chef et, d'un air dégoûté, approuva par un laconique :

- Allons-y.

Les deux coreligionnaires s'engouffrèrent à leur tour dans le souterrain. Habitués aux lieux, ils n'eurent point besoin de lumière pour se diriger dans les dédales du sombre boyau. D'ailleurs, un bruit de voix leur parvenait depuis la salle des célébrations. Silencieusement, ils se rapprochèrent de la grande porte en bois et fer forgé donnant accès à la cave voûtée. Les deux intrus y discutaient. Dire qu'il eut suffi de quelques instants pour se débarrasser

définitivement de ces deux gêneurs ! Frère Henri haussa les épaules. D'un signe de la main il désigna à frère Clément la lourde porte. Ce dernier acquiesça d'un hochement de tête et il la ferma, sans qu'il y eut le moindre grincement,. Dans le même temps, frère Henri tapa un code sur le cadran encastré près du pêne. Un son métallique lugubre, le glissement de barres de fer, d'enroulement de chaînes et le claquement sec de pênes pénétrant dans les gâches, confirmèrent la fermeture de la porte. De l'autre côté, des poings rageurs martelèrent le battant.
- Bon ! Ces deux-là dormiront bien au chaud cette nuit.

Les deux hommes ressortirent du souterrain. Arrivé à leur voiture, frère Henri composa un numéro sur son téléphone portable et délivra son rapport. Puis il raccrocha et se tourna vers son compagnon :
- Vu l'humeur du Grand Maître, quelque chose nous a échappé dans cette mission !

*

Un bruit métallique me fit sursauter. La grande porte en bois venait de se refermer derrière nous. Nous étions bel et bien enfermés. Je parcourus, avec ma lampe, le battant de haut en bas et de long en large, dans l'espoir de découvrir le système permettant l'accès.

- Economise la lumière, Lionel ! me sermonna Charles.
- Nous devons pourtant sortir d'ici, répliquai-je énervé. Il doit exister un moyen pour ouvrir et fermer cette porte !

Au bout d'un moment, je sentis sous mes doigts les arêtes d'une sorte de boîtier. Je rallumai et constatai qu'effectivement j'avais trouvé un semblant de digicode. J'informai Charles de ma trouvaille.
- Il suffit à présent de percer le code, et de préférence rapidement... Il ajouta : Tu imagines le nombre de combinaisons, Lionel ?

Je pianotai au hasard. Rien ne se produisit. J'essayai une deuxième fois. Sans résultats. Penaud, je décidai de faire diversion.
- Que pensez-vous de ce célèbre code Voynich, apparu sur le marché dernièrement ?

Mutisme de Charles. Dans le silence pesant de notre prison, j'entendis les crissements de sa barbe, qu'il caressait avec application, signe d'un intérêt manifeste !
- Superbe manuscrit enluminé du XVIème siècle, rédigé dans un alphabet et une langue inconnus. D'aucuns affirment qu'il doit son nom à l'antiquaire l'ayant découvert en Italie en 1912 chez des jésuites, récitai-je.
- Cet écrit de jeunesse de Léonard de Vinci ! soupira-t-il.

Je ne relevai point et continuai :

- A mon avis, l'alphabet utilisé par l'auteur de ce manuscrit correspond à une variante du copte, auquel s'ajoutent quelques lettres d'égyptien démotique. Or nous savons que les textes de l'hérésie gnostique étaient écrits en copte. De là à supposer que nous ayons affaire à un manuel de rituels et d'incantations magiques, il n'y a pas loin ! Mon raisonnement tient la route, non ?

Mon exposé ne reçut aucun commentaire. Cependant, je pratiquais depuis trop longtemps mon interlocuteur pour m'en offusquer. J'étais habitué à ses moments de silence. Je devinai, je sentis, dans les ténèbres de cette salle, qu'il attendait impatiemment la suite.

- Et les dessins, Charles ! Ils ne ressemblent pas à ceux que nous connaissons des magies grecque, arabe ou alexandrine. Ils semblent plutôt se référer aux superstitions d'origine juive ou chaldéenne. Vous l'avez certainement remarqué vous-mêmes, presque toutes les figures des illustrations représentent des femmes, souvent dessinées à l'intérieur d'organes humains. D'où retour à ma première idée : le code Voynich, un texte de pure sorcellerie, constitué d'invocations à la face féminine de la divinité, celle de la lune, l'obscurité.

Je n'espérais certes pas voir mon ami danser la gigue au son des tambourins, ni me nominer au prix Nobel de la découverte ! Nonobstant, sa réponse fusa, encore plus cinglante que je l'eusse supposé !

- Vinci ! Lionel, Vinci, je te dis et le prouve !

Déçu qu'il ne veuille même pas examiner mes suggestions, je décidai, de couper court :

- Charles ! Vous croyez que c'est le moment de me donner la solution du code Voynich, alors que jusqu'à présent personne n'a déchiffré ce manuscrit et que sa nature et son origine restent un mystère !

- Oh ! Juste quelques indications. Moi, ce qui me frappe dans ton Voynich c'est la présence de la quasi-totalité des thèmes explorés par Léonard : herbier, architecture, anatomie des appareils sexuels et astronomie.

- Léger, Charles, très léger !

- Tout le monde, enchaîna-t-il, est intrigué par les dessins de femmes nues se tenant dans des bains : en fait, des baignoires d'accouchement comme on le pratiquait à Florence et dans le nord de l'Italie depuis la fin du Moyen Age. Qu'y a-t-il de surprenant à cela, tu peux me le dire ?

- Je pense que nous devrions mettre vos connaissances de la cryptanalyse à profit pour le décryptage de notre énigme actuelle ! répliquai-je.

- Chaque chose en son temps, Lionel, répondit-il avec son flegme habituel. Certains éléments me chiffonnaient sur tes photos de *l'Hortus Deliciarum,* aussi, je les ai redimensionnées et étudiées méticuleusement...

- Vous avez agrandi mes clichés ? bafouillai-je.

- Mais oui mon garçon, confirma-t-il. Tu as bien

profité des leçons de ton père, mais, comme souvent, tu as sauté l'un ou l'autre cours ! Ce qui me turlupine, disais-je, ce sont les mots tracés au pied et en haut de la tour de David.

Il sortit un morceau de papier de la poche de son gilet, le déplia et lut :

- “ *Théop... Pres...”,* le reste est effacé. Un peu plus loin et placé en dessous de la première inscription *“...uck”* et *“...ott”,* là aussi la suite demeure illisible. Vers le haut de la tour, à droite, à côté d'un écu, j'ai déchiffré le terme “*...achie* ”. Toutes les notations proviennent de la même main, c'est certain.

J'en restai bouche bée ! J'avais passé des nuits entières sur ce manuscrit, et ces inscriptions m'avaient totalement échappé ! J'en étais vert de rage. Je me tournai vers Charles et dit :

- C'est tout ce que vous avez décrypté ou vous gardez par-devers vous d'autres surprises pour plus tard ?

- Ne sois pas vexé, sans grossissement tu ne pouvais pas découvrir ces gribouillages, car c'est bien de ça qu'il est question : de gribouillages. L'analyse de l'écriture révèle un individu ayant l'habitude d'écrire, mais dont la calligraphie semble hésitante. Certainement, cette personne traça-t-elle ces mots en toute hâte. Un moine, un copiste, aurait soigné les pleins et les déliés ! Je te montrerai les agrandissements, tu verras, des graffitis sur un mur.

Tout en parlant, il inspectait minutieusement,

de haut en bas, les parois de la salle avec la lampe torche qu'il avait récupérée.

- Et le code pour sortir d'ici...? demandai-je agacé.

Il fit la sourde oreille et continua son inspection.

- As tu réfléchis à quoi pouvaient correspondre les fragments de griffonnages évoqués tantôt ?

J'eus un mouvement d'humeur, que je réprimai immédiatement. Je côtoyais, depuis trop longtemps déjà, mon vieil ami pour savoir que mes priorités ne concordaient pas toujours avec les siennes.

- *" Théop...",* à Théophilus probablement, un prénom moyenâgeux, les autres lettres apparemment les restes de noms ou de prénoms, proposai-je.

Il hocha la tête en signe d'approbation.

- D'accord avec toi : *" Théop... Pres...",* s'applique sûrement à Théophilus Presbyter, un moine allemand qui vécut au début de XIIème siècle, auteur d'un traité connu sous le vocable de *"Schedula diversarum artium"* ou *"Le liber diversis artibus "* un véritable recueil du savoir technique du Moyen Age. Dans son *" Encyclopédie ",* il présente, pour la première fois en termes clairs, les connaissances concernant la fabrication des couleurs ainsi que différentes notions sur la peinture et leurs supports, bois, toile, vélin, verre. Il aborde également l'art du vitrail, de la mosaïque, du niellage, de l'orfèvrerie ou encore celui des colles. Quant aux autres mots gribouillés *"... uck ","... achie " , "... ott",* je sèche.

Il revint s'asseoir à côté de moi.

- Deux ouvertures, plus petites, sans poignées, donc accès par l'extérieur, aucun endroit où dissimuler un manuscrit ; je me suis trompé, admit-il. Pourtant, il existe un deuxième *Hortus Deliciarum*, celui que tu as vu, ici, dans cette salle. Les chances de le découvrir en ces lieux semblaient minces, mais il fallait le tenter, et au plus vite vu les circonstances, tu comprends, Lionel ? s'excusa-t-il, désolé de m'avoir fait déplacer en pleine nuit.

- Je connais votre impatience légendaire, je ne vous en veux pas.

Déçu, il s'enferma dans un mutisme pensif. Quant à moi, j'essayais de deviner à quoi, ou comment, associer les deux mots inscrits sur la tour de David. Au bout d'un moment, j'abandonnai. Mon esprit était occupé par Samira.

- Elle doit s'inquiéter ! lâchai-je ému.

- Qui ? s'esclaffa Charles.

Je lui racontai tout. Mes sentiments pour Samira ; ma soudaine flambée d'amour pour cette jeune fille ; la douce impression de me trouver devant mon double parfait. Un être, de sexe opposé, exprimant les mêmes aspirations et désirs que moi, une sensibilité et une force identiques. Un complément féminin, ma *moitié* retrouvée.

- Eh bien ! Eh bien ! Il ne manquait plus que ça ! soupira-t-il à la fin de ma longue et prétentieuse tirade enflammée.

- Je l'aime, Charles ! répondis-je, en haussant les épaules.
- Certes, reprit-il, mais, du mioche en culotte courte ou de Lionel de Sandner, qui me parle ? Quitter Christine pour une gamine ? Enfin voyons, Lionel, tu n'es pas sérieux ? Cette lubie, mon garçon, te passera aussi vite qu'attrapée !
- Oh ! Charles ! Je vous supposais plus d'ouverture d'esprit ! De plus, je me permets de vous rappeler qu'à quatorze ans je ne portais plus de culotte courte depuis belle lurette ! rétorquai-je désabusé.
- Et Christine ? Tu l'as mise au courant ? questionna-t-il.
- Oui, je lui ai tout raconté. Bien sûr, elle le prend très mal. Je n'y peux rien, je n'ai encore jamais éprouvé ce que je ressens pour Samira.
- De toute façon, elle n'est pas une femme pour toi !
- Vous ne la connaissez même pas et vous, ni une, ni deux vous émettez un jugement péremptoire ! m'emportai-je.

Il secoua la tête, contrarié.

- J'essaye de t'avertir qu'un amour aussi fusionnel que le vôtre risque de se terminer tragiquement !
- Alors, je dois penser à une hypothétique fin et me priver du bonheur présent ? Vous m'avez inculqué une manière différente d'appréhender l'existence, Charles !
- Oui, mais je t'ai aussi appris que tout se paye dans la vie et parfois cash !

- C'est cela : *“ Le bien mal acquis mal finit ! ”*
- Quoi ? Que dis-tu ? s'écria-t-il.
- Je philosophe, Charles. Comme vous le savez, vous au savoir initiatique dû, peut-être à une forme d'inspiration supérieure, c'est une citation de Plaute, auteur latin, né deux siècles av. J.-C., pour vous servir !

Il ne tint aucun compte de ma remarque et s'exclama avec frénésie :

- Mais oui ! Mal acquis... Malachie ! Tu as trouvé ! s'exclama-t-il avec frénésie. Il y a de fortes chances que le mot inscrit sur la tour de David corresponde à Malachie ! Tu te rends compte, Lionel, Malachie d'Armagh, dont l'ami, Bernard de Clairvaux publia la biographie peu après la mort, en 1148, de cet évêque d'Irlande !
- Le Malachie, dont Arnold de Wyon édita les prophéties en 1595 ? La fameuse prophétie des papes ? interrogeai-je sceptique.
- Pourquoi pas ? Malachie, Bernard de Clairvaux, Herrade de Landsberg, vécurent à la même époque ! Ces illustres personnages ont pu se croiser à un moment ou un autre de leur existence !
- Autour d'une tasse de thé ? m'esclaffai-je.
- Un peu de sérieux, mon jeune ami, me sermonna-t-il. Je prétends qu'au XIIème siècle, ils fréquentaient l'espace rhénan, et qu'une éventuelle rencontre n'est pas à exclure !
- Je vous le concède volontiers, Charles, mais ce

n'est ni le lieu, ni le moment, pour en débattre ! Il me tarde de partir d'ici !
- Je te suis, dit-il, en me désignant la porte du doigt.
- Vous avez le code ? demandai-je étonné.
- Il est sûrement fort simple, affirma-t-il en souriant.
- D'accord avec vous, et ce serait ?

Lentement, avec des gestes mesurés, il tassa, avec son bourre-pipe, le tabac dans le fourneau de sa bouffarde. Puis il sortit un briquet de sa poche et posément alluma sa pipe.
- Et ce serait ? questionnai-je pour la deuxième fois, agacé.
- Cherche encore, mon cher ; avec un peu plus de persévérance tu peux y arriver ! m'encouragea-t-il en riant.
- Charles, m'emportai-je, je ne tiens pas à finir ma nuit dans ce trou à rats, ni vous non plus, je suppose. Alors, si vous vouliez avoir l'extrême obligeance de me faire bénéficier de vos augustes lumières !
- 2036. Tout simplement, pouffa-t-il.

Je demeurai bouche bée. Dans le silence de la cave, je pus sentir sa jubilation.
-2036, bafouillai-je. Pourquoi les solutions les plus simples m'échapperont-elles toujours ?
- Parce que tu n'as pas l'esprit assez ouvert, suggéra-t-il, avec un zeste d'ironie dans la voix.

Heureusement qu'en raison du manque de clarté, il ne put voir le regard noir que je lui lançai.
- Dès l'instant où la porte s'est refermée derrière

nous, le code s'est avéré évident pour vous, n'est-ce pas ?
- Peut-être bien, jubila-t-il, mais *"Il ne faut point que celui qui sait, jette dans le trouble les esprits lents, aux lumières imparfaites. "*... et puis j'aime confronter ma réflexion avec la tienne.

Il ajouta goguenard :
- Histoire de vérifier que l'amour ne t'a pas rendu gaga !

Exaspéré, je répondis :
- Voilà un bail que nous sommes retenus dans ce souterrain ! J'ai faim ! Ne croyez-vous pas que nous ferions mieux de sortir d'ici avant un retour inopportun des membres de la secte ? Est-il utile que je vous rappelle que nous sommes enfermés dans cette salle, et qu'à tout moment ces dangereux individus peuvent revenir ?

Il haussa les épaules, mais dut admettre le bien-fondé de ma remarque.
- Tu as raison. On y va ? demanda-t-il.
- Un peu, oui !

Je rallumai ma lampe torche, et nous nous précipitâmes vers la porte.
- A toi l'honneur, proposa-t-il.

Je tapai le 2, 0, 3, 6, sur le clavier du digicode. Stupeur ! Pas un son, ni le moindre grincement ! Rien ne se passa ! Une bouffée de colère me submergea et je me tournai vers Charles :
- Dites donc, vous êtes sûr de ce que vous avancez ?

Il ne releva pas, ferma les yeux et caressa sa barbe, signe d'une intense concentration chez lui. Au bout d'un moment, il suggéra :
- Appuie sur les quatre chiffres en même temps !

J'obtempérai. Instantanément, un bruit de mécanisme se mettant en branle, de cliquetis de chaînes, de pênes se *dégâchant (*dans le style du conte du petit chaperon rouge *: " tire la chevillette et la bobinette cherra "),* se firent entendre, et la porte s'ouvrit. Je donnai une bourrade à Charles :
- Vous resterez le meilleur. Sacré digicode, ajoutai-je en riant, je le voyais déjà engloutir ma carte master gold, cet enfoiré !

Quelques minutes plus tard, nous nous retrouvions dans le parc du château. Le ciel constellé d'étoiles nous remit du baume au cœur.
- On est vraiment peu de chose devant l'immensité de l'univers !
- Un grain d'atome, Lionel, voilà tout ! Tu as raison, que représentons-nous au regard de la nature ? Rien, sinon un gêneur, un empêcheur de tourner en rond ! Un vulgaire parasite, en somme.

Un coup d'œil à ma montre m'informa qu'il était presque cinq heures du matin. J'avalai une bonne bouffée d'air frais et proposai :
- Si nous allions manger un morceau ?
- L'amour donne faim ! s'esclaffa-t-il.
- Vous n'en avez pas marre de me chambrer ? suppliai-je.

- Qui aime bien châtie bien ! répondit Charles, non avare de maximes.
- Ventre affamé n’a point d’oreilles, dis-je, en le prenant par le bras et en l’entraînant vers la sortie du parc.

Le gazouillis des oiseaux seul troublait le silence de l'aurore et une printanière odeur d'ail embaumait l'atmosphère. A peine avions-nous progressé de quelques pas que je m’exclamai :
- Emmanuel !
- Encore une de tes conquêtes ? demanda-t-il.

Pour un peu j’allais exploser, *“dans le style crise du gamin à qui l’on refuse sa glace et qui trépigne sur place”* ! Je me retins, pointai un doigt vers un arbre, et balbutiai :
- Frère Emmanuel, là regardez ; le pendu, c'est lui, frère Emmanuel !

Non loin de la vieille chapelle, près du sentier menant à la petite porte dérobée, le cadavre de frère Emmanuel se balançait, au bout d'une corde, à la branche d’un gros chêne. La luminosité de cette fin de nuit de pleine lune, et surtout sa taille hors du commun, ne me laissèrent aucun doute quant à l’identité du pendu. Il ne pouvait s’agir que de mon visiteur. Humilié par l'affront subi devant les membres de la secte réunis au grand complet, anéanti par le chagrin, il n'avait pas trouvé d'autres solutions que de mettre un terme à ses jours.
- Pauvre homme, constata Charles, tout ça pour un

manuscrit ! Tu vois, Lionel, à quel point une société secrète peut déstructurer un être humain et l'amener à commettre un acte irréparable !
- Que décidons-nous ? demandai-je.
- A quel propos ?
- Mais... de frère Emmanuel !
- Rien, Lionel ! Nous ne pouvons plus rien pour cet homme et nous ne pouvons prendre le risque d'être impliqués dans une enquête policière. Il y a plus urgent à entreprendre que de s'expliquer avec les forces de l'ordre. Parfois, savoir se taire est une force; parfois, le plus souvent, c'est aussi une vertu !

A contrecœur, je me rangeai à l'avis de Charles. Alors que nous nous rapprochions de l'arbre, je remarquai un détail :
- Charles, regardez. Il a revêtu une tunique noire, avec un triangle d'argent et les lettres A et O. Personne ne pourra plus lui contester le droit de la porter !

En silence, nous rejoignîmes ma voiture.

*

Chapitre 12

Je commandai mon troisième café de la matinée, lorsque Charles me dit d'un air grave :
- Lionel, il faut que tu me rendes un service, un immense service !

Après notre nuit mouvementée dans les souterrains du château, cinq heures du matin sonnèrent au beffroi de mon bracelet-montre. Je mis le cap, pied au plancher et l'estomac dans les talons, vers le restaurant du marché-gare de Cronenbourg. Certes, la carte n'y débordait pas d'originalité, mais la viande était bonne, l'atmosphère bon enfant, Yolande toujours aussi alerte et Jean-Claude terriblement efficace derrière ses fourneaux. Nous jetâmes notre dévolu sur une tête de veau vinaigrette, suivie d'un faux filet maître d'hôtel pour Charles. Le tout, arrosé d'un Château Ferrand Saint-Emilion grand cru 96, tout à fait honnête.

Chaque fois que je pénètre dans ce restaurant, je pense au film de Julien Duvivier avec, dans les rôles principaux, Jean Gabin ainsi que Danièle Delorme : *“Voici le temps des assassins”*. Ce film reconstitue fidèlement l’atmosphère du carreau des Halles de Paris, dans les années 1950–1960. Les années passèrent, l’ambiance resta la même. Les allées et venues des différentes corporations, identifiables à leurs blouses ou leurs tabliers ; la carte proposant des menus qui calent, accompagnés d'un vin s’appréciant non à sa robe ou à sa cuisse, mais au nombre de degrés qu’il contient ; le verbe haut et fort et les blagues fusant de partout ; toute cette atmosphère traversa les années et les saisons avec cette incomparable note d'authenticité qui, longtemps, fit le charme de ce quartier de Paris. Le tintement d’un couteau sur le bord d’un verre me ramena au moment présent.

- Encore en train de rêver au beau sexe ?

Je souris en acquiesçant.

- Vous vous souvenez du film : *“Voici le temps des assassins”* ?

- Duvivier – Gabin – Delorme, énuméra-t-il.

- Exact. L’histoire d’André Châtelin, restaurateur réputé au *“Rendez-vous des Innocents”* qui tombe amoureux de Catherine, une séduisante jeune femme désemparée, interprétée par Danièle Delorme.

- Oui, enchaîna Charles, mais ce que Châtelin ne sait pas, c’est que l'ingénue est guidée par sa mère, son ex-femme Gabrielle, afin de le séduire et de lui soutirer sa fortune. En effet, une très belle production, qui restitue bien l'atmosphère des anciennes Halles de Paris. Il met en scène avec force et réalisme des personnages qui introduisent, dans un univers tranquille, le cynisme, le crime et la corruption.

Nous mangeâmes en silence, chacun tracassé par ses pensées. Malgré l'heure aurorale, je demandai un dessert. Charles, plus raisonnable se contenta d'un cognac. Mentalement, je me projetai le film de Duvivier, en séance privée, dans ma tête. Tandis qu'il dégustait son eau-de-vie de raisins à petites lampées, j'avalai mon premier expresso.

- *Whouaaaa ! ! !* m'exclamai-je. Ce jus tiendrait éveillée une couvée entière de novices lors de l'office de lecture des laudes !

- Tu bois trop de café, me sermonna-t-il.

Je ne répondis point et commandai un deuxième petit noir, perdu dans mes préoccupations. A toutes les tables, les conversations allaient bon train. Les forts des halles étaient aussi des forts en gueule. Un coup d'œil sur la pendule murale m'informa qu'il était sept heures trente passées. Depuis notre arrivée, chaque place libre avait trouvée immédiatement un nouvel occupant. Je réclamais mon troisième caoua de la matinée, lorsque Charles annonça d'un air grave :

- Lionel, il faut que tu me rendes un service, un immense service !

- Pardon ? sursautai-je, alors qu'en rêverie, je me

promenai sur les bords de la Marne, près de la guinguette du film. Excusez-moi Charles, je vous écoute.

- Lionel, vu la tournure des événements, je souhaiterais que tu suives mes instructions à la lettre, sans chercher à comprendre. Te souviens-tu de Claude Bénézit ?

Je sifflai le rassemblement immédiat de mes souvenirs. Claude Bénézit ? Du fin fond de mes microscopiques cellules grises apparut une image diffuse.

- Bénézit ? Le dictionnaire des artistes, des peintres et des sculpteurs ?

- Oui, et sa référence vivante : Claude.

Entre temps, le fichier se reconstitua dans mon esprit. *" Bon Dieu...mais c'est, bien sûr ! ",* comme disait le commissaire Bourrel, dans *" Les cinq dernières minutes. "*

- Claude Bénézit ! Mais c'est bien sûr ! Un compagnon d'armes littéraire, pour vous, Charles.

- En effet. Il s'est retiré, il y a bien longtemps déjà, dans un chalet des Vosges, près de Kaysersberg. Voici un plan, le lieu-dit s'appelle Salem. Après Kaysersberg, tu prendras direction Fréland, il y demeure quasiment en ermite. Donc pas moyen de le joindre rapidement. Aussi tu iras le voir, dès aujourd'hui, et tu lui remettras le mot que je t'écrirai tantôt. Quant à moi, je me rendrai cet après-midi en Suisse, accompagné de *l'Hortus Deliciarum* que tu me confieras tout à l'heure. Je pense qu'il est urgent d'entreprendre certaines vérifications.

Puis, il enleva une chevalière, qu'il portait à l'auriculaire gauche, et me la tendit :

- Mets cet anneau. Ainsi, Claude te reconnaîtra et agira en conséquence.
- Heu !
- Non Lionel, pas de questions, pas maintenant. On se retrouve dans deux jours chez Claude. J'espère, à ce moment-là, pouvoir te donner tous les éclaircissements concernant ton affaire.
- Charles, je n'ai pas pour habitude de discuter vos directives, mais sachez que j'emmènerai Samira.

Il répondit par un haussement d'épaules, tout en se dirigeant vers le comptoir du restaurant. Je jetai un coup d'œil à la bague de Charles. Dans la pierre était gravée une devise : *" Audi, Vide, Tace. (Ecoute, Vois, Tais-toi.) "*. La matinée était fort avancée lorsque nous quittâmes les lieux. Le ballet incessant des camions et des camionnettes, chargés à ras bord de victuailles de toutes variétés, battait son plein. Ventre affamé, la ville avait faim !

*

Au bout de la ligne droite, nous aperçûmes la dame tenant une torche à la main, création de Bartholdi. Nous étions arrivés à Colmar. Réflexion faite, j'aurais dû prendre la sortie Kaysersberg.

(Après mon entrevue avec Charles, j'avais passé un coup de fil à Samira pour la rassurer et l'informer de mon retour. Un passage à la boutique pour récupérer le manuscrit et le remettre à Charles, qui prétexta une urgence pour s'éclipser, et je retrouvai Samira. Elle avait préparé le petit-déjeuner. Je ne pus m'y soustraire et mangeai, sans appétit, une deuxième fois ! " Quand partons-nous Azizam ? avait-elle demandé."

J'avais estimé qu'une dizaine d'heures de repos, avant de nous mettre en route, me requinquerait. Surtout que j'avais du sommeil en retard ! " En début de soirée chérie. Auparavant, j'ai besoin d'un somme réparateur."

" J'en profiterai pour chercher quelques affaires chez moi. Ensuite, je ferai des courses."

" O.K. pour moi ! avais-je répondu, en la serrant dans mes bras.")

Samira était revenue en fin d'après-midi alors que je sortais de la douche. Nous nous accordâmes un détour par la chambre à coucher avant de prendre la route. Il était près de vingt-deux heures trente lorsque nous quittâmes Strasbourg en direction de Colmar. La circulation était redevenue à peu près fluide. A côté de moi, Samira somnolait. J'allumai la radio. Fin d'une soirée débat sur la justice. Une de plus, et qui ne déboucherait sur rien ! Les thèmes ? *"Investigations catastrophiques, droits de la défense bafoués, négation de la présomption d'innocence, on instruit essentiellement à charge, la plupart des erreurs judiciaires sont des erreurs d'instructions."*

Le sujet ce soir portait sur les acquittés du procès d'Outreau, face à la commission d'enquête. Un avocat de la défense souligne que ces dysfonctionnements n'étaient pas seulement la faute du soldat Burgaud, mais que l'ensemble du système dérapa. Samira bâilla, étira ses belles jambes et déclara sans ambages :

- N'empêche que tout le monde reconnaît que ce juge d'instruction *(Fabrice Burgaud)* apparaissait imbu de lui-même.
- Certes Sam, mais combien de dossiers un magistrat isolé peut-il traiter en même temps ? Et pourquoi le laisser esseulé avec ses doutes et ses interrogations ? Moi, je crois que notre justice n'est plus adaptée à notre époque. Par exemple, la plupart de nos textes de loi datent de deux cents ans ! Que penser de l'attitude de Rachida Dati ?
- Quoi Rachida ? m'interrompit-elle.

Je venais de traverser Colmar et me dirigeais allègrement vers Ammerschwihr.

- Quoi Rachida ? redemanda-t-elle.
- Non, Sam, pas de disputes, esquivai-je.
- Avoue qu'elle se débrouille parfaitement, Rachida !
- Oui Sam, elle est très bien.

La route continuait à se dérouler devant nous. Dans la voiture régnait un calme angélique. Elle en profita pour se permettre une légère embardée. Je

levai le pied. Samira m'interpella :
- Doucement chéri, j'accepte de mourir avec toi, mais le plus tard possible et de préférence dans un lit, en faisant une ultime fois l'amour.
- Quand ce sera ton jour et ton heure ! disait ma chère *Mémère*, au souvenir ineffaçable.
- Certainement une femme remplie de bon sens ! approuva-t-elle.

Ému, j'acquiesçai... J'errais, le cœur plein de gratitude, dans mes tendres histoires de jeunesse, lorsque tout à coup, j'étouffai un bâillement.
- Bonne nuit ! proposa-t-elle, plongée dans un demi-sommeil. Se ravisant, elle suggéra : tu devrais t'arrêter un peu, et puis j'ai soif !

Compatissant, je promis :
- Dès que je trouve un bistrot ouvert, nous stopperons et boirons un caoua.

Détendue, calée dans le siège en cuir, Samira somnolait.

*

Les bips mélodieux du téléphone portable réveillèrent l'homme. Il jeta un coup d'œil sur sa montre posée sur la table de nuit. Deux heures trente du matin. Il était l'heure de se lever. Habitué à dormir, peu il retrouva ses esprits en un instant. Sur la table de la cuisine, une thermos avec du café était prête. Il s'en versa une grande tasse. Puis il passa dans la kitchenette, lui servant accessoirement de salle d'eau, et procéda à une toilette méticuleuse. Sur la commode, ses vêtements étaient alignés dans l'ordre : les chaussettes, le slip, le tee-shirt, etc. D'ailleurs, chaque chose occupait une place bien déterminée dans cette chambre. Les livres, les rares bibelots, il ne souffrait aucun désordre, ni le moindre objet déplacé, ne serait-ce que de quelques millimètres. Combien de fois ne s'était-il pas accroché avec son frangin à cause de cette manie que ce dernier trouvait excessive ! Il eut une pensée émue pour ce frère, exhala un profond soupir et acheva de s'habiller. L'homme présentait un physique rugueux, dur comme du granit. Il affichait un visage buriné, des yeux bleu acier et des lèvres minces comme une lame de rasoir. Il était très grand, carré d'épaules, et ses cheveux poussaient dru. Il se resservit un bol de café, puis le rinça et le rangea à sa place dans le buffet de cuisine. Ensuite, il ouvrit le tiroir de sa table de nuit et en retira un pistolet Walter P 38, dont il vérifia le chargeur. Il le glissa dans sa ceinture et se dirigea vers la porte.

Avant de partir, il jeta un dernier regard à sa chambre. Il avait pris soin de tout nettoyer à fond, il ne restait plus qu'un peu de linge dans la commode, quelques livres et de rares bibelots sur les étagères. Le reste disparut à la déchetterie. Au dessus du lit, un Christ avec une feuille de rameau et, sur la table de chevet, la photo de son frère, qu'il ne put se résoudre à mettre à la poubelle avec le restant des affaires. Il hésita à nouveau, puis haussa les épaules. A présent que sa décision était prise, cela n'avait plus vraiment d'importance. Il releva le col de son blouson et quitta les lieux. Il ne ferma pas à clef. A quoi bon ! Dans la rue, il faisait sombre. Deux réverbères sur trois étaient hors d'usage, et la ville avait depuis longtemps renoncé à les remplacer. Ils servaient de cibles pour les gamins du quartier.

Les différentes municipalités, se succédant aux commandes de Strasbourg, ne réussirent jamais plus à redonner à ce quartier de Hautepierre son charme d'antan. Depuis des lustres, les espaces verts ressemblaient à un paysage lunaire. Par endroits, des épaves de voitures voisinaient avec des cadavres de cyclomoteurs. Les reliquats de la société de consommation jonchaient le sol à côté des bennes à ordures. Les déjections canines rendaient glissant le parcours sur les trottoirs. Perdu dans ses pensées, l'homme en fit la triste expérience. Avançant d'un pas allègre, il ne vit pas la crotte de chien et marcha en plein dedans. Il pesta, essuya méticuleusement sa chaussure dans l'herbe en maudissant ces habitants sans gêne, qui ne respectaient plus rien ni personne, et se dirigea vers son véhicule, une petite Renault Clio. Il démarra et, par l'autoroute, prit la direction de Colmar. La montre du tableau de bord indiquait trois heures. Il calcula qu'il arriverait à destination vers les quatre heures. A cette heure-ci, il n'y avait presque pas de circulation. Seuls, quelques camions, pour la plupart avec des immatriculations étrangères, illuminaient de leurs batteries de phares le sombre bitume. Malgré l'heure matinale, l'homme se conforma scrupuleusement aux limitations de vitesse. Dans le rétroviseur, le regard bleu acier de l'individu affichait une détermination à vous donner des sueurs froides.

Qui aurait pu prévoir qu'à cet instant, le puzzle fatidique se mettait tout doucement en place !

*

En entrant dans ce bar, je sentis que nous allions au-devant de problèmes. A voir les coups d'œil concupiscents que jetaient les trois loubards affalés au comptoir sur la minijupe de Samira, je compris illico que la matinée ne demeurerait pas de tout repos ! Je commençais à prendre l'habitude, mais ce n'était plus de mon âge de jouer à Rambo ! Ces trois-là, avec leurs blousons de cuir à franges, leurs piercings, leurs chaînes coincées dans la poche arrière de leurs jeans déchirés, ne m'inspiraient pas du tout confiance. Je choisis une table, la plus éloignée du zinc, et passai commande au patron. La première vanne ne tarda pas à fuser :
- Hé mec, elle est drôlement balaise, ta gamine ! Tu consommes combien de boîtes de Viagra au cent, pour essayer de la sauter ?

Le plus grand des trois, un géant aux tifs en brosse, avec un mince filet de barbe encadrant son visage, déclencha les hostilités. Il me dépassait de deux bonnes têtes ; quant à ses biceps, avec seulement la moitié d'un, j'aurais pu me greffer deux bras supplémentaires. Je cherchai une réplique cinglante, n'en trouvai aucune dans mon stock. De grosses gouttes de sueur perlèrent sur mon front. Je fus comme tétanisé. Le deuxième ouvrait et fermait, dans un claquement sec, un couteau à cran d'arrêt. Il s'en servait, indistinctement, comme cure-dents ou comme cure-ongles et de temps en temps faisait mine de le lancer dans notre direction. Son rire sarcastique ne me disait rien qui vaille. Le troisième, un petit blond aux cheveux crasseux et aux doigts cerclés de bagues, chaussé de Santiag à bouts cloutés, fit semblant de se lever. Tout se passa très vite. Samira plongea vivement sa main dans son sac, la ressortit armée d'un calibre, qu'elle pointa vers les trois apprentis loubards, en criant :

- Oh, les caïds on met sur pause, on arrête de jouer aux méchants, et on rentre fissa chez maman. Personne ne touche à mon mec ou je le bute ! On se dépêche, sinon vous cotiserez pour des couronnes mortuaires, dans votre patelin !

Le temps que je réalise, les trois connards se précipitaient vers la sortie. Un silence glacial régna soudain dans le bar, troublé seulement par la voix du patron, répétant tel un vieux disque rayé :

- Eh ben dis donc… Eh ben dis donc !

Je jetai un billet sur le comptoir et nous sortîmes à notre tour. La rue paraissait déserte, les forts en gueule n’ayant manifestement pas envie de disputer les prolongations. Mais on ne pouvait jurer de rien ! Heureusement, j'avais garé la Ferrari dans une ruelle adjacente.

- Filons en vitesse, lançai-je à Samira, et rengaine ça s’il te plaît ! ajoutai-je, en désignant son arme tout en démarrant le moteur.

Au même moment, un gros 4X4 noir, avec quatre hommes à bord, s'arrêta devant le bistrot.

*

J’enfilai les virages de la côte d'Aubure comme on enfile des perles : avec une virtuosité toute *loebienne.* Mais, mon calme n'était qu'apparent. *(J'essayai de comprendre ce qui c'était passé dans le bar ! Samira avec un pistolet dans le sac à main ? Il y avait là quelque chose qui m'échappait !)* A mes côtés, elle tirait sur sa minijupe, dans l’espoir, vain, de rallonger de quelques centimètres l’objet du désir, ou du délit.

- Efforce-toi de remonter tes cuissardes, avec un peu de chance tu réussiras peut-être à couvrir ta nudité ! lui envoyai-je mauvais.

- Tu m’en veux ? Je croyais que tu n’appréciais pas mes baggis ? demanda-t-elle, alors que j’amorçai la montée vers le village de Salem.

J'explosai :

- Pourquoi un flingue ? Où l'as-tu trouvé ? C'est quoi, ce bintz ? Qui es-tu vraiment, Samira ?

Mes poings martelaient le volant à en déclencher l'air-bag. Je haletais comme un soufflet de forge. J'écumais de rage. De honte surtout. Au bar, j'avais été en dessous de tout, incapable de réagir, de protéger la femme dont j'étais épris. Et maintenant, je passais mes nerfs sur elle !

- Azizam, arrête-toi, je t'en prie, supplia-t-elle.

J'obtempérai et rangeai la Ferrari sur le bas côté. A peine le contact coupé, elle vint se blottir dans mes bras en pleurant.

- Je t'aime tellement mon amour, je ne veux pas te perdre, j'ai besoin de toi.

- Moi aussi, j'ai besoin de toi, répondis-je, en lui caressant tendrement les cheveux.

Je la serrai fort contre moi et... le siège de ma voiture adopta une position complice. Au loin, les premières lueurs du jour pointaient au-dessus de la ligne bleue des Vosges quand nous nous désunîmes. Je remis le moteur en marche, libérant les chevaux piaffants du bolide en arborant un seul sur le capot. Ce trajet me sembla interminable, un virage après l'autre. La Ferrari exprima bruyamment son mécontentement par les feulements peu harmonieux de son moulin. Dans la vallée, on pouvait voir les villages reprendre tout doucement vie. Çà et là, des lumières scintillaient dans la pénombre aurorale. Samira s'emmitoufla voluptueusement dans son blouson de cuir.

- Je suis désolé de t'avoir entraîné dans cette aventure, mon amour, soupirai-je.

- Pas du tout Azizam, répondit-elle avec un grand sourire ; mon seul bonheur au monde, c'est d'être près de toi.

- C'est l'unique itinéraire menant chez Claude, ajoutai-je ; d'ici une demi-heure nous serons arrivés.

Le serpent de bitume, inlassablement, se déroulait devant nous. Je commençai à maudire cette voiture manifestant, à chaque tournant, son aversion pour les chemins de montagne. Un cri strident me vrilla les tympans et je faillis rater un virage, en épingle à cheveux, particulièrement vicieux. Je me tournai vers Samira, bouche bée, et dont les mains tremblaient :

- Quoi ? croassai-je.

- Tu as bien dit que c'est la seule route ? demanda-t-elle d'une voix angoissée.

- Tout à fait, il n'y en a pas d'autre ! Claude vit en ermite, tout là-haut dans un chalet isolé ! Ça m'étonnerait fort, *" qu'ils"* aient prolongé, en notre honneur, le G.C.O. (*le Grand Contournement Ouest de Strasbourg)* jusqu'ici...

Je ne pus terminer ma phrase, Samira me coupa la parole :

- Alors, elle aurait dû nous doubler il y a longtemps.

Depuis la sortie du village, je n’ai pas vu le moindre croisement, pas même un chemin de terre !
- De quoi parles-tu ?
- Dans chaque lacet, j’ai remarqué en contrebas des phares de voiture. Avant, nous nous sommes arrêtés quelque temps. C'est pourquoi cette voiture, dont je ne distingue que les feux, aurait dû nous dépasser depuis un bon moment, non ?

J’acquiesçai.

- Azizam, nous sommes suivis ! conclut-elle judicieusement.
- Bon d... de bon sang de bonsoir ! m’écriai-je, mais ça n’en finira jamais !

Je sentis que cette histoire partait en eau de boudin. Je me tournai vers Samira :

- Qu’est ce que tu fais ? lui demandai-je, alors qu’elle armait son pistolet.
- Coupe tes lumières et gare-toi après le prochain tournant ! dit-elle sur un ton sans réplique.

Une fois encore, dominé par les événements, j’obtempérai sans comprendre. A peine avais-je serré la Ferrari contre le bas-côté qu'elle bondit hors du véhicule et s’élança vers le virage que je venais de négocier. Hors d’haleine, je la rejoignis et m’accroupis près d’elle, en soufflant tel un phoque tuberculeux crachant un paquet de Camel phtisique.

*

- Hé, regardez ! Ils s'arrêtent de nouveau ! s'exclama un des membres de la section spéciale du commissaire principal Nora.

Depuis Strasbourg, ils filaient le train à la Ferrari de Sandner, à leur grand dam, mécontents de cette mission peu glorieuse et dont ils ne s'expliquaient pas le sens.

- Ralenti, ordonna le chef, et coupe les phares ; je n'ai pas envie qu'ils nous repèrent.

- Alors là, mon capitaine, répondit l'homme au volant, je crois qu'il y a pas de risques. Avec la jeunette qu'il se trimbale, Sandner doit penser à autre chose et pas vraiment se préoccuper de son rétroviseur.

Un gros éclat de rire bruyant et collectif salua cette constatation, secouant le 4X4 de soubresauts convulsifs.

- C'est vrai qu'elle est gaulée à la perfection. Ça vous booste un bonhomme, un tel petit lot ! constata Pinaut, un des lieutenants, assis sur le siège arrière.

- Tout de même, commenta son voisin, un costaud au crâne rasé, le holster garni et bien rangé sous son blouson de cuir aviateur, à col fourré, de superbes *"Doc Martens 1460 "* de couleur sang-de-bœuf avec la distinctive couture jaune aux pieds. Tout de même, dit-il, il faudra qu'on m'explique pourquoi nous filochons un libidineux et sa môme !

- Ta gueule, Bézu, somma le capitaine Toine, les ordres sont : garder le contact, localiser, ne pas

intervenir. Pigé ?
- Bof, moi, ce que j'en pense ! se renfrogna Bézu. Après tout, si l'argent du contribuable nous permet une excursion aux frais de la princesse dans le massif vosgien, ce n'est pas mon problème.
- Ouais, reprit le chef, moi ce qui me titille c'est la déclaration du tenancier de ce bar, à Fréland ! Cette gamine est armée ! Tâchez de ne pas l'oublier !

Un silence lourd s'installa dans le 4X4.
- Pas catholique cette môme ! ne put s'empêcher de souligner le lieutenant Bézu.
- Tu l'as dit, bouffi, le coupa son collègue ; surtout pour une musulmane !

Un nouvel éclat de rire secoua le véhicule.
- Paraît qu'elles sont fortiches pour la sodomie ! affirma Bézu en donnant une grosse claque sur la cuisse de son voisin.

Ce dernier, le lieutenant Pinaut, le novice du groupe, rendit la bourrade et répondit sur un ton envieux :
- Moi, à la place de Sandner, je serais bouclé depuis huit jours déjà dans un bon hôtel, avec la dernière édition du Kamasutra en relief, et je lui ferais réviser ses cours du soir, à la beurette !
- Avec punitions, révisions des connaissances acquises et travaux pratiques à l'appui ! ponctua l'indécrottable Bézu.
- En ce qui me concerne, je préfère une femme callipyge ! jeta Blanc.

Une exclamation de stupeur ressemblant à un barrissement d'éléphants emplit le 4X4.

- Calli… quoi ? s'étrangla Bézu.

- Callipyge : une gonzesse aux fesses plantureuses, l'informa le chauffeur avec un haussement d'épaules méprisant, destiné à souligner l'inculture de son collègue.

Pour bien marquer sa contrariété, il rétrograda rageusement et maugréa :

- Il ne continuera pas longtemps sur cette route, quasi impraticable pour une Ferrari.

- Tu as raison, approuva le capitaine Toine. Ouvrez l'œil, d'ici qu'ils crapahutent à travers les chaumes !

- A son âge, il possède encore de bonnes ressources, notre bonhomme ! commenta le jeune Pinaut. Le démon de midi a du bon, hein, mon capitaine !

- Eh oui, Pinaut ! répondit ce dernier. Il ajouta : vous constaterez qu'il n'y a pas que le sexe dans la vie, y'a le cul aussi !

Une nouvelle hilarité générale fusa à l'intérieur du véhicule. Au même instant, le 4X4 effectua une sacrée embardée !

*

- Sam ...

- Chut ! murmura-t-elle en m'appuyant un doigt sur la bouche. Ecoute !

Dans le silence de la forêt, j'entendis

distinctement le bruit du moteur d'une voiture se rapprochant très lentement de nous. Au bout d'un moment me semblant interminable, je vis émerger de la brume matinalc, la calandre d'un 4X4 avançant vers nous, tous feux éteints. Samira tira un premier coup de feu explosant le moulin, suivi d'un deuxième, qui creva un pneu.

- On dégage ! Cours ! me lança-t-elle en s'élançant vers notre auto.

Après avoir mis une certaine distance entre nos poursuivants et nous, je posai la question me brûlant les lèvres :

- Samira, où as-tu appris à te servir d'une arme ? D'où vient-elle ?

Elle éclata de rire et susurra :

- *Eshghe màn (mon amour)*, n'aurais-tu déjà plus confiance en moi ?

Mon regard courroucé lui fit comprendre que j'attendais une explication et, de préférence, une tenant la route.

– Est-ce que tu me prends pour une terroriste ou quoi ? Etranger, teint basané, arabe, musulmane, nom pas français, tous dans le même sac, hein ! Ne me dis pas que tu penses ainsi ?

- N'affirme pas de semblables bêtises, Samira, m'offusquai-je, et réponds à ma question.

- Je suis championne de tir, tout simplement, et d'ailleurs de judo aussi, souligna-t-elle avec une pointe de fierté dans la voix. Quant au pistolet, je

l'ai subtilisé à mon père, il me semble que j'ai eu raison !
- Sam … soupirai-je d'un air penaud.

Je n'eus pas l'occasion d'en ajouter plus, déjà elle reprit d'un ton exaspéré :
- Stop ! Tu me questionnes, tu me soupçonnes de je ne sais quoi ! Maintenant tu m'écoutes ! Je t'aime de tout mon être, tu devrais le savoir. Je suis restée vierge pour l'homme de ma vie, un être exceptionnel, le seul me méritant : toi ! Tu penses que dans mon milieu cela a été facile ? Chez nous, les gamines ont besoin de se faire respecter tout le temps. Dès ta première sortie, ta maman t'apprend que les garçons peuvent te toucher jusqu'à la taille, en dessous, ils ne touchent pas ! Tu es la garante de l'honneur de la famille, des traditions. Tu t'imagines que c'est simple pour une petite fille ?

De grosses larmes coulaient sur ses joues. Je garai le bolide et la pris dans mes bras, le cœur serré par la justesse de ses paroles. Elle enchaîna :
- Tu ne peux pas t'habiller comme tu le souhaites, fréquenter qui bon te semble, vivre comme tu le sens, recevoir qui tu veux ! La peur omniprésente d'être montrée du doigt par les tiens, les gens, l'entourage. Constamment, tu entendras ta mère, ou une tante, ou une voisine dire, d'un air pincé : *" De mon temps à moi, les filles avaient de l'honneur, elles savaient se tenir."*. A croire qu'aujourd'hui nous ne sommes toutes qu'un ramassis de putains !

Non Azizam, tu ne peux pas comprendre ! Cependant, crois-moi, *"ni putes, ni soumises"* ! Par amour pour toi, je me suis mise au ban de ma famille. Je cause un chagrin immense à mon père, à ma mère, à mon frère et le ciel m'est témoin que je les aime. Je ne regrette rien. C'est de toi que j'ai envie, eussé-je à choisir parmi tous les hommes. *To dar ghalbe mani (tu es dans mon cœur)* ! Pour toi, s'il le fallait, je me battrais et vaincrais quiconque oserait toucher à notre bonheur. Quand j'étais petite, et qu'un cousin ou une cousine se mariait, je demandais à maman la signification du mariage, et inlassablement elle me répondait :
- Un jour, les enfants grandissent, puis ils partent, c'est Dieu qui veut ça, ma fille.
- Aujourd'hui, je suis avec toi, j'irai où tu iras, c'est bien comme ça, c'est Dieu qui veut ça, Inch Allah.

Mon cœur déborda de tendresse, je serrai Samira, lui baisai les cheveux, le visage. L'âge, le milieu social, les convenances et toutes ces absurdités représentant autant de freins dans nos sociétés, n'avaient plus pour moi la moindre once de valeur. Ce matin-là, dans l'aube naissante, j'eus la révélation que la chose la plus importante de notre existence, c'est *l'Amour.* Cet instant unique et furtif, un don de Dieu, qu'il importait de ne pas laisser passer. Dans un geste mutin, elle lissa sa minijupe, tira sur ses cuissardes et se tourna vers moi. Je vis, dans ses yeux marron, pétiller une lueur :

- Samira ?
- Oui Azizam, fais-moi l'amour, maintenant !

Qui dans sa vie n'a jamais entendu le brame du cerf dans la sombre et profonde forêt vosgienne ne peut pas s'imaginer l'ambiance que nous mîmes dans ce splendide massif. On raconte que depuis notre passage, la petite clairière abritant nos ébats fut surnommée *" la Sainte Amour "* *. Il paraîtrait que des femmes en mal d'enfant viendraient, les jours de pleine lune, s'y rouler dans l'herbe. Les champs exsudaient une légère brume sous le soleil du matin, semblant sanctifier notre acte. Les rayons de l'astre matinal commençaient à caresser notre peau. Je posai ma tête avec volupté sur le doux ventre satiné. J'écoutai, fébrile, les battements saccadés de son cœur. Je mignotai avec délice la toison frisottante de son pubis, tandis que, délicatement, elle me passait les mains dans les cheveux. Avec infiniment de douceur et de tendresse, je la saisis par la taille et la fit glisser lentement sur moi. Elle manifesta, une fois encore, avec violence, son plaisir. La sonnerie stridente de mon téléphone de voiture, lui répondant en écho, nous ramena à la réalité. Nous nous redressâmes et rejoignîmes le véhicule.

** Note à l'attention des sociétés protectrices des animaux : Aucun animal ou insecte n'a été blessé, violenté ou tué pendant nos ébats amoureux dans les chaumes vosgiens.*

Le numéro s'affichant m'était inconnu. Je ne décrochai pas et remis le moteur en marche. Samira reposa sa tête contre mon épaule, dans le style de ce que tu vois au cinéma, quand la belle blonde platinée, délivrée des méchants par le détective privé de service, se love amoureusement contre lui, avant qu'ils se marient et n'aient beaucoup d'enfants. Sauf, que dans ce plan-là, apparaît l'interminable générique, puis le mot – *Fin* – .

Comment aurais-je pu deviner qu'un peu plus tôt dans la nuit, l'acteur de la tragique scène finale avait pris la même route que nous ?

*

Chapitre 13

Quand il eut raccroché le téléphone, le Procureur de la République, Jacques Loursin, ne put s'empêcher de lâcher un juron. Le rapport verbal du commandant Gilles était accablant. Les agents mandatés à la protection, et la filature, de Sandner venaient de se faire doubler comme des bleus ! Ils étaient immobilisés sur la route à hauteur de Fréland, et ce, par un intellectuel et une gamine tout juste sortie des couches ! Gilles mettait tout en œuvre pour renouer le contact le plus rapidement possible. Ce n'était plus qu'une question de temps ! De son côté, il mobilisa, à contrecœur, la gendarmerie de Kaysersberg. Le côté officiel que prenaient les événements lui déplut au plus haut point, mais comment procéder autrement ? Dans l'intervalle, il incombait à Loursin d'appeler sa sœur Christine. Elle ne lui aurait pas pardonné de la laisser dans l'ignorance. Malgré l'heure matinale, il décrocha son téléphone et composa le numéro du *Relais du*

Landseck. Dès la première sonnerie, elle répondit. A croire que, toute la nuit, elle avait veillé à côté du combiné ! Quand il relata l'intermède des coups de feu, sa sœur l'interrompit péremptoirement :
- Lionel avec une arme ? Vous plaisantez Jacques ! Il en est totalement incapable ! affirma-t-elle.
- Alors, la jeune fille…
- Cette traînée ! Cette garce ! lança haineusement Christine.
- Voyons Christine, modérez-vous, je ne vous connais point ce langage, lui rétorqua son frère.
- Excusez mon emportement, concéda-t-elle. Avez-vous réuni des renseignements la concernant ? Pourquoi a-t-elle séduit Lionel ? Quel rôle joue-t-elle dans cette affaire ? Je suis persuadée…
- Non Christine, intervint Loursin, vous n'êtes sûre de rien. Vous êtes une femme blessée, une compagne trahie qui souffre ! Votre jugement s'en trouve altéré. Par contre, cette adolescente met tout le monde dans l'embarras. L'enquête de police que j'ai diligentée ne révèle aucune zone d'ombre. Jusqu'à présent, on ne lui connaissait aucun problème : gaie, ouverte, sportive, brillante étudiante en première année de psycho, vivant dans une famille honorable et sans histoires. Les adjoints du commissaire principal Nora ont essayé, en vain et à plusieurs reprises, de joindre Lionel sur son téléphone de voiture.

Il passa sous silence que ces mêmes adjoints supposaient que Lionel et Samira faisaient l'amour,

un peu plus haut dans la montagne, et enchaîna :
- Il me paraît probable qu'il va se jeter dans la gueule du loup. Voilà ce qui est sûr, Christine. Quant à cette jeune fille, elle est éprise de votre amant, veuillez ne pas vous voiler la face plus longtemps. Je trouve ça indigne de vous !
- Jacques, j'ai été trahie ! Cela est déshonorant pour moi, mais aussi pour vous, mon frère ! Avez-vous pensé à la honte rejaillissant sur notre maison ? Laisserez-vous ce crime impuni ?
- Il suffit Christine ! Il ne vous appartient pas de me rappeler mes devoirs envers notre famille. Ce n'est ni le lieu, ni le moment, de discuter de ce problème. Je vous somme de vous ressaisir et de tenir votre rang.

A l'autre bout du fil, sa sœur éclata en sanglots. Le procureur Loursin raccrocha, contrarié par la brutalité dont il avait fait preuve à son encontre. Cependant, il fallait bien se rendre à l'évidence, cette jeune Iranienne était amoureuse de Lionel, et Dieu sait de quoi était capable une adolescente dans cet état ! In petto, il se dit qu'il était grand temps de mettre un terme à cette aventure rocambolesque. Dans la foulée, il décida de prendre la suite des opérations personnellement en main. Il avisa de sa décision le commandant Gilles, avec ordre d'en informer le commissaire principal Nora, et l'invita à se joindre à lui. Il rappela sa sœur et lui proposa de les accompagner à Fréland. Avant de partir, il passa un dernier coup de téléphone. En reposant le combiné, le procureur Loursin affichait sa tête des mauvais jours. Moins d'une heure plus tard, une puissantc Citroën C8 s'élançait, toutes sirènes hurlantes, sur l'autoroute du Piémont des Vosges.

*

Nos multiples arrêts, le revêtement déplorable de la route nous retardèrent. Les premières lueurs de l'aube naissante coloriaient le ciel, là-bas vers l'Est. Je rangeai la voiture près d'une ferme en triste état de délabrement. Impossible de continuer sur cette route avec ma Ferrari. Sur le pas de la porte un paysan, consacrant certainement au culte d'Hélios *(je me couche et je me lève lors du passage du char de feu d'Hélios)* dut se faire la même réflexion.

- Avec ce *"boderutscher" (ce rase-bitume)* vous n'irez guère plus loin ! lâcha-t-il malicieusement en crachant par terre. Combien ça consomme au 100, ce *"midinettele schluker" (cet aspirateur à midinettes)* ? ajouta-t-il, les yeux pleins de convoitise, dont un lorgnait les cuisses bronzées de Samira et l'autre la ligne bleue des Vosges.

Je faillis lui lancer une remarque concernant l'épave de tracteur que j'apercevais dans son hangar, mais juste à côté était garé un 4X4.

- Combien pour louer votre véhicule ? demandai-je

en brandissant, sous le nez du représentant du monde agricole, une liasse d'euros tout neufs.
- Faut voir ! répondit le bouseux, pas impressionné pour un sou par mes billets.

Bon, on n'était pas arrivé, avec un quidam pareil. Le temps nous étant compté, je revins à la charge :
- Ecoutez mon brave, nous devons nous rendre de toute urgence chez Claude, alors si vous vouliez nous aider !
- Ah ! Que ne le disiez-vous ! Vous rendez visite au sorcier de Salem ? s'écria le laboureur. Tenez, remisez votre *" asphaltschlecker " (votre lécheur d'asphalte)* dans la grange. Il ne craint rien ici.

Je m'exécutai en ravalant la foule de jurons se pressant dans ma bouche. Quelques instants plus tard, tandis que le 4X4 nous bringuebalait d'un côté à l'autre de l'habitacle, je laissai exploser ma colère :
- Non, mais t'as entendu ce glandu ? De quoi il traite ma voiture ?

Samira riait à gorge déployée ! Devant le ridicule de la situation, je me joignis à son hilarité. Sans nous en douter, nous roulâmes, contorsionnés par le fou rire, vers l'épouvante.
- N'empêche qu'il pue, cet engin ! conclus-je en négociant une succession d'ornières.

Le fameux char d'Hélios entreprit de nous envoyer ses chauds rayons lorsque nous arrivâmes près du chemin montant au chalet de Claude.

Parsemé d'embûches, il serpentait entre les sapins, dont les branches tombaient si bas qu'elles nous cinglaient le visage et nous obligeaient parfois à avancer le dos courbé. De nuit ce chemin eût été impraticable. Nous avions quitté la voiture depuis une vingtaine de minutes, et je commençai à fatiguer. Je *fringalai* de tartines de confiture, de cuillères de miel, de biscottes sans sel, de cracottes, de pains aux céréales, de bacon, de corn flakes, de yaourts sans matière grasse, sans bifidus, d'œuf avec mouillettes, de beurre, de munster... *(euh ? ! ? !)* Non, pas de munster ! D'un petit déjeuner quoi, et surtout de beaucoup de café. Dans le lointain, on apercevait les contours bien dessinés de la chaîne des Alpes, signe de mauvais temps à venir.

- C'est encore loin ? questionna Samira.
- J'espère que non, mon trésor, répondis-je d'une voix mal assurée.

Les indications de Charles semblaient claires. Par acquit de conscience, je vérifiai, une fois de plus, le plan qu'il m'avait confié. Aucun doute, nous suivions le bon chemin. Bon chemin, façon de parler, car je ne voyais pas ce qu'il avait de *bon,* ce sentier tortueux, jonché de pierres et truffé d'ornières, creusées par les intempéries dans le grès des Vosges ! Nous reprîmes notre pénible ascension, et effectivement, au bout de quelques minutes supplémentaires, le chalet de Claude apparut entre les arbres. Vu l'heure matinale, j'évitai de me servir de la sonnette. Pourquoi d'ailleurs : *" Claude ne ferme jamais sa porte à clef ",* m'avait dit Charles ! J'ouvris le battant et lançai un joyeux : *"hello"*. Tout s'enchaîna d'une manière fulgurante. Une première détonation explosa. Il y eut comme un flash, Samira se jeta devant moi, arme à la main, en poussant un hurlement strident. Je sentis son corps glisser à terre. J'essayai de la rattraper tandis que claquèrent plusieurs coups de feu. Des projectiles sifflèrent autour de moi. L'une des balles traversa ma cuisse droite et m'arracha un cri de douleur. En tombant, je me saisis du pistolet de Samira et pressai la détente. Lorsque le silence revint, je me tournai vers elle. Une tache écarlate maculait son chemisier. Dans l'air flottait une horrible odeur de poudre. Je hurlai de désespoir et me précipitai en claudiquant et en serrant les dents, vers l'agresseur qui avait tiré sur Samira. Il baignait dans une mare de sang. J'avais arrosé au jugé, visant l'éclair aveuglant qui, un court instant, avait illuminé la pièce. Quelques-uns de mes pruneaux firent mouche. J'écumai de rage et pointai une deuxième fois l'arme en direction du tireur... et je suspendis mon geste. Quelle ne fut pas ma surprise quand je reconnus frère Emmanuel ! Un sifflement de stupeur s'échappa de ma bouche :

- Frère Emmanuel ? Ce n'est pas possible ! Non ce n'est pas concevable, je vous ai vu pendu à un arbre du parc !

Il eut un hoquet et dit en levant un doigt

tremblant vers moi :
- Non, pas Emmanuel, mais son frère jumeau, Eschias ! A cause de vous, il est mort, je vous maudis. Je regrettc de vous avoir raté... Je savais que vous viendriez ici... Je connais la retraite de maître Claude depuis fort longtemps... hoqueta-t-il en grimaçant de douleurs.
- Maître Claude ?

J'eus peur de comprendre ! J'essayai de questionner le mourant :
- Quel rôle joue-t-il dans cette histoire ?
- Maintenant, plus aucun ! répondit-il avec un sourire mauvais.

Je suivis son regard : à l'autre bout de la pièce, je vis le corps inerte de Claude étendu, dans une marre de sang, près de la cheminée.
- Vous l'avez tué ? m'enquis-je bêtement, comme si par une question idiote je pouvais changer le cours du temps !

Il eut un deuxième hoquet, et une mousse rougeâtre s'échappa de sa bouche.
- J'ai vengé mon frère, éructa-t-il avec le peu de force lui restant encore. Quand je pense que tout cela est arrivé à cause de ce maudit livre, dont vous ne soupçonnez même pas l'importance ! Ni vous, ni le Maître des Illuminati !
- Qui, de qui parlez-vous, Eschias ? demandai-je avec une pointe d'angoisse dans la voix.

Le doigt qu'il maintint pointé vers moi trembla

de plus en plus et dévia légèrement, comme au ralenti, vers mon épaule gauche.
- De lui ! dit-il dans un ultime souffle.

Lentement je tournai la tête. Derrière moi, dans l'embrasure de la porte d'entrée demeurée ouverte, se tenait Charles ! Je sentis un immense froid m'envahir. Autour de moi, les objets se mirent à danser une farandole. Il me sembla ouïr des conciliabules et des bruits de pas. La dernière chose que je vis fut les bras de Charles se tendant vers moi. Tout devint confus devant mes yeux, et je partis dans un angoissant trou noir.

*

J'eus la chance de n'être hospitalisé que quarante-huit heures. Charles et Michèle avaient décidé que je passerai ma convalescence chez eux, à la ferme. Comme ma chambre se situait juste au-dessus du bureau de Charles, j'entendais les allées et venues, de jour comme de nuit, surtout la première semaine. Il venait plusieurs fois par jour prendre de mes nouvelles. Malgré d'incessantes tentatives de ma part, il refusait obstinément de me conter la fin de l'histoire.
- Tu sauras tout, Lionel, je te le promets ; mais il faut d'abord te rétablir, récupérer des forces.
- Samira ? demandai-je angoissé.
- Le nécessaire a été fait, me rassura-t-il, et par les

meilleurs spécialistes. Ton amie est sauvée et elle est en sûreté.
- Est-ce que… ?
- Non, tu ne peux pas la voir. C'est trop tôt !
- Et ces fameuses lettres ?
- En sécurité au Cern, où une équipe continue de travailler sur mes découvertes...

Je voulus intervenir, il me coupa la parole et dit sèchement :
- Et dont, je te parlerai plus tard !

Dès que je demeurai seul, je pensai à Samira. Comment avais-je pu l'entraîner dans une pareille aventure ? Je me méprisai, me traitai de tous les noms. Heureusement, elle semblait hors de danger ! Il me tardait de la retrouver, de la presser sur mon cœur, de l'étreindre contre moi et de lui demander pardon. Au bout de deux ou trois jours, je fis un effort et descendis les marches en serrant les dents, et avec l'appui d'une canne, rejoignis, en clopinant, Charles dans son bureau. Il m'accueillit avec des reproches et en levant les bras au ciel :
- Tu es inconscient ou quoi ? Ta blessure risque de se rouvrir, malheureux ! Appuie-toi sur moi, nous allons remonter dans ta chambre.

Devançant ma question, il promit de me narrer, la fin de notre aventure au chalet de Claude, dès le lendemain matin.

*

Je passai une excellente nuit. Poussé par la curiosité, je me réveillai dès l'aube. Un coup d'œil sur le réveil m'informa de l'heure : à peine six heures moins le quart. Je tendis l'oreille afin d'écouter la respiration de la maison. Il me sembla entendre des bruits dans le bureau de Charles. Mais quand dormait-il, cet homme ? Je me hissai hors du lit et descendis les escaliers à reculons ! Il m'accueillit avec un large sourire de dit :

- Attends, je vais chercher ton petit-déjeuner.

Quelques instants plus tard, il m'apporta une thermos de café, du miel et des toasts. Face à ma mine stupéfaite, il m'expliqua :

- Michèle a deviné que tu te lèverais très tôt et elle a tout préparé de bonne heure, ce matin !

Je souris et mangeai de bon appétit. Charles en profita pour me mettre au courant des derniers développements de notre affaire. Le résumé du déroulement des événements au chalet de Claude me laissa perplexe ! En Suisse, il avait eu un pressentiment, et avec un hélicoptère du Cern, avait rallié Salem dès le lever du jour. J'appris que Christine avait débarqué en compagnie de son frère, le Procureur de la République Loursin, accompagné d'un escadron de gendarmerie. Devant mon air surpris, il s'étonna :

- Tu ne savais pas qu'elle avait un frère ?

- Ben si, mais je croyais que depuis des lustres, ils ne se voyaient plus !

C’est François 1er qui a dit : “ *Souvent femme varie, bien fol qui s’y fie !* ”

(Sûr qu’il en connaissait un bout le bougre ! Tiens ! Cadeau, un autre proverbe : “ Par grande beauté est l'homme hébété ! ”)

Christine ne m’avait jamais parlé de son frère qu’avec beaucoup d’amertume et rarement. Histoires de famille ! Cependant, grâce à l’intervention du procureur, Samira bénéficia de soins immédiats et fut transportée par l’hélicoptère de Charles à l’hôpital de Colmar. Pour Claude et Eschias, le frère jumeau d’Emmanuel, malheureusement les secours arrivèrent trop tard.

- Nous estimons que, probablement, ce n’est pas Claude, mais bien toi, qu’Eschias voulait tuer !
- Je pense comme vous Charles, approuvai-je. Avant de mourir, il m'a balbutié quelques bribes de phrases. Toutefois, je ne comprends pas comment, ni de qui, il avait appris que je me rendais au chalet.

Il hocha la tête, et poursuivit :

- Vous étiez suivis depuis votre départ de Strasbourg. On ne me laissa guère le loisir d'enquêter, mais j'obtins quand même quelques informations, et de source sûre ! Peut-être une collusion entre le commando des autorités et le moine ? Le principal intéressé ayant péri, je ne crois pas que nous connaîtrons le fin mot de cette histoire, un jour.
- Une secte complice de la police ? Cela ne nous entraîne-t-il pas un peu loin ?

- En ce qui te concerne, jusqu'à ta chambre ! Tu as besoin de repos !

Certes, je n'en menais pas large. J'avais l'impression d'avoir de la guimauve à la place des jambes et que l'une entrait en conflit ouvert avec l'autre. J'obéis et allai me coucher. Le temps s'écoula, rythmé par le carillon Westminster de l'entrée.

*

Lorsque je pus me lever et claudiquer sans trop de douleurs, au bout d'une huitaine de jours, je descendis le rejoindre dans son bureau. Il était confortablement installé dans son fauteuil Voltaire. Je m'allongeai sur le divan, en face de la magnifique encoignure Renaissance en sapin polychrome. Une question me brûlait les lèvres :

- Charles, êtes-vous le Maître des Illuminati ?

Une ombre passa sur le visage de Charles.

- Non Lionel, ce n'est pas moi. Eschias s'est trompé ou a été berné. Le Maître des Illuminati, c'était Claude.

- Le sorcier de Salem ! m'exclamai-je.

- Oui Lionel ! Le sorcier de Salem, confirma-t-il avec un sourire triste.

Plusieurs minutes s'écoulèrent sans que, ni l'un ni l'autre, ne prît la parole. Charles soupira, se dirigea vers son bureau, se saisit d'un document et en sortit plusieurs feuilles manuscrites.

- Ce vieux futé de François-Xavier mystifia son monde, et en particulier ton père, Lionel, dit-il en retournant s'asseoir. La véritable énigme réside dans les messages de Hildegarde von Bingen, habilement camouflés dans les couvertures du manuscrit, quasiment indécelables, sauf avec les moyens modernes de recherches dont nous disposons actuellement.

- D'où votre escapade en Suisse ? l'interrompis-je.

Il approuva et continua :

- Absolument. Je me posais la question : pourquoi le Grand Maître des Herratiques avait-il offert à ton papa un livre sacré pour sa secte ? Nonobstant les qualités de ce dernier ! ajouta-t-il à mon intention.

Je le remerciai d'un signe de tête et demandai :

- Ainsi, il y avait des missives cachées dans les couvertures ? Mais alors les deux caractères alphabétiques A et O, les chiffres 2, 0, 3, 6 ? Le *PATER NOSTER* ? Tout ça ne signifie rien ? Les noms ou fragments de noms ? Rien, aucun intérêt ?

- Non Lionel, ce n'est pas ce que je prétends. Les analyses nous révèlent que l'inscription *A PATER NOSTER O* et la date pourraient éventuellement être contemporaines de Herrade.

- Partant, c'étaient des leurres ? intervins-je.

- Encore une fois, Lionel, ce n'est pas ce que je dis. Tu as pu constater que les lettres A et O avaient de l’importance, du moins pour la secte des Herratiques ! La prière ? Dans l'immédiat, je ne saisis pas. Un support ? Nous verrons par la suite ! Quant à la date, si c’en est effectivement une, je pense pouvoir l'expliquer.

- Donc pour vous, Charles, tout le mystère se trouve uniquement et in extenso dans ces fameuses lettres qu'Hildegarde von Bingen avait envoyées à Herrade de Landsberg ?

Il alluma une pipe avant de poursuivre.

- Oui, et dont je réalisai des copies. Les originaux, en latin, sont en sécurité dans mon coffre au Cern. Voici les traductions, du moins une partie... Tandis qu'il parcourait les feuilles prises dans le document, une question m’échappa :

- Nous avons pu vérifier que François-Xavier Schangauer n’était sûrement pas un imbécile. Or, si lui n’est pas arrivé à déchiffrer cette énigme, pourquoi s’être adressé à mon père ? En plus, il courait un risque en se séparant d'un ouvrage pareil.

Charles se retourna, haussa les épaules et dit, en brandissant son brûle-gueule dans ma direction :

- Bloqué dans son enquête, il avait choisi cette solution, Lionel ! Un homme aussi instruit que le professeur ne pouvait abandonner ainsi. Selon ses propres termes, il semblerait qu’il ait été à la recherche d’une révélation, source de pouvoir. J’ai bien lu ses cahiers de notes, il ne trouvait plus d’issue valable à son analyse ! De plus, à son époque, il ne disposait pas des moyens d'investigations actuels. J'ai étudié le fameux manuscrit sous toutes ses coutures et j'avoue que, sans les outils du Cern, je serais, moi aussi, passé à côté des lettres. Pour une raison que j'ignore, il pensait que ton père pouvait être un Illuminati et qu'il profiterait de la puissance de cet Ordre, quitte à se réapproprier, par je ne sais quels stratagèmes, les fruits de la recherche ! Il savait que ton père était franc-maçon, lui-même en était un ! Peut-être son dessein consistait-il, après la mort de son fils Henri, à gagner ton papa à la cause des Herratiques.

Charles perçut le frisson me parcourant.

- Non, ne t'inquiète pas. Jamais, il n'aurait adhéré à de pareilles idées, lui, un bon vivant et un joyeux luron. Je me souviens du nombre de fois qu'il avait organisé, le Vendredi Saint, des banquets à la Maison Kammerzell, avec du boudin au menu.

J'eus un soupir de soulagement. Il continua.

- Connaissant le vieux Schangauer, il ne mit sûrement pas grand monde dans la confidence. Voilà pourquoi les membres actuels de la secte des Herratiques ont été abasourdis par l'apparition d'un deuxième manuscrit. Eux-mêmes ignoraient que François-Xavier avait détourné quatre caisses de livres, dont l'une contenait *l'Hortus Deliciarum,* sacré pour eux. Je pense qu'il envisageait depuis fort longtemps déjà de s'approprier cet ouvrage pour son propre compte, et en fit certainement réaliser une copie. Cela n’a plus d’importance aujourd’hui. Mais, quand tu récupéras la bibliothèque Schangauer et que ce livre réapparut, les Herratiques n’eurent plus le choix. Ils devaient s’accaparer de ton exemplaire pour élucider ce mystère.

- Et ainsi posséder deux *Hortus Deliciarum* !

- Deux, au moins, corrigea-t-il.

- Il est vrai que cet incunable a traversé bien des épreuves au cours des siècles et connut moult péripéties. Il fut emprunté, convoité, reproduit, égaré parfois, retrouvé toujours, pour finir entre les mains d’une secte !

- Un *Hortus* seulement ! rectifia Charles. Dès 1695, il fit l’objet d’une reproduction pendant qu’il se trouvait à la Chartreuse de Molsheim. Messieurs Blessig et Oberlin en donnent une précieuse description en 1795. Peut-être une deuxième copie ? Voire une troisième ? Qui sait ? N’oublions pas le fac-similé, réalisé par la société des Monuments historiques d’Alsace, pour l’empereur Guillaume II, et remis à celui-ci, le 13 mai 1908, lors de l’inauguration du Haut-Koenigsbourg. Où est-il, celui-là ? Bref, beaucoup d’hypothèses demeurent plausibles. A ce propos, Guillaume Schangauer, que nous avons enfin réussi à joindre, souhaite que tu conserves l'exemplaire que tu as découvert dans une des caisses. Il est rangé au fond de l'armoire, en haut, dans ta chambre.

- Charles, un ouvrage de cette valeur, vous n'y

pensez pas ! m'exclamai-je.

Il eut un grand sourire et dit :

- Quand tu verras *le fond de l'armoire*, tu comprendras. Même la police allemande, au cours d'une perquisition, durant la Deuxième Guerre mondiale, ne trouva rien. Il y a une question qui me turlupine, ajouta-t-il.

Devant mon air dubitatif, il précisa :

- Rappelle-toi Lionel. A l'instant où tu montras *l'Hortus* à Jean David, comment a-t-il réagi ?

Mentalement je me remémorai la scène :

- J'étudiais la page des inscriptions… Jean David était entré... J'avais déposé le livre sur mon bureau pour le recevoir... Je l'avais informé de ma découverte... Lorsqu'il avait aperçu le manuscrit, il s'était liquéfié !... Ensuite je le lui avais tendu... Il tremblait de tous ses membres !... C'est ma foi vrai, il semblait vraiment bizarre !...

- Pourquoi son attitude te paraissait-elle étrange ? demanda-t-il.

- Peut-être parce qu'il découvrait l'existence d'un deuxième ouvrage ? répondis-je.

- Te souviens-tu s'il était ouvert ou fermé ?

- Il était ?... Ben il était déplié, puisque je l'ai pris tel que je venais de le poser sur ma table de travail.

- Donc ? poursuivit Charles.

Instantanément je compris où il voulait en arriver :

- Donc, il a vu les quatre cavaliers avec leurs écus

frappés de la lettre A et la lettre O, les chiffres 2, 0, 3, 6 et les mots *A PATER NOSTER O* !

- Exactement ! s'enflamma Charles. C'est là que tout se compliqua, Lionel ! Car dans le compte rendu que Jean David rendit à son supérieur, il évoqua les caractères alphabétiques A et O, le *PATER NOSTER* et le nombre 2036. Or ce dernier n'était peut-être pas content que ces informations fussent divulguées, ou que n'importe qui sût ce qu'il souhaitait tenir pour confidentiel ! Ou bien, ne disposait-il pas des mêmes informations dans son manuscrit ?

- Voilà pourquoi il voulait absolument récupérer le deuxième ouvrage ! conclus-je.

- Tout à fait ! Sauf un point où je ne suis pas d'accord avec toi, ce n'est pas *qu'il voulait, il veut toujours !*

Je pris le temps d'assimiler notre analyse avant de répondre :

- Vous avez raison Charles, mais là je crois que nous possédons une appréciable avance sur eux. Le puzzle est bien en place, et c'est nous qui poserons l'ultime pièce. Comme on dit, rira bien qui rira le dernier.

- Oui ! approuva-t-il.

- Quand je pense que j'ai été trahi par un proche, un pote, un ami ! Ah, l'enfoiré ! m'exclamai-je. Il ne l'emportera pas au Paradis !

Tout à coup j'eus un flash ! Une phrase de Charles me revint à l'esprit :

- J'hallucine ! Schangauer me donne un incunable ? C'est sérieux ou il y a une astuce ?
- Il t'appartient ; voici les papiers le prouvant, ajouta-t-il en me tendant une enveloppe cachetée. Je suppose que, vu la tournure des événements, il ne tient pas à courir de risques, ni à s'encombrer d'un manuscrit dont il n'a que faire !
- Il me l'offre sans contrepartie aucune ?
- Il compte ne plus jamais entendre parler de ce manuscrit ! Par ailleurs, il n'a nullement besoin d'argent, ayant hérité de la fortune de son père et de celle de son grand-père.
- C'est... bafouillai-je.
- C'est bien ainsi ! conclut Charles.

Je jubilai de bonheur. Je voulus me précipiter dans ma chambre. Mon excitation entraîna un faux mouvement, et je laissai échapper un petit cri de douleur.

- Il y a un temps pour tout, mon cher. Dans l'immédiat, je te suggère de te reposer quelques heures. Ensuite je te lirai la correspondance de Hildegarde von Bingen et, crois-moi, elle nous réserve plus d'une surprise.

Effectivement, en guise de surprises, j'allais être bigrement servi !

*

Chapitre 14

Le même jour, l'après-midi.

Charles commença la lecture, en latin, de la lettre de Hildegarde von Bingen : *" Soror carissima, litteras accepi ab optimo nostro imperatore Frederico quae certiorem me facit se iuuante te esse abbatissam factam montis Hohenburgi, de visionibus meis quoque per longissimas vuesperas locutas esse. Abhinc annis vinginti visiones hae quaestiunlas multas nihi posuerunt quas patri Bernado expose ut quid de rebus istis sentiret nihi diceret."*

Après ce passage, il s'interrompit et éclata de rire.

- Vous trouvez ça drôle ? Je me doute qu'elle n'a pas envoyé pas un courriel avec accusé de réception en espéranto, le morigénai-je (du latin morigerari) en haussant les épaules.

- Doucement jeune homme, ne va pas trop vite dans

tes affirmations ! Car, elle a écrit un intéressant ouvrage concernant une langue inconnue qu'elle avait inventé : la *“ Lingua ignota ”* et un alphabet inconnu, le *“Litterae ignotae”*. La *“Lingua ignota ”* propose, entre autres, une terminologie latine et allemande, nouvelle dans de nombreux domaines.

- Une langue codée ? risquai-je.

Un sourire malicieux éclaira son visage.

- Je crois que pour toi le latin ressemble déjà à une langue codée ! Aussi, j'ai demandé à mes services de réaliser une traduction en français, s'amusa-t-il, et il reprit sa lecture : *“ Ma chère cousine, un courrier de notre bon empereur Frédéric m'apprend que, grâce à son appui, vous êtes la nouvelle abbesse du couvent du Hohenbourg. Il m'informe, en outre, que vous avez commenté, ensemble pendant de longues soirées, quelques-unes de mes visions. Il y a vingt ans, maintenant, ces visions me posèrent bien des problèmes, et je m'en ouvris, à l'époque, à Bernard de Clairvaux pour lui demander son avis. Ce dernier m'encouragea à les publier, arguant que c'était une grâce du Ciel, et donc une manifestation de l'Esprit Saint. Vous êtes, ma cousine, un peu jeune pour connaître Bernard de Clairvaux. Sachez que lors du concile de Troyes en 1128 convoqué par Honorius III, et présidé par Mathieu d'Albano le légat du pape, Bernard, alors simple moine, a été nommé secrétaire du concile. C'est lors de ce concile que Bernard fit reconnaître les statuts de la milice du Temple* (les futurs Templiers), *dont il rédigea lui-même les termes. Je le vis pour la dernière fois, fin décembre, en l'an de grâce 1146, en l'abbaye cistercienne de Sturzelbronn, alors qu'il se rendait à Spire pour prêcher la deuxième croisade devant la Diète. Dans le même temps, il fit un détour par Haguenau pour consoler le duc d'Alsace, Frédéric le Borgne, père de votre protecteur Frédéric II, qui venait de partir en croisade avec son oncle Conrad. "*

- Tu te rends compte de l'importance de ce document ? me demanda-t-il.

Sans me laisser le temps de répondre, il enchaîna :

- Saint Bernard, Lionel ! Certainement la plus haute autorité spirituelle en son époque. Bernard qui était venu pour évangéliser l'Alsace, mais n'avait pu se faire comprendre ! Les gens d'ici n'entendaient ni le latin, ni le français ! Saint Bernard, prêchant à Strasbourg en 1148 ! Attends, il faut que je trouve le passage où elle rapporte une colère du célèbre abbé de Clairvaux en ce qui concerne l'art religieux... Voilà, écoute : "*... Les chapiteaux richement gravés des colonnes nuisent considérablement à la prière et au recueillement. Ils sont souvent si merveilleux que l'on est plus tenté de lire dans le marbre que dans nos livres, et de passer le plus clair de la journée à s'émerveiller devant eux plutôt qu'à méditer sur les préceptes divins. "*

- Tu t'étonnes de la sobriété de l'architecture cistercienne ! souligna Charles en riant bruyamment et il poursuivit : " *Par la suite, j'appris que, le 13 janvier 1148 lors du grand synode allemand de Trèves (Trier), présidé par le pape Eugène III en personne, on avait demandé au Saint-Père ce qu'il pensait des visions " de la Mère supérieure Hildegarde "... Or, devant toute l'assemblée réunie, le souverain pontife avait pris entre ses mains un extrait de mes textes, l'avait lu à haute voix et avait souhaité une continuité de mes écrits. Quelques mois plus tard, je reçus une lettre du pape disant en substance : " Dieu nous accorde des grâces qui sont notre joie et notre bonheur, mais à quoi serviraient-elles si nous ne savons pas nous en servir ? Ecrivez donc ce que l'Esprit de Dieu vous inspire."*

- Nous savons que Hildegarde aura un échange épistolaire, considérable et soutenu, avec plusieurs Saints-Pères : Eugène III, Anastase IV, Adrien IV et Alexandre III. Cette femme aura connu pas moins de quatre papes ! La plus grande partie de sa correspondance existe encore de nos jours. C'est absolument fabuleux ! s'extasia-t-il.

Je l'avais rarement vu dans un tel état de fébrilité, et ce n'était pas fini. Il reprit sa lecture : "*Ceci pour vous dire, ma chère Herrade, que je vous encourage vivement à entreprendre la composition de cet ouvrage dont Frédéric évoque l'idée dans son courrier. J'ai toujours soigné, à la fois les corps et*

les âmes, en initiant mes nonnes à la gravure, à l'écriture, à la reliure, aux chants et à la science, domaines généralement réservés aux hommes. "
- En fait, elle l'incite à entamer, en compagnie de ses moniales, la rédaction du manuscrit de *l'Hortus Deliciarum*. Il poursuivit sa lecture : *" Malgré les problèmes que cela me vaut avec les hauts membres du clergé de Mayence, je continue de soutenir que l'esprit de la femme est en tous points comparable et égal à celui de l'homme "*. En plein Moyen Age, L'Eglise, dans sa grande mansuétude, envoyait vite fait, bien fait, sur le bûcher nombre de *" malsentants de la foi ",* pour beaucoup moins que ça. N'oublions pas qu'à peine un siècle plus tard, naîtra l'Inquisition médiévale, chargée de lutter contre les hérésies, et atteignant son paroxysme lors de la répression du catharisme, ajouta-t-il et, il enchaîna : *" Imite la colombe en sa piété, quand ton esprit avec inquiétude cherche à comprendre beaucoup de choses inaccessibles pour toi. Alors tiens-toi en repos et apprends la modération, car la colombe aussi est modérée et stable. Apprends à garder mesure en toute chose. "* Elle donne un message de modération. Pas d'excès de pénitence ou de mortification ! *" Prochainement je ferai porter en votre Mont-Sion un ouvrage traitant de plantes, de techniques et de recettes, que je ne puis vous dévoiler ici. Vous y verrez combien la connaissance des aliments, des plantes et des boissons est*

essentielle à la santé du corps. " S'agit-il du " *Liber diversis artibus* " ce catalogue du savoir technique du Moyen Age du fameux Théophilus Presbyter ? Ou de " *La prophétie des Papes* " selon saint Malachie ?

Il interrompit sa lecture, posa un regard malicieux sur moi et déclara :

- Es-tu au courant que d'aucuns attribuent cet ouvrage à Nostradamus ?

Devant mon mutisme il continua :

- Je te rappelle que c'est dans le *"Lignum Vitae"* , recueil de panégyriques des personnalités de l'ordre Bénédictin édité en 1595 à Venise, qu'Arnold de Wion avait inséré " *La prophétie des Papes* ". Bien entendu, à cette époque déjà on maîtrisait l'art "*d'assurer ses arrières",* aussi l'avait-il imputé à saint Malachie, ami de Bernard de Clairvaux : mais refusera toujours de révéler la provenance du document original…

- Quel rapport avec Nostradamus ?

- Si tu me laissais terminer ! s'indigna ironiquement Charles. Je n'affirme pas que c'est la vérité, je dis que certaines personnes, par des circonvolutions, dignes du cirque Pinder, arrivent à ce constat ! Comment ? D'une part, et ça c'est authentique, quelques membres parmi les érudits bénédictins étaient frères de la Rose + Croix, tout comme Nostradamus. D'autre part, en jouant avec les anagrammes, en hébreu, de *"Michel"* et de

"Malachie", on s'aperçoit qu'avec les mêmes lettres, *He, Kaph, Lamed,* et *Mèm* on obtient les noms *"Mikhael"* et *"Malkhie"*. Bien entendu, utiliser le prénom et le nom ne dérange personne si la démonstration s'avère bonne ! Troisièmement, les adeptes de cette théorie font remarquer, que dans les quatrains des *"Centuries"*, il évoque quelques pontifes à venir. Et pour finir, ils citent Onofrio Panvino, bibliothécaire au Vatican, dont l'ouvrage, *"Epitomae pontificum Romanorum. Petro usque ad Paulum IV",* édité à Venise par Jacob Strada en 1557, présente une chronologie des papes, de l'apôtre Pierre jusqu'à Paul IV. Or, nous savons que Michel de Nostredame avait connaissance de ce manuscrit. Une bonne partie du travail était ainsi déjà fait, il suffisait de poursuivre la liste !

J'eus, à mon tour, un soupir ironique, n'échappant guère à mon mentor.

- Ou s'agit-il de tout autre livre, recueil, traité, duquel nous ignorons l'existence ? enchaîna-t-il. Sur ce point, Hildegarde von Bingen, demeure assez vague. Une chose est sûre, c'est que l'information circulait, comme on dirait de nos jours, entre les différents monastères. Il n'est pas interdit de penser que Herrade s'inspira de sa correspondance avec elle, pour développer ses propres thèmes concernant l'astronomie, l'agriculture, l'arpentage et la voirie.

Je me levai et effectuai, clopin-clopant, quelques pas dans le bureau. J'avais le cœur gros.

(J'essayais de me concentrer sur les propos de Charles et en même temps je songeais à Samira. Pourquoi ? Pourquoi partir ainsi sans rien dire ? Quelles qu'aient été mes erreurs, une explication s'imposait). Charles attendit, sans un mot, que je reprenne place avant d'enchaîner :

- J'ai entrepris des recherches concernant cette religieuse allemande du XIIème siècle. J'avoue que la médecine naturelle, telle que la préconise Hildegarde, rencontre un écho certain de nos jours. En Allemagne, en Suisse, parurent plusieurs de ses livres. Une maison de santé a été créée, fonctionnant selon les méthodes qu'elle recommanda. La plupart de ses écrits sont réunis dans un grand livre *(le Riesencodex)* conservé à la bibliothèque régionale de Hesse, à Wiesbaden, en Allemagne. On y trouve notamment une phénoménale compilation de travaux encyclopédiques sur les sciences naturelles et les arts de la guérison. Elle passe pour posséder une maîtrise totale dans la médecine psychosomatique et l'art de guérir par les plantes. On lui attribue " *La Physica* " *(le Livre des subtilités des créatures divines)* et l'ouvrage médical " *Causae et Curae* ", ainsi que divers traités religieux. Son œuvre rencontre aujourd'hui encore beaucoup d'échos, et ses poèmes liturgiques sont toujours merveilleusement chantés par les bénédictines. Malgré plusieurs tentatives, elle n'a jamais été canonisée. Cependant, elle fut très vite qualifiée de sainte par le peuple, et à la fin du

XVIème siècle, comme elle était l'objet d'une dévotion de longue date, son nom fut inscrit au martyrologe romain sans autre formalité, avec le titre de sainte. Sa fête est célébrée le 17 septembre.

Il reprit son souffle. J'en profitai :

- Pourtant, en France elle est, pour ainsi dire, une inconnue, constatai-je. Quel peut-être ce mystérieux lien existant entre Hildegarde von Bingen, sa correspondance et *l'Hortus Deliciarum* ? Et où se cacherait le *(ou les)* secret *(s)* ?
- Certainement dans les lettres, sûrement pas dans les pages du manuscrit ! souligna Charles.
- S'il existe, eh bien, nous le découvrirons ! affirmai-je sentencieusement. Enfin, vous le trouverez... si ce n'est déjà le cas... ajoutai-je promptement.
- Pour moi, il est évident que ce lien réside dans les écrits entre Hildegarde et Herrade, dit-il en tapotant ses feuilles.

Un ange passa.

Il continua sa lecture : “ *Il y a une vingtaine d'années, j'ai fondé l'abbaye de Ruperstberg. J'ai la joie de vous annoncer qu'il y a plus de deux ans maintenant, j'en créai une deuxième à Elbingen. A vous, qui êtes à l'aube de prendre de lourdes responsabilités, je vous encourage vivement à toujours prier notre Seigneur afin de choisir les justes décisions. Mes bientôt trente années de charges, me permettent de vous donner ces quelques conseils.* ” Cette lettre date, approximativement, de

1168, commenta Charles ; donc Hildegarde arrive au crépuscule de sa vie.

Il fit un rapide calcul :

- Herrade, elle, a la quarantaine. Elle a environ le même âge qu'Hildegarde lorsqu'elle devient abbesse du couvent de Disibodenberg. Attends, ajouta-t-il en fourrageant dans son dossier.

Le rangement et le classement n'ont jamais été le fort de Charles, mais comme par enchantement, il mettait toujours, plus ou moins rapidement, la main sur le document recherché. D'entre une volumineuse liasse de papiers il extirpa la feuille convoitée :

- Voilà, dit-il en la brandissant ! Il s'agit d'un commentaire, presque une justification, quant à ses visions, alors qu'elle vient d'avoir soixante-dix ans : *“ Depuis mon enfance, avant que mes os, mes nerfs et mes veines se fussent affermis, jusqu'à ce temps où, devenue septuagénaire, je vois toujours en mon âme cette vision. Selon le bon plaisir de Dieu, mon âme tantôt se promène parmi des peuples différents, qui habitent des régions lointaines, des lieux inconnus. Et parce que je vois les choses en mon âme, selon ce mode, je les considère aussi selon les vicissitudes diverses des nuages et des autres créatures. Ces choses, je ne les entends pas de mes oreilles, je ne les perçois point par les pensées de mon cœur ni par l'action confinée de mes cinq sens, je les vois seulement en mon âme, et les yeux de mon corps restent ouverts, car je n'ai jamais souffert la défaillance de l'extase. Je les vois, éveillée, le jour et la nuit.''*

Il posa la feuille, parmi d'autres, sur un coin de sa table de travail, retrouva instantanément ses notes concernant la lettre de Hildegarde adressée à Herrade, et poursuivit sa lecture : *“ Pensez à bien vous entourer, les tâches sont nombreuses et l'appui d'une ou de deux sœurs est appréciable. N'hésitez pas à veiller à l'éducation et au développement intellectuel de vos religieuses et partagez avec elles le bonheur de la connaissance et de l'harmonie. Sachez déléguer et songez toujours à vous consacrer à la méditation. Instaurez des règles et exigez leur stricte observance. Instruisez les sœurs, confiées à votre sagesse, dans les œuvres de salut. Veillez avec zèle et inlassablement, aux bonnes mœurs de vos sœurs, car la chair demeure faible et le tentateur a son œuvre partout. Si vous pensez, ma chère cousine, que je puis vous être de bon conseil, n'ayez scrupule à me solliciter. ”*

Il éclata d’un rire sonore :

- Elle lui recommande de surveiller attentivement les relations sexuelles de ses religieuses !
- Vous sous-entendez quoi, Charles ?
- Simplement que la vie dans une abbaye à cette époque n’était pas aussi triste et monotone que l’on veut bien nous le laisser entendre.
- Eh ben !
- Eh ben quoi, Lionel ! C’est humain ! Les jeunes

filles envoyées au couvent n'avaient pas toutes la vocation et recevaient avant tout une bonne éducation. Certaines chérissaient un petit soupirant qui, par des soirs sans lune, ne devait pas hésiter à franchir le mur et venir compter fleurette à sa belle... Façon de parler ! ajouta-t-il malicieusement.
- Charles ! Au Mont Sainte-Odile ! m'insurgeai-je.

- Oui ! Même au Mont Sainte-Odile ! Incroyable ! Les Alsaciens ne supportent pas qu'on touche à leur Sainte ! Des orgies dans tous les monastères de France et de Navarre, mais pas chez eux ! Pas en Alsace ! Non Monsieur, pas en Alsace ! Passons. Le contexte où se déroule le quotidien d'une religieuse du XIIème siècle est tout différent de celui de nos jours. Rien à voir, pas de comparaison possible ! s'emporta-t-il. A cette époque, la clôture des moniales est beaucoup moins sévère et stricte qu'elle ne le deviendra plus tard. La constitution *"Periculoso"* du pape Boniface VIII, à la fin du XIIIème siècle, en 1298 exactement, les contraindra à une existence uniquement confinée. Sévérité accentuée par la suite, aux XVIème et XVIIème siècles. On n'autorisera plus aux femmes que la fondation d'ordres totalement cloîtrés. Faut-il que je vous rappelle, Monsieur le bouquiniste, un édifiant et sulfureux, écrit sur les mœurs monacales, que nous conte Bonadventure des Périers dans ses *" Nouvelles récréations et joyeux devis "* ?

Connaissant sa propension à jouer au personnage outré, j'attendis sagement la suite.

- Cet écrivain nous raconte la savoureuse nouvelle claustrale dont Jean de La Fontaine tira l'un de ses contes les plus licencieux intitulés *" Les Lunettes "*. C'est l'histoire d'un jeune garçon, résolu à entrer au couvent. Il s'habille *" en fille, assez pôvrement et s'avise de se nommer Thoinette "*. Il se présente à la vieille abbesse qui, sans hésitation, l'accepte pour chambrière...

- Charles, le coupai-je, vous voulez bien continuer votre lecture ?

L'interpelé secoua la tête et s'exécuta : *" Je vous joins le dessin d'une de mes dernières visions. Il représente un homme avec six mains, au cœur du Cosmos. J'affirme par là que toutes les créatures de Dieu font parties intégrantes du Cosmos, et que tout péché cause du mal, non seulement à Dieu, mais également à tout le Cosmos. "*

Il pointa les branches de ses lunettes vers moi et s'enthousiasma :

- Tu te rends compte, Lionel, trois siècles avant la naissance de Léonard de Vinci, l'image de l'homme, bras étendus sur le globe de la Terre, cette image mettant l'individu au centre de l'univers… Cet homme, Lionel, est une vision de Hildegarde von Bingen et non pas de Léonard de Vinci ! Découvrir l'ordre cosmique, être en harmonie avec le cosmos, quel beau programme philosophique, digne des grandes écoles grecques.

Charles posa la lettre sur son bureau et ralluma sa pipe, éteinte depuis longtemps.

- Tu n'es pas trop fatigué ? me demanda-t-il.

D'un geste, je balayai cette supposition et j'affirmai, malgré les élancements parcourant ma jambe :

- Pas du tout ! J'attends impatiemment la suite.

- Alors, prenons une pause. Que dirais-tu d'une bouteille de vendanges tardives, histoire de te fouetter les sangs et te redonner des forces ? ajouta-t-il avec un air gourmand dans les yeux.

Je souris malicieusement et acquiesçai d'un signe de tête. Avec Charles, tous les prétextes s'avéraient bons pour déguster une bouteille de son cellier. Dieu sait que sa cave méritait un détour ! Il est vrai que, mine de rien, je me sentais un peu flagada.

*

Un peu flagada ? Tu parles ! Je m'étais carrément endormi sur le sofa. L'après-midi était déjà fort avancée lorsqu'il m'apporta une thermos de café. Pour lui, il avait cherché une deuxième bouteille de blanc. Une question me turlupinait :

- Charles, je suis très étonné de ne pas recevoir de

nouvelles de Samira. Au bout de huit jours quand même ! Est-ce que vous me cacheriez quelque chose ?

Comme toujours, quand il était embarrassé, il commença par bourrer pincée après pincée, une pipe. A voir son intense réflexion, je m'attendis au pire. Il se contorsionna sur son siège, se racla la gorge, alluma sa bouffarde et lâcha d'une traite :

- Ils sont rentrés chez eux, en Iran !

- *Quoiiiiiii ! ! !* m'exclamai-je. Comment ça : *" Ils sont rentrés ! "* ?

- Les parents ont menacé d'enlever Samira à l'hôpital ! Je n'avais pas vraiment le choix ! En accord avec le procureur Loursin, nous avons organisé un vol sanitaire.

- Ah oui ! sifflai-je entre les dents. Et les principaux intéressés, Samira et moi, vous leur avez demandé leur avis ?

- Ecoute Lionel, c'était ça ou le risque d'un enlèvement ! L'essentiel étant que ton amie soit en bonne santé. Peut-être vous retrouverez-vous un jour prochain.

Je secouai la tête, blessé, l'âme en peine.

- Non, non ! Si elle est partie, alors tant pis ! Sûrement qu'elle ne m'aimait pas assez pour désobéir à sa famille et rester avec moi. Elle, qui m'avait lancé avec sa fougue juvénile, que j'adorai tant : *" Si un jour tu me quittes, je pars avec toi ! "*

Des mots ! Rien que des mots ! Une méchante

petite douleur me serra le cœur. J'essayai de me dominer pour ne pas fondre en larmes. J'eus la détestable impression de manquer d'air et de sentir un nœud à l'estomac. Quelque chose se brisa à l'intérieur de moi ! Je songeai à un événement désagréable, crade, bien pourri, de derrière les fagots ! Combattre le mal par pire ! Re-la-ti-vi-sez ! Je respirai à fond, tendis la main vers la cafetière, me resservis du café, mis un mouchoir par-dessus mon chagrin et dis :

- Et cette lettre, Charles ! Vous me lisez la suite ?

Il ne fut pas dupe, bien sûr, évita une nouvelle allusion à Samira et se saisit d'un cahier de notes.

- Il y a un passage qui me laisse songeur, avoua-t-il. Elle narre une de ses récentes visions. Tu sais à quel point j'ai horreur des conclusions trop hâtives, pourtant là, l'explication me semble tellement évidente ! En fait, il s'agit du verset 1 et 2 du chapitre IX de l'Apocalypse de Saint-Jean : “ *Et le cinquième ange sonna... Alors, je vis un astre qui avait chu sur la Terre. On lui remit la clef du puits de l'Abîme. Il ouvrit le puits de l'Abîme, et il en monta une fumée, comme celle d'une immense fournaise, le soleil et l'atmosphère en furent obscurcis.* ” Puis, Hildegarde poursuit : “ *J'entends dire que quelques-uns présentent, ici et là, des lettres écrites, soi-disant, sous mon propre nom. Ceci est pure diffamation ! Ils prétendent que je prophétise au sujet du jour du Jugement, ce que certes, je n'aurais jamais eu la présomption d'accomplir, puisque cette arrivée défie la connaissance de tous les mortels. Je pourrais supporter les propos de la foule, mais je sais que parmi eux, quelques-uns et des non moins virulents, se promènent en habits religieux. Il en est même, agités de je ne sais quel zèle, tournant en dérision la grâce de Dieu qui est en moi.* Elle ajoute : *Alors, je me tourne vers l'Ange du Seigneur et je dis : " Seigneur, qu'en est-il de la Parole que tu m'as adressée ? "* Il répond : *" Tout ce qui t'arrive, supporte-le patiemment et avec bienveillance ; prends bien garde, le Créateur de l'univers entier supporta les moqueries des hommes. A présent, Dieu éprouve ta patience. O ma fille, écoute donc à présent : ceux désirant accomplir les œuvres de Dieu doivent toujours comprendre qu'ils sont vases d'argile. "*

- Elle exhorte Herrade de Landsberg à se méfier des prélats de l'Eglise et divers gens de religion, qui concevaient peut-être des soupçons, bien fondés, à son égard, constata Charles. Ensuite, elle lui fait part de ses démêlés avec l'archevêque de Mayence, dont dépend son couvent. On ne peut pas dire qu'il la portait dans son cœur, celui-là ! Dix ans plus tard, Hildegarde et toute sa communauté seront frappées d'excommunication et d'Interdit religieux, par cette Excellence. En conséquence, plus de sacrements, ni de pèlerins, et donc pas de rentrée d'argent ;

interdiction d'interpréter des chants liturgiques...
- Hildegarde ? Anathématisée ? Pourquoi ? Pour quelles raisons ? m'exclamai-je.
- Oh, une sombre histoire de noble excommunié, mais qui, avant de passer de vie à trépas, aurait fait amende honorable et se serait confessé en demandant le pardon de ses péchés. Les sœurs auraient enterré le repenti dans un coin secret de leur abbaye, déplaisant par là-même fortement aux hauts membres du clergé, qui exigèrent le déterrement. Hildegarde refusa tout de go ! La sanction ne tarda guère : excommunication ! Elle mettra plus d'un an à faire lever cet Interdit.
- Elle avait un sacré caractère, la Mère supérieure !
- Encore plus que tu le penses, confirma-t-il. Bref, pour en finir avec sa missive, elle conclut en lui donnant, par l'intermédiaire d'un moine, une clef pour authentifier ses écrits...

D'un bond, je me redressai !
- Une clef, dites-vous !
- Oui Lionel, un sésame, une signature, un mot de passe que sais-je.
- Comme la date servant de code que nous employâmes, il y a peu de temps, dans la salle souterraine du château de Schangauer ?
- Peut-être quelque chose de moins simpliste, suggéra Charles en souriant.
- Retour à la case départ, vous ne touchez pas la prime de vingt mille euros ! constatai-je, les bras

ballants et l'air désabusé !

Il haussa les épaules et reprit la lecture de la lettre de la religieuse : *" Je vous adresse Guibert de Gembloux, successeur de Volmar, mon fidèle moine. Il vous instruira sur la manière de vérifier l'authenticité de mes lettres à vous transmises. Nous deux, dans le cercle de la vérité, par la puissance de la trinité, nous multiplierons nos connaissances. O ma fille, Dieu fasse de toi un miroir de vie, un outil de la vérité. Quant à moi, demeurant dans les frayeurs de la crainte, que Dieu m'aide afin que je reste à Son service. Je vous supplie, chère Herrade, de me faire participer à vos prières et, selon ce que l'esprit du Seigneur vous aura suggéré, de m'envoyer quelques consolations. La grâce et la paix du Christ soient avec vous et avec vos sœurs."*

- Voilà, conclut-il.

La bouteille de vendanges tardives, voisinant avec un tire-bouchon et deux verres à pied torsadé, commençait à tirer une tronche ! Qui étaient ces deux énergumènes, agités, manquant à ce point d'empressement pour la déguster ? Si elle avait pu parler, elle nous aurait vertement rappelés à l'ordre ! Peut-être y eut-il un soudain échange de télépathie, car au même moment, Charles se dirigeait vers la table basse et disait :

- Viens boire une coupe du sang de la terre, pour te revigorer.

Le vin m'acheva. Je remontai dans ma

chambre et passai le reste de l'après-midi à dormir. J'imagine que j'aurais entamé le tour du cadran, si je n'avais été réveillé par l'infirmière mandatée pour procéder à mes ablutions et changer le pansement de ma cuisse. Ma blessure cicatrisait *"vite et bien"*, dixit la femme de l'art *(et de lard, vu son poids)* ! Elle semblait contente de son patient. Tant mieux, je n'en pouvais plus de me déplacer sur trois pattes et pire, je ne la supportais plus ! J'avais un sérieux contentieux en cours avec ma garde-malade. Dodue, mafflue, ventrue, des épaules de catcheurs et des cuissots de rugbyman, un parfum dont je ne voudrais pas comme désinfectant, et une haleine à vous flinguer la libido. Le volume cubique qu'elle occupait dans ma chambre frôlait l'indécence. Je crois que c'est pendant ces journées-là que j'ai compris l'expression signifiant : *" Tu me pompes l'air !"* En sa présence, je manquais effectivement d'air ! Quand arrivait l'heure de sa visite, je sentais une intense poussée d'adrénaline me submerger. Invariablement, dès qu'elle franchissait la porte, elle s'exclamait, en se pétrissant les mains, et avec un affreux rictus sadique :
- Prêt pour le débarbouillage ? On se dépêche, faut le remettre, à neuf ce joli monsieur ! On écarte les jambes et on arrête de râler ! Non, l'eau n'est pas trop chaude ! Non, elle n'est trop froide ! Il enlève les paluches de son petit oiseau, le prude ! Qu'est-ce qu'il se figure ? J'en ai vu d'autres, et des plus

charnus que celui-là !

Ainsi de suite, tandis qu'elle me frottait le corps avec un gant s'apparentant plus à un gant de crin qu'à un gant de velours ! Et vas-y que je te frictionne, que je t'astique et que je t'étrille à tour de bras. Tiens, je prends le pari qu'elle avait effectué un stage dans un zoo, rayon éléphant ou hippopotame ! Quant à moi, à la fin de la séance, je ressemblais à un flamand rose déplumé ! Au terme de mes ablutions, j'ai la douloureuse impression de sortir d'un ring de catch. Stoïque, je me tais et je subis, sachant qu'un jour je lui dirai ses quatre vérités ! Je ne décompresse que lorsque j'entends un affreux borborygme qui signifie :

- A demain !

*

Chapitre 15

Le même jour, plus tard.

Ce n'est qu'en fin de soirée que je retrouvai Charles dans son bureau. Je me sentais tout à fait ragaillardi. Pendant mon somme, il avait continué à réfléchir à notre problème. Plongé dans ses commentaires, il ne remarqua pas tout de suite ma présence. Sans bruit, je rejoignis ma place favorite sur le sofa. J'aimais sa belle chevelure argentée, les mimiques qu'il arborait tandis qu'il relisait ses notes. J'observais sa façon de se servir de ses lunettes ou de sa pipe comme d'une baguette de chef d'orchestre. Dans le silence de cette pièce, il se dégageait de cet homme une sérénité me comblant d'aise. A ce moment-là, mon seul désir était de lui ressembler un jour. Lorsqu'il m'aperçut, il m'interpela :

- Voilà l'erreur, Lionel ! On admet généralement que l'essentiel dans *l'Hortus Deliciarum* est une

communication, une missive cachée ou mystérieuse de Herrade de Landsberg. Or c'est faux, c'est le message de Hildegarde von Bingen qui est déterminant, capital devrai-je dire. En fait *les messages* de Hildegarde, pour la bonne raison que, vu le nombre important de fragments, il s'agit certainement de plusieurs courriers. Je te félicite, car toi *(il me fit un clin d'œil)* tu m'as montré la voie.
- Pardon ! m'exclamai-je étonné.
- Herrade a eu la même idée que toi pour soustraire aux regards indiscrets sa correspondance secrète.
- J'avoue que je ne saisis pas.
- Tu as raison, je m'exprime mal. Tu as eu la même inspiration que Herrade, en évidant un livre ancien pour y dissimuler l'incunable, en le plaçant dans une presse et en l'exhibant au vu et au su du public, dans ta devanture. Télépathie à distance ? suggéra-t-il avec un sourire narquois !

Je mis un tout petit moment avant de comprendre le sens de la remarque de Charles :
- Utiliser la couverture comme cachette ? proposai-je, timidement.
- Exactement, jubila-t-il.

Il aimait que son élève, en l'occurrence moi, comprenne vite et correctement ! Comme tout bon maître, il se montrait exigeant avec son disciple.
- Se servir, pour camoufler les lettres, du devant et du derrière de la reliure, que nous savons être en cuir simple sur ais de bois, et exposer le manuscrit bien

en vu et au su de tout le monde, ajoutai-je.
- Absolument, approuva-t-il. Qui aurait pu deviner que cet incunable recelait un terrible secret ? Surtout qu'il était certainement exhibé, tel un antiphonaire, sur un lutrin au milieu du chœur, comme de coutume à l'époque.

Un élancement dans ma jambe m'arracha un petit cri de douleur.
- Ça va ? s'enquit mon mentor.

Je bougeai le membre blessé, et l'invitai à poursuivre.
- Dans la couverture du dos de l'ouvrage, nous avons découvert d'autres fragments de missives. Elles sont dans un piteux état, mais, au Cern, mon équipe essaye d'en déchiffrer le maximum. Le chiffre 2036 apparaît clairement, des dessins semblant ressembler à des chevaliers ou des guerriers... Une de ces lettres date de 1176, aucun doute là-dessus. A plusieurs reprises nous trouvons la date 2036, car je suis convaincu qu'il s'agit d'une date. Une prédiction, une vision avec tous les détails ? Si prédiction ou vision, il y a, alors elle s'en est ouverte à Herrade. Cette dernière laissa-t-elle des indications dans son manuscrit : les quatre cavaliers de l'Apocalypse, la date, autre chose ? Les recherches sont en cours. Il paraît certain que les documents ont été cachés dans les couvertures du célèbre incunable, parce qu'ils étaient importants, sûrement, sulfureux peut-être, dangereux pour

l'expéditeur certainement.
- Et les fameux griffonnages, que vous avez vus sur la tour de David ! (*Ceux-là, je ne les avais pas digérés.*)
- Et les griffonnages oui, sourit-il malicieusement. Je me demande s'il n'existe pas d'autres messages dissimulés, notamment dans celui des Herratiques ?
- Vous pensez qu'ils ignorent que leur exemplaire peut, lui aussi, cacher des lettres de Hildegarde von Bingen ?
- Sans aucun doute, affirma Charles. D'ailleurs, ils ne disposent pas des moyens d'investigations nécessaires. D'où leur incompréhension et leur acharnement à récupérer, par tous les moyens, le manuscrit en ta possession !

Il afficha un sourire triste et continua :
- A son époque il semble impensable de clamer haut et fort, et sur la place publique, que l'on a eu une vision, une révélation ou une prémonition de ce genre. C'était le bûcher assuré ! Surtout pour une femme qui, si j'en crois mes recherches, passe pour une ignorante et présente des théories assez banales par rapport aux professionnels de la théologie du XIIème siècle ! Histoire de me titiller, il ajouta en latin : *" in nomine femineo indocta "*.

Sans me démonter, je traduisis :
- *" Ignorante parce que je suis une femme "*, une ignare ? Plutôt s'affirmant comme telle pour éviter certains ennuis, non ? Une façade ou de la fausse

modestie, ne puis-je m'empêcher de suggérer.
- Absolument, Lionel. Pour comprendre cette abbesse et les propos qu'elle tient, n'oublions pas que l'ignorance prétendue de Hildegarde est de prime abord matière à discussion sur ses idées simplistes ou sur sa culture littéraire réduite. Il faut replacer son humilité intellectuelle dans le cadre de la position de force que le savoir lettré donnait à ses adeptes au XIIème siècle. Qu'il soit clair que dans les circonstances spécifiques de cette époque, entièrement dominée par une élite restreinte à la fois masculine et cléricale, elle ne disposait d'aucunes libertés pour revendiquer une autorité morale quelconque *au nom du féminin.* On peut d'ailleurs déduire de ses propres paroles qu'il semblait extrêmement difficile pour une personne du sexe, au XIIème siècle, de mériter une certaine crédibilité. Même si en tant que femme, et magistrat d'une communauté de moniales, elle occupait un rang extraordinaire dans le monde intellectuel du XIIème siècle. Pour ce siècle, Hildegarde appartient aux exceptions, avec Herrade, Héloise et Élisabeth de Schönau.
- Donc elle mystifia ses contemporains ! Elle s'exprimait et rédigeait en tant que médium ignorant, en aucun cas en tant que femme. Pas si incompétente que ça, en fin de compte, mais bien futée au contraire, capable d'utiliser toutes les armes de la gent féminine, soulignai-je.

Charles hocha la tête d'un air entendu, se dérida légèrement et enchaîna :
- Grâce à sa féminité, elle jouait de sa pseudo-ignorance, qui constituait un prédicat fonctionnel pour justifier son droit divin de parler et d'écrire en matière théologique. A long terme, elle lui attribua aussi une grande autorité sociale. Prophétesse, elle avait encore besoin de son statut d'ignorante pour se protéger, mais elle ne pouvait outrepasser cette féminité, non reconnue sur le plan théologique. N'oublions pas que le beau sexe ne possède pas d'âme ! En accordant à Hildegarde une bénédiction papale lors d'un synode à Trèves en 1147–1148, l'Eglise toléra ce médium, aussi dut-elle par la suite tenir compte de cette voix critique et gênante, en marge de l'institut ecclésiastique.

Le visage de Charles s'assombrit à nouveau. Il s'approcha de sa bouteille de blanc, constata qu'il en restait un fond.
- Tu en veux ?

Je fis un grand geste de dénégation :
- Plus d'alcool pour moi, merci.

Il haussa les épaules, versa le reste dans son verre et poursuivit :
- J'ai pris contact avec l'un de nos frères très au fait des manuscrits médiévaux, notamment ceux du XIIème siècle, et des copiages opérés par leurs auteurs, de la Bible. D'après lui, Hildegarde ne déroge pas à la règle et fait des emprunts fréquents

au Psautier, par exemple. Pourquoi ?
- C'est à moi que vous demandez ça ? dis-je surpris.

D'un geste de la main, il éluda la question et enchaîna :

- Parce que, l'enseignement le plus élémentaire au Moyen Age, consistait en la mémorisation des Psaumes. La vie monastique était entièrement rythmée par leur récitation. D'ailleurs, le Psautier constituait l'un des premiers livres bibliques qu'on commençait à traduire, au XIIème siècle, en langues vernaculaires, afin d'améliorer la connaissance des Écritures auprès de la population laïque.
- Vernaculaire ? bafouillai-je, en étouffant un sourire.
- Une langue parlée seulement à l'intérieur d'une communauté !
- Mais...
- Attends, me coupa-t-il. Notre frère met en évidence dans son étude, les emprunts faits par Hildegarde, principalement à la Genèse, pour l'Ancien Testament, aux épîtres de Luc et de Paul, ainsi qu'à l'Apocalypse, pour le Nouveau Testament. Le nombre de ses emprunts à l'Apocalypse semble être en rapport avec les images eschatologiques qu'elle décrit dans ses visions.
- Eschatologique ?
- Tu as décidé de m'interrompre comme ça, à tout bout de champ ? s'emporta-t-il. Eschatologique, oui, d'eschatologie *"doctrines et croyances relatives aux*

fins dernières de l'homme et de l'univers", ajouta-t-il, en me faisant de grands yeux.

Je pouffai silencieusement et enchaînai :

- Je sentais qu'en tant que moniale *ignorante* elle se moquait du monde !

- Non, tu te trompes ! rectifia Charles. Il s'avérait extrêmement difficile pour une femme au XIIème siècle, de mériter une certaine crédibilité. D'ailleurs les choses ont-elles vraiment évolué dans le domaine de la condition féminine ?

- C'est un autre débat, esquivai-je à mon tour.

- Certes, concéda-t-il. Pour en revenir à Hildegarde, ce n'est qu'après sa mort, qu'elle a été principalement commémorée en tant que prophétesse.

- Une vaticinatrice, une visionnaire, un médium, une voyante, on y arrive ! jubilai-je.

- Oui, approuva Charles, je suis convaincu qu'elle annonce une catastrophe pour le XXIème siècle. Elle se confie, je ne sais pour quelle raison, à Herrade de Landsberg. Cette dernière cache les lettres dans les couvertures de l'Hortus. En saisit-elle le sens véritable ? Cela n'est pas certain, mais elle devine que le courrier envoyé par Hildegarde revêt une grande importance. Elle connaît les risques encourus par celle-ci, et par elle-même, si par hasard ces documents tombaient en de mauvaises mains ! Aussi, prend-elle soin de les dissimuler. Une des clefs, je pense qu'il en existe d'autres, se trouve dans le verset 1 et 2 du chapitre IX de l'Apocalypse, qu'elle cite à Herrade : *" Et le cinquième ange sonna... Alors, je vis un astre qui avait chu sur la Terre. On lui remit la clef du puits de l'abîme. Il ouvrit le puits de l'abîme, et il en monta une fumée, comme celle d'une immense fournaise, le soleil et l'atmosphère en furent obscurcis. "*

- Cela ne te rappelle-t-il rien ? me demanda Charles une lueur d'angoisse dans les yeux.

- Si, répondis-je, la catastrophe causant l'extinction des dinosaures ! Il y a... soixante, non, soixante-cinq millions d'années !

- Exact, s'écria-t-il, à l'exception des oiseaux, qui sont des dinosaures théropodes.

- On pense, renchéris-je, que la chute d'un astéroïde ou l'impact d'une comète provoqua une tragédie majeure sur la terre. L'énergie libérée équivalait à cinq milliards de fois celle de la bombe atomique d'Hiroshima. Par le biais de débris dus à la collision, notre planète plongea dans l'obscurité et le froid pendant plusieurs années. Vous imaginez la quantité de poussières, de cendres et de gaz carbonique rejetés dans l'atmosphère ? Plus besoin de se mettre de lait bronzant à indice U.V. certifié, pendant des années !

Amusé, il approuva et paracheva :

- Le verset 2 se termine par *" le soleil et l'atmosphère en furent obscurcis. "* Plus de soleil, plus de photosynthèse, d'où appauvrissement massif en plantes et en plancton. Résultats ? Plus rien à manger pour de nombreuses espèces dépendant de ces ressources, d'où dysfonctionnements des chaînes alimentaires et... disparitions. Il posa ses lunettes devant lui et hocha la tête. Il se pencha et ouvrit l'un des tiroirs de son bureau pour en sortir un classeur bleu, le feuilleta, en retira quelques pages et me les tendit. Toutes portaient l'en-tête du Cern. Je lus : *"Une nouvelle étude, publiée en mai 2008 dans la revue Geology, fait état de la découverte de petites billes, appelées cénosphères, dans les sédiments Crétacé-Tertiaire, sur huit des treize sites examinés. Ces sphères microscopiques se forment suite à la combustion de charbon et de pétrole brut. Les chercheurs supputent que l'astéroïde de Chicxulub, au nord de la péninsule du Yucatán au Mexique, aurait pu s'écraser dans un immense réservoir de pétrole en projetant dans l'atmosphère de grandes quantités d'hydrocarbures enflammés. Cette boule de feu se propagea sur des centaines de kilomètres et amorça le processus d'extinction des grandes formes de vie, en épargnant les plus petites, comme les ancêtres des mammifères. Cette théorie permet d'expliquer la présence de suie dans les sédiments, elle n'apporte pas, en revanche, de précisions sur l'évolution de la Terre (réchauffement, nuage occultant, pluies acides...) immédiatement après l'impact."*

Suivait une synthèse détaillée des théories sur les conséquences de la chute d'un astéroïde et les effets de l’impact. L’hiver glacial, la baisse de la photosynthèse, les mégatsunamis, les pluies acides, les extinctions de masse, etc. Une autre feuille portait en titre : *“ Apophis – Astéroïde numéro 99942 ”.*

- Apophis ? Qu’est-ce que ça veut dire ? demandai-je à Charles.

- Apophis est le nom du dieu égyptien de la destruction. Sais-tu ce qu'annonce le verset 11 du chapitre IX de l'Apocalypse ?

- Je vous donne la réponse tout de suite ou j'ai droit au coup de fil à un ami ?

Charles pouffa de rire à son tour, me traita d'indécrottable ignare et enchaîna : *“Elles ont comme roi l'ange de l'abîme ; il se nomme en hébreu Abaddon, et en grec Apollyôn. ”*

- Apophis, maintenant Abaddon et Apollyôn ! Vous en gardez encore beaucoup en stock, Charles ?

- Je tenais juste te faire remarquer que Apophis en égyptien, Abaddon en hébreu et Apollyôn en grec, signifie ange de destruction ou ange destructeur !

- Ah ben d’accord, ça continue !

- Bien plus que tu ne peux l’imaginer, Lionel. Apophis, cet astéroïde d’un diamètre de 320 mètres, d’environ vingt millions de tonnes, va croiser, de très près, l’orbite de la Terre, le 13 avril 2029.

Je ne trouvai pas de mots, je venais de recevoir un uppercut en pleine poire, je commençai à manquer d'air !

- Le 13 avril 2029, tombe un vendredi, rajouta-t-il.
- *? ! ? !*
- Un vendredi 13, Lionel !
- *? ! ? !*

Pris d'une inspiration subite, je me livrai à un rapide calcul.
- Charles ! m'écriai-je, les trois premiers chiffres du numéro de l'astéroïde, à l'envers, correspondent à ceux de la Bête, 666 !

Il se leva et me rejoignit. Lentement il bourra une pipe et dit :
- Désolé, je ne pense pas que ces chiffres soient très importants dans le cas présent.

Il fit quelques pas dans la pièce et ajouta :
- Apophis recroisera l'orbite de la Terre en... avril 2036, et les risques de collision ne sont pas exclus.
- En 2000...36 ! 2036 ! ! balbutiai-je.

De surprise je laissai tomber la liasse de feuilles. Ma stupeur passée, je m'empressai de les ramasser, les rendis à Charles et constatai dépité :
- Alors, la boucle est bouclée ? Allons-nous au-devant d'un *remake* du scénario catastrophe des dinosaures ?
- Probablement ! admit-il.
- Nom de Zeus ! m'écriai-je.
- Tes jurons n'y changeront rien ! me sermonna-t-il.
- Peut-être, mais ça soulage !

Un silence à couper à la tronçonneuse s'installa dans le bureau. Seul le grésillement du tabac, dans le fourneau de la pipe de Charles, vint troubler cette chape de plomb s'abattant sur nous. Nous demeurâmes assis face à face, sans parler, pendant un fort long moment, chacun perdu dans de funestes pensées.

*

La nuit avait étalé son ombre noire depuis belle lurette, lorsque je demandai à Charles :

- Vous dîtes probable, donc il reste un espoir ?

Je ne sais combien de fois, au cours de la soirée, il avait rallumé son brûle-gueule. Il prit le temps de l'attiser une fois de plus avant de me répondre :

- Il est impossible, à l'heure actuelle, d'avancer une quelconque certitude. Nous suivons Apophis à la trace et recalculons régulièrement son orbite. Nous pouvons ainsi établir une trajectoire prévisible et en déduire une possibilité d'impact avec la Terre. Ces simulations permettent, dans l'immédiat, d'exclure le risque de collision pour 2029. Mais pas totalement pour 2036.

- Encore et toujours 2036 ! Au fait, avez-vous trouvé le code que Hildegarde communiqua à Herrade pour authentifier ses lettres ?

Fidèle à sa manière de me titiller, il esquiva :

- Et toi ?

- Bien entendu, le narguai-je, avec un sourire jusque

derrière les oreilles. Vous pensiez que votre esquive m'a dupé tantôt ? C'est 2036. Ce que je ne comprends pas, c'est pourquoi Herrade avait cru bon de noter ces chiffres faciles à retenir ?

D'une moue éloquente, Charles apprécia.

- Ai-je droit à une explication, ajouta-t-il, ravi ?

- Oui, cher maître. La phrase : *" Nous deux, dans le cercle de la vérité, par la puissance de la trinité, nous multiplions nos connaissances ",* nous donne la solution.

Je vis de la jubilation dans le regard de mon vieil ami et, pour la première fois, du moins avec cette intensité, je sentis que notre osmose était totale.

- Je m'explique : le Cercle de la Vérité, symbolisé par le *"zéro"*, nous contient nous deux, le *"deux"*. Sublimés par la puissance de la trinité, le *"trois"*. Donc, le Cercle de la Vérité se trouve entre le *"deux"* et le *"trois"*, et mathématiquement, 2 multiplié par 3, la puissance de la trinité, égal le *"six"*... 2, 0, 3 et 6, soit 2036.

Il battit des mains et me gratifia d'un simulacre de révérence.

- Mes leçons porteraient-elles leurs fruits ? Sauf que rien ne prouve que Herrade ait noté cette date elle-même !

- A propos d'espérance, intervins-je, n'en reste-t-il pas une once en ce qui concerne Apophis ?

- Il y a toujours de l'espoir, s'emporta-t-il. Tant qu'il y a de la vie, l'espoir subsiste, n'oublie jamais ça,

Lionel, rétorqua-t-il avec véhémence. Sache que tout corps céleste demeure sensible aux conditions initiales qui ressortent des lois du chaos...

- En clair ?

- Cela signifie que tous les objets de notre système solaire sont affectés par les perturbations gravitationnelles, engendrées par les divers éléments de ce système, de leurs effets thermiques et/ou magnétiques. Une éruption solaire peut changer l'orbite de cet astéroïde. Une interférence avec une autre galaxie, mille et une raisons, accidents, incidents, plus des centaines d'autres causes, que nous ne soupçonnons même pas actuellement, peuvent faire pencher la balance d'un côté ou de l'autre. J'ai créé un nouveau département, le NEO *(Near-Earth Objects, objets proches de la Terre)*, chargé de surveiller les trajectoires de tous les corps célestes présentant un risque de collision avec notre planète, ou bien qui s'en approche de trop près. Malheureusement, je ne rencontre que scepticisme. Je me bats pour obtenir des crédits servant à financer une section d'interception...

- L'utilisation de l'arme atomique pour éliminer un astéroïde menaçant ? jubilai-je.

Il manqua d'avaler sa pipe et me tança :

- Tu devrais moins jouer à tes jeux stupides sur ton ordinateur, Lionel. Personne n'a une réelle idée des conséquences d'une explosion nucléaire dans l'espace. Non, nous devons apprendre à dévier ces objets, et le plus tôt sera le mieux. Un jour prochain, un de ces cailloux représentera un danger pour notre planète, il s'agit d'étudier dès maintenant les différentes possibilités d'intervention. Il y a bien eu quelques essais d'impacteurs...

Devançant une question, que je ne posai pas, il expliqua :

- Un impacteur est un engin spatial dont la mission consiste à s'écraser sur une planète, une comète ou un astéroïde. Nonobstant, à l'heure actuelle aucun gouvernement n'est prêt à investir dans mon projet, ni dans de nouvelles tentatives !

Charles arpenta nerveusement la pièce. Tout à coup il se dirigea vers son bureau, à l'endroit où il avait déposé les feuilles du classeur bleu. Il le feuilleta rapidement, tourna fébrilement les pages. Je retins mon souffle. Il trouva ce qu'il cherchait et me dit :

- Au jour d'aujourd'hui, mes services estiment qu'en 2029 Apophis aurait une chance sur environ 5000 de passer par *le trou de serrure*, qui correspond à une zone de l'espace s'étendant sur 600 mètres, et éviterait, à priori, tout risque d'impact avec notre terre. Mais s'il le franchit en 2029, il n'y réussira pas, lors de son retour, en 2036, et alors là... bonjour les dégâts !

Certains pensent qu'une météorite fut le berceau de la vie, le commencement, l'Alpha. Peut-être est-il dans la logique du *“ Grand Horloger ”*

qu'une autre en soit le tombeau, la fin, l'Oméga !
- 2029 et maintenant 2036 ! m'emportai-je. Comme par hasard une soustraction entre ces deux chiffres nous donne comme résultat *sept.* Ce fameux nombre sept ! Comme les sept sceaux apocalyptiques ? Le septième degré de l'initiation ? Les sept degrés ascendants de la hiérarchie initiatique du culte de Mithra ? Le sept qui sous-tend la *perfection spirituelle* telle que représentée par la création par Dieu de la semaine de sept jours. Ce fameux sept, dont la stylisation figure une faux, symbole de mort ! Mais encore ? Sept quoi ? Sept années pour nous organiser ? Nous préparer à quoi ? L'anéantissement du monde ? Faire pénitence vis-à-vis de la nature ? Changer nos modes de vie ? Tendre la main aux pays émergents et arrêter de nous conduire en égoïstes ! Juguler le réchauffement climatique ? Faire quoi, bon sang de bon sang !
- Je ne puis t'en dire plus ! *" Tu sais qu'il ne faut point que celui qui sait...".*
- Oui, je suis au courant de la suite, l'interrompis-je, *" ...jette dans le trouble les esprits lents, aux lumières imparfaites. "*

Il ajouta avec une pointe d'amertume dans la voix :
- Moi, je ne serai plus là pour vivre la conclusion de cette histoire, toi si!

Il conclut avec ce ton calme et posé que je lui enviais :

- Tu as beaucoup de chance, Lionel, toi tu connaîtras le fin mot de ce drame !

Les révélations de Charles me laissèrent désemparé. Le désespoir commençait à prendre ses quartiers d'hiver dans mon cervelet. En moi, le désarroi le disputait à la colère. Ma fureur avait besoin d'un exutoire. Tout à coup, l'idée qui me hantait depuis quelques jours s'imposa à moi de façon évidente. Une bouffée de rage me submergea. Je me redressai et me dirigeai, en clopinant, vers la porte. Avant de sortir, je me retournai en lançant avec force :

- J'ai un compte à régler et sans tarder ! Je vais incendier ce nid à rats : non mieux, je fais exploser le refuge souterrain de cette secte maléfique !

- Je ne partage pas cette initiative, Lionel. Tu mets en péril la vie d'innocents ! Et même si la cause peut paraître juste, qu'est-ce qui te permet de t'ériger en vengeur ? Par ailleurs, tu risques de détruire d'autres précieux ouvrages et documents cachés au château !

- Des innocents ? Vous omettez les sacrifices humains qu'ils pratiquent ? Vous pardonnez l'attentat contre Samira ? Vous passez sur les agressions dont j'ai été victime ? Vous oubliez frère Emmanuel ? Alors les soi-disant innocents, les bouquins, les manuscrits et tous les incunables de la terre, je m'en fiche !

Charles leva les bras au ciel et s'exclama :

- C'est l'affaire des autorités, pas la tienne ! Ce que

tu envisages est criminel, et heureusement tu n'es pas un meurtrier !

Sourd à ses propos, je me contentai de hausser les épaules. Il avança un dernier argument :

- Ta jambe n'est pas entièrement guérie, comment feras-tu ?

Aveuglé par le désir de vengeance, je répliquai sèchement :

- Même si je devais me traîner sur les genoux, j'irais jusqu'au bout de ma résolution.

- Je pense qu'il est inutile d'essayer de te dissuader de commettre cette folie ?

- Même pas en rêve, affirmai-je d'un ton acerbe, en claquant la porte.

Derrière sa table de travail, Charles fit mine de se lever. Il se ravisa, exhala un profond soupir de déception et décrocha le combiné de son téléphone. Il eut une longue conversation. Au son de sa voix, on comprenait que ses ordres formels ne souffraient aucun commentaire. Les phrases fusaient nettes et précises. Une heure plus tard, il raccrocha, éteignit la lampe de son bureau et, d'une démarche lente, le dos courbé, sortit à son tour.

*

Epilogue

Les Dernières Nouvelles d'Alsace, dans leur édition du samedi 13 juin 2009, publièrent l'article suivant :

" Une terrible explosion a détruit, cette nuit, une grande partie du parc du château de Pourtalès. Malgré l'intervention rapide de plusieurs casernes de pompiers, ainsi que de nombreux agents des services municipaux, on déplore quelques victimes. Le cratère, résultant de cet accident, mesure une bonne vingtaine de mètres de diamètre.

Grande fut la surprise des secours en découvrant un enchevêtrement de salles, de couloirs et de cachots mis à jour par l'effondrement du terrain. Selon les premières investigations de la police, dirigée par le commissaire principal Nora, il pourrait s'agir du sanctuaire d'une secte. En effet, certains objets, meubles et accessoires trouvés dans les décombres semblent accréditer cette thèse. Dans l'immédiat, les autorités se refusent à tout commentaire, indiquant simplement qu'une cellule de crise a été mise en place.

Après la chute, le 6 juillet 2001, du platane centenaire d'une quarantaine de mètres de haut, causant la mort d'une dizaine de personnes et en blessant une centaine d'autres, voilà que le château de Pourtalès est à nouveau le témoin d'un drame.
- " Cela ne finira donc jamais ! Cet endroit est-il maudit ? ", s'exclamait, atterré, un responsable de la ville de Strasbourg. A voir le spectacle de désolation autour de nous, avec notamment des arbres foudroyés, des massifs de fleurs retournés, de magnifiques sculptures contemporaines disséminées çà et là, nous serions tentés de répondre par l'affirmative à cette question. Rappelons que le château de Pourtalès est la propriété de la famille du célèbre professeur Schangauer depuis plus de deux cents ans. D'après quelques indiscrétions, il semblerait que l'on ait découvert le corps du célèbre bouquiniste alsacien Lionel de Sandner, dans les décombres du souterrain. " F. H.

Charles replia le journal et le posa sur son bureau. Le visage du vieil homme exprima une profonde tristesse. Des larmes coulèrent le long de ses joues. Ses ordres avaient été exécutés à la lettre et il avait réussi à sauver d'une mort certaine son jeune protégé. Certes, mais à quel prix ! Machinalement, d'un geste las, il ouvrit un tiroir de sa table de travail et en sortit un cadre contenant une photo jaunie par le temps.

Elle représentait un personnage, au port altier, en costume du XIXème siècle. Il portait un chapeau à bord relevé et un manteau à revers de velours par-dessus un veston. Une chemise blanche au col amidonné et une cravate dont le nœud était minuscule. Un sourire se lisait dans ses yeux. La moustache, dont les extrémités se redressaient en guidon de vélo, cachait ses lèvres.

Au dos de la photographie, une main avait noté, d'une belle écriture avec des pleins et des déliés :

“ Mon Dieu, donnez moi la Sérénité d'accepter les choses que je ne puis changer, le Courage de changer les choses que je peux, et la Sagesse d'en connaître la différence. ”

En bas, à droite, une autre main, certainement féminine, avait écrit :

Geofroi von Sandner (1899).

Fin du Premier Tome

*

Bibliographie

Hortus Deliciarum – copie de Christian Maurice Engelhardt, 1818. – Bibliothèque Alsatique du Crédit Mutuel.

Hortus Deliciarum – le Jardin des Délices – de Herrade de Landsberg. – Un manuscrit alsacien à miniatures du XIIème siècle. – Editions Oberlin – 1945.

Hortus Deliciarum – Eine auswahl in 36 bildern – Braun & Cie Mülhausen Elsass – 1944.

Der Paradiesgarten der Herrad von Landsberg – Heinsius Maria – Alsatia Verlag Colmar – 1968.

Scivias ou les trois livres des visions et révélations de Sainte Hildegarde. – chez Chamonal Paris – 1909.

La vie de Saint Bernard, premier abbé de Clairvaux – Antoine de Maistre – chez Antoine Dezallier à Paris – 1684.

Saint Bernard – Le service de l'Eglise – Robert Pannet – Editions Centurion – 1990.

Poètes et Prosateurs d'Alsace – Georges Holderith – Librairie Istra – 1978.

La prophétie des papes attribuée à Saint Malachie – Joseph Maitre. – Librairie Loireau, Beaune – 1901.

The Voynich Manuscritpt : an Elegant Enigma – Laguna Hills. – Aegeau Park Press – sans date.

Strasbourg historique et pittoresque – Adolph Seyboth – Paris Berger Levrault – 1894.

La science secrète – collectif – Georges Carré éditeur, Paris – 1890.

L'ancienne Alsace à table. – Charles Gérard. – Imprimerie Camille Decker à Colmar – 1862.

La mémoire des siècles – Collectif – Imprimerie Valblor Strasbourg – 1988.

Le retour du Diable – Satanisme, Exorcisme,

Extrême droite. – Paul Ariès. – Editions Golias – 1997.

***1900 s'éloigne* –** Comtesse Jean de Pange. – Edition Grasset – 1973.

La cathédrale de Strasbourg et la pyramide de Khéops, mystère de l'architecture. – Jean Knauth – 1908.

Le secret de la cathédrale de Strasbourg. – André Fischer – 1970.

Le pape de l'an Mil. – Dimitri Davidenko – Plon – 1993.

***Alsace terre des sourciers.* –** Adolphe Landspurg. – Edition du Rhin – 1990.

Les prophètes et les prophéties. – R-A Harold. – Editions l'Avenir – 1948.

L'intérieur paysan en Alsace – Sa restauration – Son mobilier. – Bernard Demay-Kapp – Editions du Landsberg –1986.

Le Point. –Spécial 52 pages – Strasbourg insolite – Octobre 2005.

*

Remerciements

En conclusion de ce travail, je remercie et associe au succès de mon roman, mes amies *(is)*, pour leurs conseils avisés et utiles.

Une pensée particulière pour Florian Haby, journaliste aux Dernières Nouvelles d'Alsace, qui a ajouté sa pierre à l'édifice.

Prochainement

Le tome 2 : ***" Hildegarde von Bingen "*.**

L'aventure commence au XIIème siècle. Frédéric Barberousse envoie son chevalier, Gottfried von Sandner, à l'abbaye cistercienne de Sturzelbronn, au secours de la Mère supérieure Hildegarde von Bingen...

*

Livre imprimé sur papier labellisé pour une protection des forêts et de l'environnement
Certification EMAS ISO 9001/14001/9706 (permanence du papier)
Gestion environnementale de la fabrication du papier **Certifications F.S.C**
Intérêt écologique pour une protection et une gestion durable des forêts.

Achevé d'imprimer sur les presses de l'imprimerie
Centre Littéraire d'Impression Provençal (13015 Marseille)
www.imprimerieclip.fr - mail : contact@imprimerieclip.fr

Numéro d'impression :
11030927